【推荐学者】

步平

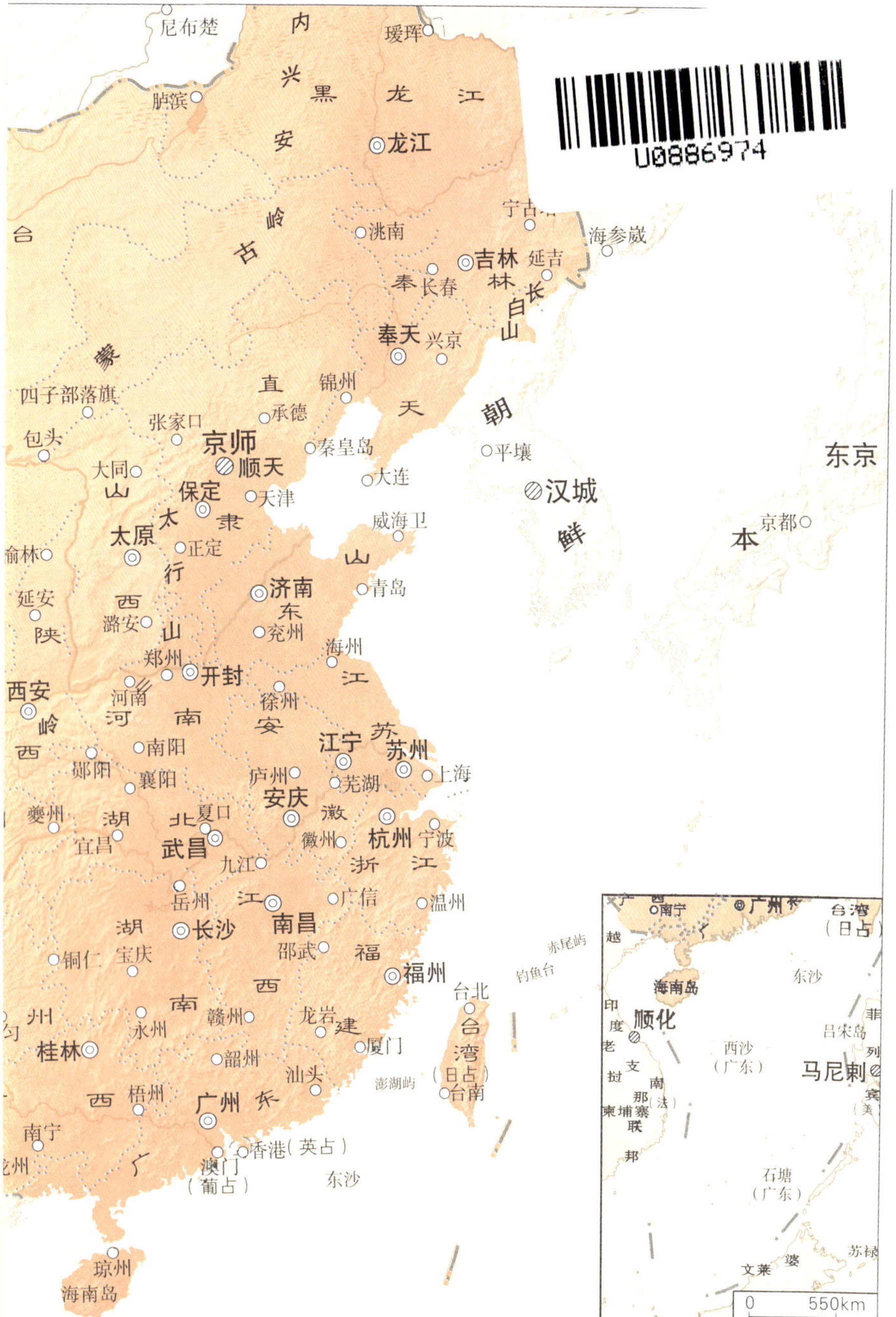
尼布楚
瑷珲
内
兴
安
岭
黑
龙
江
胪滨
龙江
宁古塔
海参崴
洮南
吉林
延吉
奉
长春
林
白
长
山
台
古
蒙
奉天
兴京
直
锦州
天
朝
四子部落旗
承德
张家口
包头
京师
秦皇岛
平壤
东京
大同
顺天
大连
汉城
山
保定
天津
太
隶
威海卫
京都
鲜
本
太原
正定
山
榆林
行
济南
青岛
延安
西
东
潞安
陕
山
兖州
海州
郑州
开封
西安
河南
徐州
江
岭
河
南
安
苏
西
南阳
江宁
苏州
郧阳
襄阳
庐州
芜湖
上海
安庆
夔州
湖
北
夏口
徽
宜昌
武昌
徽州
杭州
宁波
九江
浙
江
岳州
江
广信
温州
南昌
湖
长沙
邵武
福
铜仁
宝庆
赤尾屿
钓鱼台
福州
西
南
台北
州
赣州
龙岩
台
建
永州
厦门
湾
桂林
韶州
（日占）
汕头
澎湖屿
西
梧州
广州
东
台南
南宁
香港（英占）
广
澳门
（葡占）
东沙
琼州
海南岛
南宁
广州
台湾
（日占）
越
东沙
海南岛
印
度
顺化
老
支
挝
那
（法）
柬埔寨
联
邦
西沙
（广东）
吕宋岛
菲
列
马尼剌
宾
（美）
石塘
（广东）
苏禄
文莱
婆
0
550km

想象另一种可能

理
想
国

imaginist

图一

图一 旧南京总统府 大门楼——南京是近代中国三个政府的首都。太平天国、孙中山建立的中华民国临时政府、蒋介石等成立的南京国民政府均以旧南京总统府作为政府所在地。该址现今为南京中国近代史遗址博物馆。

10

讲谈社·中国的历史

末代王朝与近代中国

清末 中华民国

【日】菊池秀明 著 马晓娟 译

广西师范大学出版社

·桂林·

推荐序

这本书是一位日本学者对自清末以来到进入全面抗日战争之前中国历史的观察。关于这一阶段的历史，中国学者的研究成果相当多，国外也有许多学者在关注，而这本书及其作者的特色在哪里呢？

首先，这本书的作者菊池秀明先生是研究中国太平天国革命运动的为数不多的外国学者。而作为外国学者的菊池先生，在研究太平天国这一问题时，并没有拘泥于对现成的历史文献资料的搜集和爬梳，而是同中国的学者一样，曾多次深入太平天国运动的发生地——广西，同当地的民众接触，谈话、喝酒、交朋友，亲自掌握生动的第一手口述史料。我曾多次听菊池先生介绍他在太平天国发生地的实地考察活动，对他满怀深情地回忆与当地民众交往过程时的表情记忆犹新。这样的经历使他能够建立起对中国历史发展的独特认识。所以，这本书将其叙述的从鸦片战争后的19世纪中期到中日战争开始前的1936年的历史归结为“复兴中华的尝试”。从近代中国争取民族独立、解放和国家富强、人民富裕的意义上看，这一归纳不无道理。研究中国历史的外国学者并不少见，但能够深入中国内地进行实地调查，并能够从社会的基层了解和理解近代中国追求的外国学者则不是很多，菊池秀明先生是其中之一。

作者在本书的开头提出了一个颇有意思的论断，那就是："近代以前，中国历史上的新风气往往兴起于北部边境……承担这一使命的是从北方进入的各游牧民族"，而"宣告新时代的南来之风从真正意义上席卷中国大地，可以说是从本书所论及的近代开始的"。所以，他发现"洪秀全、孙文以及其后继者蒋介石等本书中的出场人物，皆以南方边地为出发点"，"而从南方农村根据地兴起的毛泽东的边区革命也是朝着黄土高原的延安一路撒下了新时代的种子"，所以认为"近代中国是中国历史上第一次从南方开始复兴之路的时代"，因此他也"想做一个尝试，即以南方边地吹来的新时代之风的视角，来剪影这一时代。太平天国运动、辛亥革命、国民革命以及中国共产党的革命运动，都兴起自南方大地，而后向北发展。洋务运动、维新变法运动等改革运动以及新思想、新文化的接受与创造，亦多由南省出身的人物担任骨干，或以在此时代发展起来的南方边地城市作为其衍生发展的舞台"。地方文化的差异与联系，是文化史研究中经常遇到的问题之一。而对于中国这样一个地域辽阔、文化特征复杂的国家来说，是否可以以“南方”与“北方”加以区分呢？读者不妨对作者的这一论断进行评价。

其次，这本书尽管照顾到了中国社会发展的各个方面，但基本还是以政治史的叙述作为主要线索。然而，正是在政治史的叙述上，中国与外国学者，特别是有意无意地以西方为中心思考问题的学者在认识上往往有相当大的差异。而本书作者因为一方面可能是出身于东亚，另一方面也可能与其研究中国历史的背景有关，所以并没有完全依照某些西方研究中国近代史学者的叙述模式。针对具体问题，作者往往提出了自己的看法，而这些看法在某种程度上更接近于中国学者的认识，当然也带有日本学者立场的印记。不过，对于近年来重视历史认识跨越国境的学术界来说，这种看法也许距离历史更近一些。

就以清末中国在西方列强的压迫下进行的改革活动来说，当时的许多有识之士皆以日本明治维新的改革为楷模，期待中国的“改制”与“变革”，中国的洋务派曾提出“中体西用”的口号，有人认为那相当于幕府末期日本提出的“和魂洋才”，将当时中国改革的努力比拟于日本的明治维新。而作者认为“历史上的近代化，并不意味着就是明治时期日本选择的‘西洋化’”，他认为需要注意的是："洋务派体现出的保守主义倾向，给洋务运动带来了日本明治维新无法想象的困难。"

但是，作者也坦率地指出：尽管当时的中国留学生们热衷于学习日本，甚至在日俄战争中支持日本，但是"日本人反应冷淡傲慢，很多留学生因此受到伤害"。所以发生了"留学生来的时候是亲日派，回国的时候是反日派"的现象。他还特别指出了表面上自称为孙文的朋友、对孙文的革命活动予以支持的一部分人，其"意图在于利用他（孙文）侵略大陆"。

第三，作者在全书的叙述中，对文化予以特别的关注，用较多的笔墨描写了中日之间的文化交流，包括与日本有密切联系的中国对马克思主义的接纳。而作者尤其重视在推动中日文化交流中起到了特殊作用的那些人，特别是鲁迅，这是本书的一大特点。

众所周知，鲁迅有过留学日本的经历，一方面受到指导教授藤野严九郎的悉心教导，终生都尊敬藤野先生。鲁迅回国后在从事文学创作与文化战线的斗争时，又得到了日本人内山完造的帮助。所以他认为，"日本人的长处是对一件事情名副其实地拼命，就是那种认真劲儿。我承认他们最近有些相反的举动，但是必须承认他们的认真。中国可以排斥日本的一切东西，但是不能排斥日本人认真的优点。不管发生什么事，必须学习这一点"。

这的确是一针见血的认识。但是，作者也不吝笔墨地描写鲁迅强烈批评日本对中国的侵略、与侵略者进行不懈斗争的精神。

正是在这样的描写后，作者提出："21世纪的日本将和中国保持什么样的关系？会像本书中所描写的一百年前的日本那样，对迅速成长的中国感到威胁并敌视它吗？还是能和不随波逐流、加深与中国人交流的那些日本人一样，拼命地认真地从平等的角度去构筑两者的关系呢？了解日本和中国的历史，从中学习，不拘泥于任何偏见和既成的观念，用自己的眼睛去观察真实的中国——我们面临着许多的课题要解决，而中国确实是一个充满了魅力的社会。"我想，这也是对所有日本人提出的应思考的问题吧！而对于中国的读者来说，了解这样的日本学者的历史认识，也是很有意义的吧。

综上所述，我觉得作为中国的读者，读一读日本学者关于这一段在我们看来似乎是"耳熟能详"的历史的描述，还是很有启示的。

最后，作为历史学者，我对书中经常出现的"以古喻今"或"借古讽（颂）今"的写法则有些不同的看法。当然，研究历史的目的并非就事论事，历史研究的鉴今意义当然也是毫无疑问的。但是，历史与现实并非简单的重复或轮回，其借鉴的意义也并非那样直接。历史学者的责任，第一是要将历史上发生的事情的来龙去脉搞清楚，第二是从中思考对将来有益的经验与教训，第三则是将诸多的历史现象提升到历史哲学的高度加以分析。如此看来，对历史与现实的关系，不妨思考得更谨慎一些。

步平

中国社会科学院近代史研究所

2011 年 12 月

中文版自序

本序言执笔于2011年。

3月，日本的东北部遭遇了（观测史上前所未有的）大地震灾难。温家宝总理在中国全国人大上对地震死难者表示了哀悼，并向日本派遣了救援队。5月，温总理和韩国李明博总统共同访问了地震灾区。台湾地区汇来了超过140亿日元的捐款总额。这些举动让很多日本人真实地感到了东亚各地给予援助的温暖。笔者作为一个日本人首先对这些朋友给予的“给力”的鼓励表示衷心的感谢。

这一次地震中还发生了福岛原子能发电站事故，给居住在日本的中国人提出了去留的选择题：回国？还是留在日本？这已经不仅是躲避核辐射临时避难的问题。对于身处正在实现经济高速发展的中国年轻人来说，日本已经不再是过去那个具有魅力的留学国家，假如去不了欧美，留在中国国内或许才是赢得成功的良策？！加之对于震后迟迟拿不出明确的对应政策的日本政府的失望，让现在居住在日本的很多中国人处在了是去是留的人生道路三岔口。现在拿着本书的读者的亲朋好友中或许就有面临这样局面的人。

那么日本今后在世界上的位置将会有如何的改变？地震后不久历史学者川北稔就指出：曾经引领大航海时代的葡萄牙在18世纪遭受了地震和海啸，从而决定了其已经开始走向衰落的命运。他提到近代社会持有一种所谓“发展偏执狂”亦即经济发展绝对论的价值观，而日本在明治维新后就是通过发展近代化事业进而成为东亚经济的领先者。川北认为现在应该是重新审视这个经济发展神话的时候了。在支撑着近代产业的科学技术——原子能导致的这场灾难面前，是日本应该和“一旦经济发展出现停滞就会担心”这种近代文明所强制赋予的价值观诀别的时候了，川北主张即便日本因此会变为“东洋的葡萄牙”，失去领先的地位，也应该在为环保而让步的基础上实现社会的安定。

在日本，以产业界为中心的人们对于川北的观点进行了反击，批判他“怎么能在日本争取复兴的关键时刻说这种不吉利的话”。而对于在GDP上已经超过日本成为世界第二、认为“将来会是中国的时代”的中国读者来说，或许也会认为川北的观点是一种狭隘而懦弱的“败者之论”吧。

而事实上当今的东亚，正在面临着中国与日本、韩国各自主张自己的优势争夺领导权的局面。此外，各国围绕着政治和历史问题出现利益冲突，以及具有排他性的民族主义高扬的局面还在持续。

然而也正是在这样一个难以预料结果的时代，我们更应该要以史为鉴，吸取历史的教训。我们不能忘记历史上那些即使在相互冲突、对立、不幸的年代里，也坚持相互尊重、摸索共存之路的勇者们的足迹。其中重要的一例就是1924年孙文在神户进行的“大亚洲主义”的演讲。

在这次演讲中，孙文将倚仗科学和武力让对手屈服的西方文明称为“霸道”，以此呼吁日本应该重新回归以仁义和道德为基础的东洋“王道”。然而遗憾的是当时的日本并没有听取孙文的忠告，走上了侵略大陆的自我毁灭之路。而现在的我们也应该认识到近代文明的所谓“发展偏执狂”价值观的危险性，终止为了争夺亚洲第一而进行的具有排他性的争斗。日中韩三国以及朝鲜、东南亚等各国与地区都要在承认彼此的存在、认识到各自的优势的基础上，通过不断努力去寻求如何更好利用各自长处来尝试构筑一种双赢的关系。如果本书也可以为该尝试做出些许贡献的话，对于笔者来说将是莫大的欣慰。

顺带提到在本书中将19世纪中叶到1936年为止作为一个时

代进行叙述，也许这样的时代划分对于将鸦片战争到五四运动作为近代史，从五四以后作为现代史进行学习的中国读者们来说会觉得不习惯。此外，本书也提到例如日本人反战同盟等一部分第二次世界大战结束前的中日关系史，但对于中日战争的经过特别是南京大屠杀事件笔者没有特意用很大的篇幅进行叙述，也许对一些中国人来说本书的构成似乎会予人一种不愿正视历史的印象吧。

但是，本书只是中国历史十二卷系列中的一卷，本书的下一卷（第十一卷）天儿慧所著的《巨龙的胎动：毛泽东 VS 邓小平》中将对中日战争有所详述。特别还为南京大屠杀专设了一章，记载了与中国的大学生们一起讨论关于日本战争责任问题的内容。本书就是在这样的编辑方针下写成的，原本的计划是要涵盖 1930 年代以前的历史，并将之前已经出版的十一卷中没有提及的部分进行补充。非常遗憾的是，听说第十一卷并没有翻译成中文的计划，所以关于日本的中国学者是如何看待中日战争和南京大屠杀的问题，感兴趣的读者可以参阅天儿慧的著述。

菊池秀明

2011 年

目录

序章

南来之风
——来自边地的复兴中华的尝试

近代日本与中国

本书旨在叙说中国的近代历史，笔者想以一个设问作为开端。看到本书的人们，对书名中的“近代”一词会产生何种印象？

多数日本人对“近代”（modern）这一词汇的印象通常是正面的。比如，它可以让日本人联想到明治时代的流行语“文明开化”，联想到那些身着西装、披头散发的形象，铁道、砖瓦造的欧式建筑，乃至医疗技术的进步与学校等等。近代日本对欧洲文明的引进与资本主义化的尝试为日本人带来了富裕和舒适的生活。

那么本书所叙说的中国又是何种境况呢？汉语里，至少在回顾中国历史时，“近代”一词往往伴随着沉重、消极的印象。因为，对中国历史来说，近代是一个屡受外国侵略、国家民族面临存亡危机的时代。

比如中国现行的改革开放政策的雏形，最早提出于1975年。当时的周恩来总理提出了“四个现代化”的口号，而未采用“近代”一词。其最直接的理由是依据中国官方的时代划分法，即从鸦片战争至1919年五四运动为近代史，其后为现代史。而由这种划分就可见，近代史对中国人来说首先是屈辱的历史、是抵抗侵略的历史。

21世纪的今天，中国终于可以一洗近代以来所饱尝的屈辱。鸦片战争后沦为英国殖民地长达一百五十六年之久的香港于1997年回归中国，这就是最好的例子。另外，2008年的北京奥运会之于中国就如曾经的东京奥运会之于日本一样，成为中国人切身感到新时代来临的纪念碑。

诚然，对过去的清算决非一日之功，至少于现在的中国，其过程还未完结。2001年围绕美化日本侵略行为内容而再度引起关注的教科书问题，2003年于西安、2005年于中国各地发生的反日游行等，这种不时趋于紧张的日中关系揭示了苦难的近代史，这段历史在今天仍然是大多数中国人所共有的“负面的记忆”。

相反的两个中国近代史

本书所叙说的中国近代史具体指从鸦片战争后的19世纪中期到中日战争开始前的1936年。这一时期的特征若以一言蔽之，可以用“复兴中华的尝试”来概括。但是如何评价这一尝试，中国史学家们的意见一直都不统一。其原因首先要从现代中国数十年来的政治激荡中寻求。

日本真正开始中国近代史研究缘起于1949年中华人民共和国的成立。当时被称为“新中国”的社会主义政权的诞生给一直轻视中国、不愿正视侵略事实的日本人以沉重打击。于是日本人试图从中国的近代史中发现一种可能性，即与经受了1945年战败挫折的日本不同的“近代”。

在此背景下开始的中国近代史研究，重点放在了阐明中国革命取得成功的原因之上。特别值得一提的是，这种研究是在当时日本批判冷战体制下军国主义的复活与推动社会民主化这一政治课题之下开展的。

但是这些研究大多偏重于与中国共产党相关的革命运动史，往往带有以“对革命作出贡献，或反对革命”为善恶标准的成见，并不注重实证性的分析。另外，由于中日到1972年才恢复邦交，此前的中国对日本来说就仿佛是“从未见面的恋人”，是一种隐藏于面纱之下的神秘存在。因此当时的中国近代史研究也难免流于背离中国社会实际情况的理念性的研究。

1978年开始实行的改革开放政策与中日交流的正式启动为中国近代史研究带来了巨大变化。随着1957年“反右”斗争以及“文革”对知识分子迫害等中国现代史的历史问题的公开研究和讨论，以革命胜利为顶点的历史范式受到了极大冲击。进而，亲眼目睹了中国社会“落后”实景的日本人，早已不再把中国视为日本应该学习的近代化的榜样，而是普遍认识到中国只是一个极其普通的发展中国家。

在这种现实面前，多数日本人眼里的中国不再是革命带来的新社会，而是革命之后依然传承下来的、带有传统特质的社会。另外，由于日本人已然可以长期留在中国进行深入观察和研究，所以，特别是近代史领域里，出现了许多运用了在日本所不能见的新史料的研究成果。但是，即便这种重新勾画中国近代历史景象的尝试，现在看来也仍然存在诸多局限性。这些尝试从反对既往的主流的农村革命史出发，把重点从革命与农村转移到了改革史与都市史的研究之上。诚然，诸多历史事实得到了厘清，但其结果也不外乎是填补了这方面研究的空白而已。如果苛刻地说，这些不过是毛泽东革命路线转换到邓小平改革开放路线这一政治局势的变化反映到中国近代史研究的结果。

更为重要的问题是，这些尝试针对单个的历史积累了大量研究成果，但却没有提出一个取代以往革命范式的总括性的历史框架。这也是当今所有学术领域的共通问题，由于中国近代史研究中专门领域的过分细化，因此很难产生能够概括这些领域的具有远见的结论。

南方边地吹来的新时代之风

在本书写作过程中的2003年10月，纽约传来了蒋介石夫人宋美龄女士亡故的消息，她享年106岁。继张学良在2001年病逝至此，本书所涉及的中国近代史上的主要登场人物均已离世。

时隔半个世纪，张学良在1990年接受NHK的采访中，以精神焕发的面貌再次出现在大众面前，呼吁日本年轻人了解中日之间的不幸历史，这一影像至今依然令我们记忆犹新。在中国虽有“盖棺定论”的说法，但随着最后的当事人张宋二人的逝世，也正提示着我们从现在开始应该冷静评价这个时代的重要性。

那么如何来描述中国的近代史呢？本书想做一个尝试，即以南方边地吹来的新时代之风的视角，来剪影这一时代。太平天国运动、辛亥革命、国民革命以及中国共产党的革命运动，都兴起自南方大地，而后向北发展。洋务运动、维新变法运动等改革运动以及新思想、新文化的接受与创造，亦多由南省出身的人物担任骨干，或以在此时代发展起来的南方边地城市作为其衍生发展的舞台。

众所周知，拥有广阔土地的中国，其南北方是截然不同的。南方为水稻种植区，人们以大米为主要粮食；北方则以小麦、面食为主。而代表北方的北京方言与香港、广州人所讲的广东方言更是大相径庭；延伸到地平线的平原地区、被干燥的黄土地所覆盖的华北大陆，与山川河流密布、地形高低起伏、临海与外国相通的开放的华南地区，遑论风景，甚至人们的生活习惯与思维方式也各自相异。或许也可以说两地人的价值观是不同的。

从本系列其他各卷的叙述中可知，近代以前，中国历史上的新风气往往兴起于北部边境。中华文明每遭遇动荡时期，总是通过吸收周边世界焕发的能量实现复兴与扩张，从而得以保住延续数千年的命脉。但是，承担这一使命的是从北方进入的各游牧民族，而外部对中国的文化刺激也大多是经由内陆的贸易通道（丝绸之路）所带来的。

当然，这种情况因蒙古时代的海上贸易以及大航海时代后的世界一体化而不断发生着变化。但是，宣告新时代的南来之风从真正意义上席卷中国大地，可以说是从本书所论及的近代开始的。洪秀全、孙文以及其后继者蒋介石等本书中的出场人物，皆以南方边地为出发点，倾注热情于被称为“北伐”的北上作战。而从南方农村根据地兴起的毛泽东的边区革命也是朝着黄土高原的延安一路撒下了新时代的种子。由此可见，近代中国是中国历史上第一次从南方开始复兴之路的时代。

以下就让我们来看一看这与南来之风一起开始的复兴中华的尝试与苦难的一幕一幕。面对包括日本在内的列强的侵略，从不断的挫折与失败之中，如同凤凰般涅槃的中国，无疑为生活在不透明的时代的我们带来了勇气。

第一章

“南来之风”的兴起
——太平天国运动与列强

洪秀全对基督教的接受与拜上帝会

探访洪秀全故乡的日本人

在中日关系持续恶化的1930年代的一天，广东省广州市郊外的花县官禄㘵村里有一位特殊的来客。他名叫矢野兴，任职于日本领事馆，却称自己是七十年前生于此村的太平天国领导人洪秀全的后裔。

矢野称，他的祖先在太平天国失败后流亡到了日本。并且矢野对官禄㘵村和洪秀全的往事非常熟悉，“家父告诉我，洪秀全曾于村塾前埋下一尊石狮”。村民们据此竟然真的挖出了石狮，于是，本来不相信矢野的村民们，因为这一证据也不得不相信了。

随后，中日战争爆发。1939年，日军占领了花县，官禄㘵村最为富丽堂皇的建筑——洪氏先祖的祠堂遭到了破坏。此时又来了一名叫矢崎的日本军官，他也自称是洪秀全的后裔。矢崎命部下修缮祠堂，并宴请官禄㘵村的长者，施与其金钱。其实，矢野与矢崎都是日本派遣的特务，目的是为了笼络官禄㘵村的村民。

而为何日本如此重视洪秀全的故乡呢？太平天国运动是近代中国吹起的第一股“南来之风”，与后来的辛亥革命、国民革命军北伐、中国共产党长征一脉相连，是中国革命运动的起点。同时太平天国运动也孕育了中国抵抗列强侵略的民族主义的萌芽。而这一运动的领导人洪秀全的故乡一旦为日军所占领，其祖先的陵庙如果遭到践踏的话，势必会引燃自鸦片战争以来一直具有抵抗外来侵略的历史传统的广东人的反日情绪。也就是说，矢野和矢崎是充当着为抵抗日本侵略运动灭火的角色而被派往中国革命发源地官禄㘵村的。

那么太平天国到底是一场什么样的运动呢？不妨从洪秀全与“异文化”基督教的一场特殊的相遇说起。

洪秀全的幻想与对基督教的接受

洪秀全生于1814年，是居住在官禄㘵村的客家人。客家是汉族的分支，拥有自己的语言——客家话，是中国古代为躲避战乱而移民到南方的族群。客家迁入广东时，当地已有原住的汉族人，因此，多数客家人不得不定居在条件恶劣之地。他们被广东人视为异己，过着贫困的生活。但这种自卑情结反而激发了客家人，让他们开始有了“自己才是来自黄河文明发祥地的正统汉民族的后裔”的群体统一认识。

1 洪秀全

洪秀全出身自耕农家庭，幼年时父母就对聪明伶俐的他寄予了厚望。成年后，洪秀全一边做私塾先生一边开始准备科举考试。科举是中国传统的选拔官吏的考试制度，要取得科举考试的合格，必须要通过从地方的初级考试（童试）开始到皇帝亲自主考的殿试为止的全部考试。而且准备考试也需花费大量金钱，所以如果不是富家子弟，很难通过考试。

科举考试表面上对所有人开放门户，但考生参加考试必须有同乡仕人作担保，而客家这样的后起移民中读书人很少，有时会因为找不到担保人而无法参加科考。另外，1834 年广东地区考官营私舞弊的现象频发，受此苦楚的考生有人选择自杀，科考的公正性受到极大的动摇。1837 年，洪秀全在第三次科考落第后，也终于承受不住巨大的打击，一病不起。

就在洪秀全徘徊于生死边缘之时，他做了一个异梦，梦见自己升天并获得重生。后来，据他的族弟洪仁玕对传教士所说，洪秀全梦见他在河边把污浊的身体洗净，而后被剖开身体，挖出五脏六腑，又被放进新的。然后在天上的宫殿里见到一个金发皂袍的老人，老人命他去拯救俗世，并且有一个被他称为兄长的中年男子助他斩杀了魔鬼。

这种我们看来奇异的梦幻体验，其实是中国民间信仰中经常出现的内容。洪秀全梦见的神（老人）也近似于中国道教中地位最高的神祇玉皇大帝。但是，洪秀全却把这个梦和基督教结合在了一起。

洪秀全与基督教的结缘始于一本基督教布教的小册子《劝世良言》。在当时的中国，基督教传教仍被禁止。1807 年，伦敦会的传教士罗伯特·马礼逊以马来半岛的马六甲为据点开始了在中国的传教活动。马礼逊的信徒梁发是出身广东的华侨，他尝试编著的易于中国人理解的小册子就是《劝世良言》。《劝世良言》对中国传统宗教中的偶像崇拜进行了批判，劝说人们信奉基督教。据说洪秀全是在 1833 年，从在广州秘密传教的梁发手中得到这本书的。

《劝世良言》起初并未引起洪秀全的兴趣。1843 年，洪秀全第四次科考失败后重读此书，受到了很大冲击。梁发在《劝世良言》中写道，“即如儒教亦有偏向虚妄也。所以把文昌、魁星二像立之为神而敬之，欲求其保庇睿智广开，快进才能，考试联捷高中之意。然中国之人，大率为儒教读书者，亦必立此二像奉拜之，各人亦都求其保佑中举，中进士，点翰林出身做官治民矣。何故各人都系同拜此两像，而有些自少年读书考试，乃至七十、八十岁，尚不能进黉门为秀才呢？还讲什么高中乎。难道他不是年年亦拜这两个神像么？何故不保佑他高中呵？由此推论之，亦是儒教中人妄想功名之切，遂受惑而拜这两个神像”，这种对中国传统宗教的批判对洪秀全来说是感同身受的。另外，在马礼逊翻译的《圣经》中，为了易于中国人接受，许多词汇的译文都参照了中国的古典文学，比如上帝一词就被译为“皇上帝”。

因此，洪秀全对这种外来文化完全没有感到抵触，他认为基督教不仅仅是欧洲的，而且是太古的中国也曾信仰过的宗教，因而接受了基督教。他自信自己在梦中遇到的老人就是基督教之神耶和华，中年男子即耶稣基督，而自己则是耶和华的次子，身负拯救世界之使命。随后，洪秀全自行洗礼，开始了传教活动。而这种从洪秀全对异文化的误解而衍生出的宗教被称为拜上帝教。

但是，洪秀全的传教活动遇到了很多困难。在鸦片战争的爆发地广东，民众对欧洲抱有强烈的反感，战后仍时有冲突事件。虽然与洪秀全为邻的冯云山等几名贫困的客家知识分子对洪的想法产生了共鸣，但多数村民无法接受，洪秀全等人陷入了被孤立的境地。1845 年，洪秀全与冯云山外出传教，到达广西贵县的亲戚家。洪秀全返回广东后，冯云山利用客家同乡的关系网进入桂平县紫荆山继续进行传教活动。

回到广东的洪秀全投入到《原道救世歌》和《原道醒世训》等宣教书籍的创作中。这些书籍是洪秀全利用长期以来从应试学习中所培养的儒学素养，对《劝世良言》做出的重新解读。另外，如《原道醒世训》中写到“大同而今尚可望哉”，洪秀全依循中国古代的乌托邦思想大同思想，提出了《劝世良言》所欠缺的对现实社会的批判与对理想社会的构想。

1847 年，洪秀全造访了在广州的传教士罗孝全（I. J. Roberts），并在其下以数月时间学习了圣经。罗孝全在听过洪秀全的异梦后也认为甚是不可思议。但当洪秀全提出希望受洗时，罗误解他是为了得到经济援助而拒绝了他。自尊心严重受损的洪秀全继科举后再度遭受挫折，离开罗孝全，去了广西。

紫荆山的传教活动与偶像破坏运动

此时，在桂平县的紫荆山，冯云山正一步步地推动着传教活动，并发展了众多信徒。该地区自17世纪以来被不断开发，形成移民社会。出身官僚、军人且与地方政府关系密切的移民豪绅在当地占有大片土地，他们种植稻米卖往发达地区广东，从中获取利润。而广西的主要少数民族壮族则沦为移民富豪进行开垦的劳动力，受他们的支配和压迫。

18世纪，广东地区的客家人也开始移民至此地。但是，作为后来者，他们无法获得平原地区的耕地，只能在紫荆山内从事烧炭等艰苦的劳动。因此，他们仍然像在广东时那样苦于贫困不安的生活。另外，移民豪绅还控制了政治权益，不允许客家和少数民族参加各地庙宇的祭祀活动，使得他们在精神上也备受压抑。

面对这一严酷现实，冯云山在洪秀全创立的拜上帝教中又糅合进中国民间宗教所常见的关于现实利益的因素。他创作了一些朴素但反映了切实愿望的祈祷文，如“日日有衣食”、“灾病速退、身体复安”等，劝说群众诵读，取得了很大成效。拜上帝教在客

2 广西桂平金田镇太平天国金田起义将领住的木楼（干栏式建筑）

家以及与客家关系紧密的少数民族之间迅速流传起来。出身藤县大黎乡，后来成为太平天国忠王的李秀成在自述中证明说，“从者俱是农夫之家、寒苦之家”。

另外，信徒之中还有一些新兴势力，比如紫荆山下金田村的韦昌辉、从广东移居到贵县的石达开、从广东南部信宜县到平南县打工的凌十八等人。他们拥有一定经济实力，却又无法进入到由移民权贵所构成的政治体系，处于被排挤的边缘地位。这一片地区都是客家人的定居地，因此传教活动也通过客家人的同乡网而得以进行。当时仅紫荆山内就有信众达两千人，这一宗教团体被称为拜上帝会。

1847 年，重返广西的洪秀全得知冯云山的传教成果后，又增强了信心。他进一步推行《劝世良言》和《摩西十诫》中宣扬的偶像禁止说，把祭祀在庙宇中的神像视为“妖魔”，开始了捣毁神像的偶像破坏运动。这一运动表面上把少数民族信仰的恋爱女神批判为“淫乱之女”等等，但其核心却具有儒教“正统”意识蔑视异文化的压抑本质。不过，那些无法从既有神灵中得到救赎因而期待更强有力的庇护的底层人民，很容易对这一运动产生共鸣，因此拜上帝会的成员越来越多了。

而另一方面，当地的移民权贵正是通过组织寺庙祭祀活动才得以掌握移民社会的领导权，因此偶像破坏运动引起了他们的强烈反对。居住在紫荆山的客家人生员（童试合格者）王作新第一个跳出来，他在1848年初逮捕了冯云山，不仅攻击拜上帝会所宣扬的众神灵，还在暗中以谋反罪向当地政府进行了告发。虽然王作新的密告最终并没有被认可，但以该事件为契机，拜上帝会与移民权贵之间的矛盾加深了。而与传统社会秩序的背离，使得拜上帝会的活动被刻上了强烈的政治烙印。

太平天国起义与攻占南京

天父天兄下凡与金田起义

就在冯云山入狱的1848年秋，拜上帝会中发生了巨大变化。住在紫荆山的两名青年会员杨秀清与萧朝贵被“天父（耶和华）”与“天兄（耶稣基督）”附体，开始向会众宣谕神的启示。根据最近在伦敦发现的《天兄圣旨》卷一记载，耶稣基督第一次下凡时说，“朕是耶稣。有人欲来听旨者，通过萧朝贵，在尔面前讲”，接着又问洪秀全，“洪秀全弟，尔认得朕么？”洪秀全答，“小弟认得”，承认附在萧朝贵身上的灵魂即为耶稣基督。

所谓神明附体实际上是当地被称为降僮的一种巫术，本应为拜上帝教的教义所不容。但当时因冯云山被捕，会众中不少人开始动摇，礼拜时常有神明附体者出现。于是洪秀全便把杨秀清、萧朝贵所言认定为“天父天兄下凡”，借以稳定和平复会众的不安心理及会内的混乱局势。结果，拜上帝会与基督教愈行愈远，变质成为一种更为本土化的宗教结社。

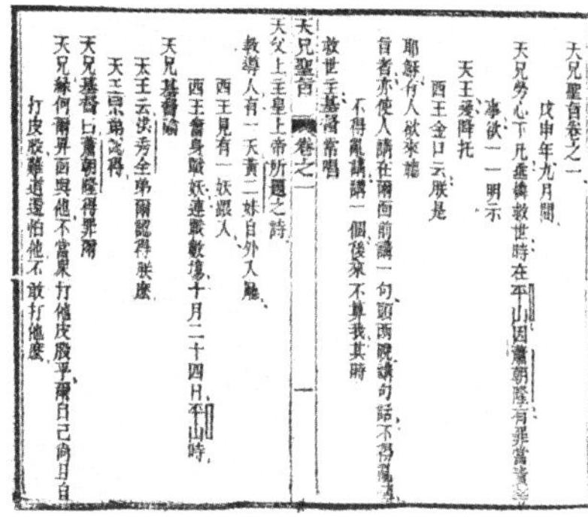

3《天兄圣旨》开头部分　下凡的基督耶稣说，“朕是耶稣”

杨秀清与萧朝贵的天父天兄下凡使得拜上帝会的活动由宗教活动转化为了一种在人间建设天国的政治活动。中国自古以来有易姓革命的思想，意即成为新朝的君主乃奉上天之命。听信了洪秀全异梦说的信徒们认为洪秀全正是中国民间宗教里一直传说的“真神”。另外，萧朝贵也借附体宣谕天兄耶稣的启示：“授予尔权威。尔需率兄弟共同平定天下”，从而把人们的期待具体化。

面对这种变化，洪秀全于1848年开始撰写《原道觉世训》。书中他强烈谴责秦始皇以来的历代皇帝忘记了对皇上帝（耶和华）的信仰，并且妄用只有耶和华才能使用的“皇帝”称号。根据这一理论，他批判当时的清道光皇帝“自甘永远地狱之灾也”。洪秀全主张皇上帝是中国上古时代的神，而当前的中国社会正应该回归上古时代的本来状态，为此就必须推翻清朝统治。这就是洪秀全接受基督教并使其中国化的最终目的。

进入1850年后，拜上帝会开始秘密进行武装起义的准备，教众把各自的土地、财产等处理后归入圣库，变为公有财产。当时的中国连年遭遇经济危机和自然灾害，天地会等以失业人员和难民为中心组织的秘密结社运动在各地盛行。特别是广西，鸦片战争后失业的广东士兵组成的武装集团流窜进入广西，与当地的天地会会党结成同盟，联手掠夺物资，与官兵对抗，全省骚然。

另外，在贵县，客家与壮族和汉族的早期移民之间因为细小的争端而引发了激烈的武力争斗（这种土著与移民之间的矛盾被称为土客械斗），失败的客家人走投无路，只得寻求拜上帝会的庇护。在这种混乱局面的掩护下，拜上帝会会众及其家人约一万人集结于金田村，在这一年年底前开始了与清军的战斗。

太平军进攻南京及其主张

接到起义消息的清政府意识到了拜上帝会是一种与天地会完全不同的革命团体，因此起用了在鸦片战争中以广州禁烟得名的林则徐去镇压叛军。但是，林则徐在赴任途中病逝，而清军将领的内部纠纷和士兵士气的低落等也使拜上帝会军顺利壮大了势力。1851年，洪秀全即位天王，定国号为太平天国。9月，太平军占领了地处深山的永安州后，洪秀全封杨秀清为东王、萧朝贵为西王、冯云山为南王、韦昌辉为北王、石达开为翼王，完成了建设新国的雏形。

太平军在永安州撑过了半年之久的笼城战，于1852年4月突破封锁线攻占了当时广西省的省会桂林，进入了湖南南部。此时，太平军虽然损失了约五千人，但由于大批当地的客家人、天地会会党和矿山劳工的加入，又发展到了数万人的兵力。同时，在太平军内部就打回洪秀全的故乡广东还是北上产生了分歧。

此时，军事上的最高领袖东王杨秀清坚持“已经骑上虎背，不能再打退堂鼓”，确定了大军继续北上的方针。太平军趁清军未做好防御准备之隙，一举攻入湖北，1853年1月攻陷了省会武昌。随后太平军乘胜水陆并进，以二十余万兵力东下长江，3月就占领了仅次于北京的重要城市南京，并改南京为天京，正式开始了政权的建立。

这样，太平天国在不足一年之内已发展成为一场全国性的运动。而其得以如此迅速发展的原因在于造成赋税繁重和社会严重不公的清朝统治已经走到了尽头。清代的土地税原则上征收白银，人们把日常使用的铜钱兑换为银两纳税。兑换的汇率约为银一两换钱一千文。但是，19世纪开始的鸦片贸易使得白银大量流失，出现了“银贵钱贱”即银价飞涨的现象，一两白银涨到两千文钱以上，这实际上又加重了人民的赋税。

另外，受鸦片战争的军费和赔款所困的清政府，只能通过在富裕的东南沿海地区征收比以往高出数倍之多的税金来解决财政困难。但是，这一负担全都落到了没有官职和未通过科考的普通百姓身上。鸦片战争的惨败使得清朝统治的权威受到了动

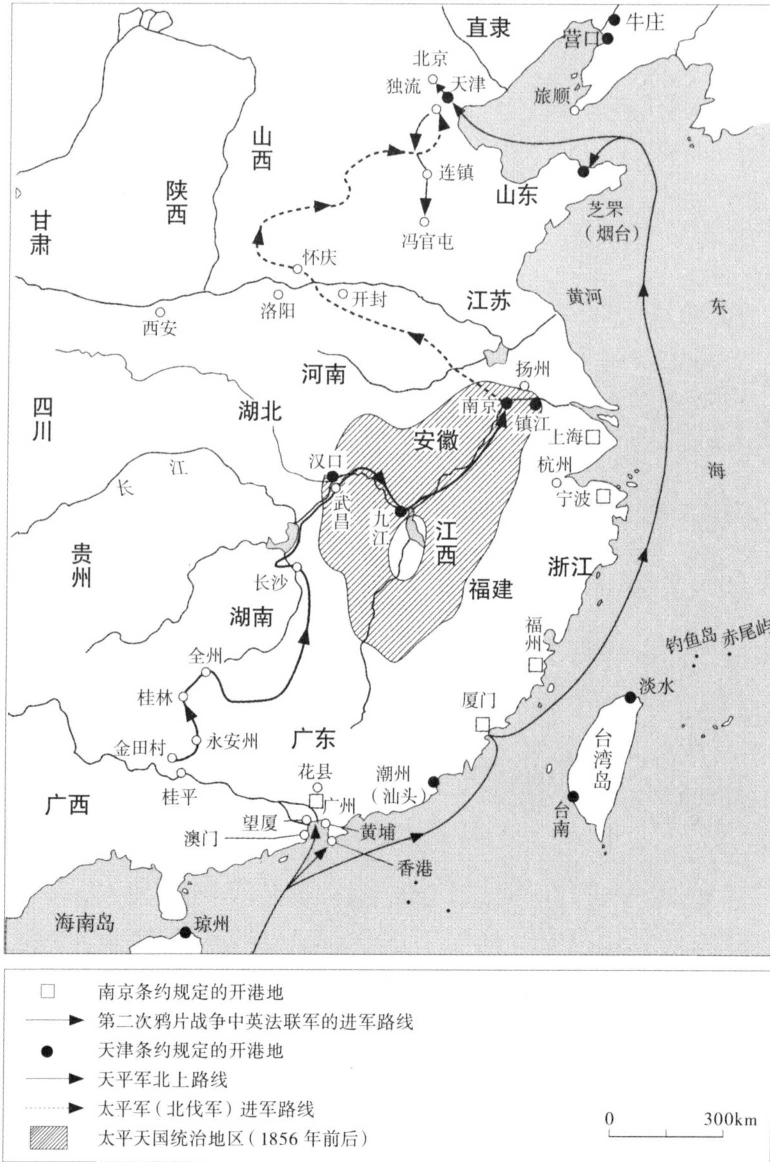

4 太平天国与第二次鸦片战争示意图（根据山川出版社的《世界各国史 3 · 中国史》制作）

摇，或拒绝纳税或袭击腐败官员的抗粮暴动时有发生。在大地主居多的江南地区则兴起了拒绝向地主纳粮的抗租风潮。

太平天国在利用人们不满情绪的同时，提出了比较明确的政治目标，从而实现了迅速发展。1852 年，东王杨秀清与西王萧朝贵联名发表奉天讨清檄文：“天下者中国之天下，非胡虏之天下也”，号召打倒满人建立的清王朝，以显示太平天国政权的正统性。太平天国还在各地宣传免除三年赋税，在占领区推行没收地主财产的“打先锋”运动，得到了底层人民的支持。

满人入主中原建立清王朝时，强迫汉人削发留辫。太平天国在起义后，拒绝留辫发而改蓄长发。这种“长毛”的形象不仅仅是太平军的特征，更成为反清的鲜明标志，其后辛亥革命时期的革命派也学习太平天国以剪辫子来表示打倒清朝的意志。

另外，受北方民族影响而形成的新方言北京话（即现在的普通话）也为太平天国所批判，认为“是欲以胡言胡语惑中国也”。本来客家人就认为自己才是正统的大汉末裔，因此就更热衷于维护传统的习俗与语言。特别是他们所使用的客家话被认为是保留了大量古代汉语的特征。因此，这种接受了外来宗教同时又主张回归中国传统的太平天国的思想，可以说是以固守中国文化传统的客家习俗为基础而发展出来的。

太平军的宣传活动及其纪律

太平天国一般通过在高坛上击鼓鸣锣聚集群众，以讲道理的形式宣传其主张。定都南京后，设立印刷所，刊行了大量用于政策宣传的出版物。为了庆祝南京入城，还举行了与新朝之主相般配的盛大的游行活动。诸王的旗帜皆以太平天国的标志性颜色黄色为心，分别镶有红、白、黑、绿、蓝边，寓意是诸王在皇上帝的庇护之下，分别管制东西南北各方。兵将的军服使用代表高贵和喜庆的黄色或红色，胸前绣着“太平”二字。

但是太平天国留给人们印象最深的还是太平军极为严明的纪律，而其雏形是金田起义时颁布的五项军纪。五项军纪中的第三条“秋毫无犯”又被收入进1852年制定的十条《行营规矩》之中。这些条规中不仅禁止无故杀害平民、滥役民夫、掳掠、烧毁房屋等行为，还包含了不得擅入民宅等更为具体的内容。

当代中国的历史学家对太平军的军纪与共产党的“三大纪律、八项注意”非常类似之事不甚赞同。但是随着研究的推进业已证明，就连当时与太平天国敌对的人也感服于太平军严明的纪律，认为太平军的掠夺远远少于龙蛇混杂的清朝正规军。李秀成也曾证实，东王在统率军队时采用了“擅入民房者，右脚进砍右脚”的严惩主义政策。实际上，杨秀清经常借天父下凡对违反军规者和里通清军者处以死刑。也就是说，太平军出于对触犯天父的恐惧，而实现了领先于时代的高度的道德水准。

地上天国的现实与湘军的登场

太平天国北伐及失败

定都南京后的太平天国为了巩固政权，开始了新的军事行动。1853 年 5 月，丞相林凤祥、李开芳等率领两万精锐部队以进攻北京为目标出发，即开始了其后也在近代中国历史上被反复尝试的北伐。

太平天国北伐军没有选择沿大运河北上的最短路线，而是向西北进军，试图寻机渡过黄河。途中遇到清军抵抗后进入山西，从山西迂回向北京所在的直隶地区（河北）挺进。随后太平军大败清军逼近保定，致使北京城内陷入一片混乱。官僚与商人纷纷出逃，北京一度成为被遗弃的城市。

清政府急忙派蒙古族猛将僧格林沁巩固北京防守，而北伐军则向东进军，于 10 月占领了距北京仅一百余公里的天津郊外。但是，疲于远征的北伐军无力攻下天津城，又遭遇严冬。出身南方的太平军，甚至未经历过下雪，不堪受冻，且苦于小麦产地的北方没有南方人习惯的米食。

无奈北伐军开始退兵，却被困于河北与山东的交界。1854 年 2 月，在终于得知北伐军苦战的情况后，天京当局派出了援军。但援军在山东临清败于清军，未能与北伐军汇合便溃散了。结果，至 1855 年 5 月，林凤祥与李开芳皆被俘，并被处以死刑，北伐军被全部歼灭。

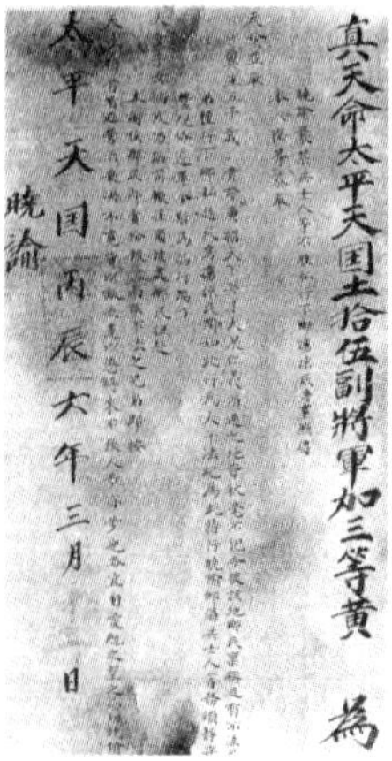

5 太平军禁止士兵掠夺的告示（1856 年）

北伐军的失败，致使太平天国丧失了大批有作战经验的勇将，进而失去了统一全国的可能。但另一方面，由于清廷全力投入北京防卫，包围太平天国的清军的力量减弱了，因此太平天国也减轻了被围的压力。另外，在北伐军途经华北后，白莲教等民间宗教结社和捻军等流民组织逐渐盛行，对清政府统治形成了威胁。上海也于 1853 年 9 月爆发了以水手、船员和走私商人为中心的小刀会起义。上海小刀会属于天地会支派结社，起义后向天京派出使者，试图与太平天国合作。

天京的建设与《天朝田亩制度》

此时，天京正在进行着新国家体制的建设。首先值得注意的是由清朝地方官府衙门改造而成的天王府。天王府内城被称为金龙城，是外墙为金色的豪华宫殿群。洪秀全自搬进宫殿后便深居简出，不再直接与外界社会接触。代替他主持政务的是东王杨秀清。杨秀清在天京城西修建了足以匹敌天王府的规模宏大的东王府。其他诸王必须时常到东王府拜会杨秀清，听从东王的指示。

在东王的专权下，天京的社会结构和秩序被彻底重构。居民财产被没收，纳入圣库。除老人和病人外所有男女必须男居男

6 太平军作战图　见《太平天国革命亲历记》第 11 页

馆，女居女馆。这种隔离男女和废除家庭的政策是太平天国的一大特征，它既源于基督教的禁欲主义与儒教的“男女七岁不同席”思想，也是出于作战上的需要。

壮年男子大多数要作为士兵从军，有木工、印刷、烹饪等专门技艺者则被分别编入百工衙或工匠营，各行其责。十五岁以下少年或进入被称为童子军的少年军队，或在名为育才馆的学校读书。也有少年做了太平军将领的义子或童仆。

太平天国还下达放脚令，废止女性裹小脚的缠足习惯。妇女们在作战时，或在后方摇旗呐喊、充当疑兵，或承担物资运输和修建战壕的工作。因为按照客家的风俗，女性没有缠足习惯，而是与男性一起从事农业劳动。但是，对于习惯在家织布绣花的江南女子来说，缠足的禁止与野外劳作则是非常痛苦之事。

以往研究认为，男女平等是太平天国的特征之一。但最近这一评价受到了质疑。确实，在当初参加起义的广西妇女到达南京后，被册封为高官，她们骑着高头大马、昂首巡街的形象令人印象深刻。1853 年，太平天国还开设了中国历史上第一次女性科举，考取状元的傅善祥作为东王的秘书活跃一时。但这些绝非女性普遍的生活状态。就像教育青少年的《幼学诗》中所提倡的“妻道在三从”那样，太平天国的女性被灌输了幼时从父、结婚从夫、老后从子的家长式伦理道德。

另外，天王洪秀全作为权力的象征纳有八十八妃，东王以下的各级官员也都妻妾成群。而太平天国封王的共有两千七百人，其中亦无一名女性。也就是说，太平天国一边倡导天父之下人人平等，同时仍奉行以男尊女卑为前提的诸王特权等诸多中国社会的传统观念。最终，使家庭离散的男馆、女馆越来越引起人们的不满，终于在 1855 年被废止。

把天京实行的军事共产主义体制作为太平天国社会的整体规划而加以详细描述的是《天朝田亩制度》。该册子一直公开出版至 1854 年，其中的“有田同耕、有饭同食”，“无处不均、无人不饱”体现了洪秀全在以往著述中所主张的实现中国自古以来的“大同”乌托邦的目标。《天朝田亩制度》规定把全国耕地平均分配，农作物和产品除各自所需以外全部上交国库，禁止一切私有行为。

后来，中国共产党曾把太平天国定位为自身的先驱，把《天朝田亩制度》视为否定封建土地所有制的革命性纲领。1958 年开始的“大跃进”运动与人民公社的基本精神和平均分配政策也与《天朝田亩制度》有相通之处。但是，“文革”结束后，人们开始对过去政治运动所导致的劳动热情丧失、农业减产与大饥荒进行反省。因此，多数声音开始批评《天朝田亩制度》所规定的理想乌托邦只能招致平均主义与社会的停滞不前。

实际上，《天朝田亩制度》作为一种批判性的理论具有一定影响，但是其复古性的内容并没有成为有效的社会建设纲领。首先它规定太平天国军队化组织中的大小将校代表的“官”统率“农”，即承认官僚与人民属于身份不同的上下级关系。而且当时的太平天国迫于与清军苦斗，也缺少实现这些理想政策的条件。而事实上，为确保粮食，太平天国占领地区照旧保存原有的土地关系，采取的是征收土地税的方法。

另外，太平天国占领区还发生了多起农民抗租和少交地租的运动。特别在1860年以后，在太平军出入的江南地区这一倾向尤为明显。太平天国虽然保证减免土地税的10%，但同时又任命当地的乡绅地主为地方官，任他们征收地租以确保税收。其结果导致发生了大批农民袭击太平天国地方政府的事件。也就是说，太平天国未能充分满足底层人民对它的期待。

曾国藩与湘军的创建

就在太平天国推进新王朝的建设之时，在中国另外一个省份湖南，出现了一支新式军队——由参加科举中进士出身的儒家学者曾国藩率领的湘军。

7 曾国藩

曾国藩生于1811年，比洪秀全年长三岁。他的故乡湖南省湘乡县紧靠中国共产党领导人毛泽东的故乡湘潭县。曾国藩的家族属于以往没有出过登科入仕者的新兴势力，所以他必须不惜余力以振兴家业。曾国藩重视儒学为本的家庭教育，主张“居官以不要钱为本”，因为官清廉而备受尊重。互为竞争对手的毛泽东与蒋介石都十分推崇他的著述。

1852年，曾国藩因母丧返乡守制。适逢太平军进攻湖南，清政府命其在湖南办团练，对抗太平军。认识到清军战斗力低下是由腐败致使，为避免重蹈正规军节节败退的覆辙，曾国藩创办了一种以弟子为中心，通过师徒关系来制约军队的强有力的义勇军编制。军中士兵皆为从偏远山村选拔出来的朴素青年，将官亦从同乡中选拔，命其担任指挥。因湖南别名为湘，故曾国藩组建的义勇军被称为湘军。湘军逐渐壮大，最终发展为太平军的主要对手。湘军与太平军都属于居住在华南边地的人们结成的同乡组织，虽然两军实际上处于势不两立的敌对双方，但也可以被同视为从中国南部吹来的时代新风。

1854年，湘军迎战太平军。出发前，曾国藩发布了《讨粤匪檄》，对打着基督教旗号的太平天国的偶像破坏运动予以了批判，“我孔子、孟子之所痛哭于九原，凡读书识字者，又乌可袖手安坐，不思一为之所也”，号召儒学知识分子起来捍卫传统秩序。另外，檄文还通过挑拨太平军中两广出身者和其他地方出身者的关系，通过煽动有产阶级对天京实施的共产主义式政策的恐惧等方式，把一些原本对清政府心存不满的人拉拢到自己的阵营。

实际上，此时的太平天国已经停止了《圣经》的出版，并且开始对外国传教士和基督教教义进行批判，以强化洪秀全和杨秀清的权威。对曾经焚毁过的儒家经典也加以修改，重新出版，用于新王朝的建设。也就是说，太平天国自身已经发生转变，曾国藩对太平天国借基督教攻击儒学的批判是不能成立的。即便如此，《讨粤匪檄》还是成功地集结起了反对异端宗教的保守势力。

1854 年 4 月，湘军在湖南取得了与太平军交战的首捷，随后又相继在湖北、江西获胜，天京受到威胁。太平天国派儒将翼王石达开率精锐部队前往九江。1855 年 1 月，两军在九江展开激战。石达开将湘军水师巧诱至长江沿岸的鄱阳湖，并封锁湖口。湘军战船陷于湖内，无法动弹，被太平军逐一击破，受到毁灭性打击。太平军还缴获了曾国藩的坐船。曾国藩在逃亡途中，不能忍受惨败的打击，欲寻自尽，侥幸被救。太平军再度攻陷武昌，扩大了占领区域。1856 年，太平军又消灭了围攻天京的清军，从此天京迎来了建国以来最为安定的时期。

8 攻破清军骑兵的太平军　清朝咸丰四年底（1855），太平军在江西湖口粉碎清军水陆进攻，是扭转西征战局的关键一战。（选自呤唎（Lindley）著《太平天国革命亲历记》）

天京事变与第二次鸦片战争

太平天国内部的分裂

中国人常喜欢讲一个故事。一个中国人和一个日本人用木桶抬水。日本人一次只能勉强抬一桶水，而中国人力气大，用扁担一次就能抬两大桶水。如果换作三个中国人和三个日本人抬水，三个日本人互相配合可以抬很多桶水，但三个中国人则处理不好关系，最后一桶水也抬不成。日本人善于发挥集体的力量，而中国人个人能力很强，形成集体后反而无法发挥力量。

上则故事揭示出生存在竞争激烈的科举社会中的中国人个性强势、不易团结的特征。然而这则故事的现实版悲剧，就在新王朝建设刚刚步入轨道的1856年夏天发生了。太平天国内部发生分裂酿成天京事变。

前文已经提到，天王洪秀全自从到南京以后就隐居深宫，政治权力实际上掌握在东王杨秀清手里。永安封王的五人之中，南王冯云山和西王萧朝贵已在进攻南京的途中战死。在剩下的二王之间，位于东王之下的北王韦昌辉受到杨秀清的猜忌和压制。杨秀清甚至假托天父耶和华传令，杖打北王，以致其不能站立。起义以来很多将士官员也多对东王的专权心怀不满，杨秀清则对不满者轻则处罚、重则斩首示众。

1856 年 8 月，杨秀清以天父下凡名义传洪秀全至东王府。洪秀全至东王府时，杨秀清高坐于上，假装天父附体，命令洪秀全“天父在此，跪下”。并责问洪 :“尔与东王均为我子，东王有大功劳，何止称九千岁？”亦即逼洪秀全封自己为万岁。在中国万岁向来是历代皇帝的称号，太平天国中也只有洪秀全可以被称为万岁。杨秀清为自己独裁所招致的不满心存恐惧，因此想借得到与天王同等的地位来压制洪秀全对他的不满。但他的这一行动反而激怒了洪秀全。

天王至东王府之后的第十八天，9 月 2 日清晨，天京的街道被炮火声和恐怖气氛包围了。接到洪秀全“诛杨秀清”密令的北王韦昌辉率兵攻进东王府。杨秀清被斩首，韦昌辉为防止东王余党复仇，将东王麾下的数千兵将屠杀殆尽。韦昌辉还命人对天京的所有居民进行了调查，凡与东王有牵连者先后被杀。

事变发生六周后，翼王石达开赶回天京城。石达开谴责韦昌辉的滥杀行为，“独杀东王及其亲随即可，何杀众多兄弟？”两人发生口角，韦昌辉骂石达开，石达开怒曰“今日之残局，汝自行解决，与我无关”，遂甩手而去。当晚，韦昌辉欲杀石达开，预感到危机的石达开仅带数名随从逃出天京。而韦昌辉将留在天京城的石达开家人及部属全部杀害。数月之间，韦昌辉竟杀了四万余人。

幸免于难的石达开召集前线的太平军，要求天王洪秀全处决韦昌辉，否则将起兵进攻天京。结果，洪秀全杀韦昌辉，被盐腌过的韦的首级被送到石达开阵前。接受这一处置的石达开返回天京，受到被屠杀所恐吓的人们的欢迎，开始承担辅政重任。

但是经历杨秀清前车之鉴的洪秀全，并不信任石达开。作为一个理想主义者的洪秀全原本就与冷静的现实主义者石达开脾气不合。洪秀全重用自己的两个哥哥，以此排挤石达开。不堪忍受的石达开于1857年离开了天京。自出走天京一直到1863年兵败四川大渡河，石达开举着太平天国的旗帜，实际上则是作为一个单独的集团在行动。天京事变之后，起义之初的五王全部离开太平天国，原本有利的战局也转为暗淡。因松懈所导致的内讧给太平天国带来了致命打击。

第二次鸦片战争与清王朝

我们再来看一看围绕太平天国所发生的国内外局势的变化。当时居于清朝皇位的是二十余岁的咸丰皇帝。即位后即遭遇太平天国起义的咸丰帝，为图重整政务，首先罢免了先帝道光朝专权乱政的元凶军机大臣穆彰阿。随后提拔皇族出身的肃顺为亲信，并采取了任用曾国藩等有能力的汉人官僚的政策。

但是，1856 年 10 月，发生了一件令咸丰帝烦恼的事件。清朝官员以海盗嫌疑为由，对停靠在广州的鸦片走私船“亚罗号”登船检查，并逮捕了船员。日后成为驻日公使的英国领事巴夏礼认为中方把香港籍“亚罗号”上的英国国旗降下来，是对英国的侮辱，向清政府提出抗议。巴夏礼的抗议不过是挑起战争的借口。

英国本来就厌恶清朝的中华思想，即把中国视为世界中心、把周边诸国作为属国的骄傲态度。而清朝仅与遵守这种世界秩序的国家进行贸易的朝贡贸易体制，也是英国力图打破的。经过 1840 年的鸦片战争，被称为“行商”的中国商人的特权地位被动摇，英国开始相信可以和清朝进行对等的自由贸易。

但是，当时的清政府并没有认识到鸦片战争后，中国被编入了自由贸易体制，更没有认识到不平等条约使得中国加入到近代国际关系体系之中。对于清朝来说，战败是为了怀柔“夷狄”即野蛮人而做出的让步，不过是对以往的朝贡体制做了修正而已。把对片面最惠国待遇和领事裁判权的承认解释为大国中国对下等对手欧洲的优待，把上海等五港口的开放也解释为是重开以往当地作为外国船只停靠港口的先例。

也就是说，鸦片战争所带来的“西洋的冲击”被传统的“中华世界”的秩序消化了。英国所期待的棉制品的对华出口并没有实现增长。欧洲各国也未能按照近代条约体系的常识，向北京派设常驻公使。曾在鸦片战争期间担任外相的英国首相帕尔姆斯

9 天津条约的缔结（1858 年）

顿以“亚罗号”事件为借口，企图用军事压力来大幅度修改条约。英国动员拿破仑三世治下的法国联合出兵，第二次鸦片战争（亚罗战争）爆发了。

1857 年 12 月，英法联军攻占广州。翌年 1 月，两广总督叶名琛被俘，后解往加尔各答。接着，英法联军为给清朝中央政府施加压力，沿海路北上，1858 年 5 月占领了天津附近的大沽炮台。这时，惊惶失措的清政府不得不进行和平交涉，6 月在天津签下了《天津条约》。

但是，英法退兵后，清政府再度变得强硬，1859 年发生了天津驶往北京的英国舰队被清军击退的事件。愤怒的英法两国为了报复，于 1860 年派出了由两万兵力和两百只军舰组成的大远征军。10 月，英法联军逼近北京，冲入圆明园。圆明园座落于北京郊外，是清初康熙皇帝建造的美丽皇家宫苑。英法联军进入后，大肆掠夺珍宝。同时，为掩盖他们的掠夺行为，竟彻底烧毁了圆明园。

太平天国的外交与《北京条约》

太平天国占领南京后，在基督教传教士中间出现了对中国诞生基督教国家的欢呼声。1853 年 4 月，英国驻华全权公使兼香港总督文翰以对太平天国进行实地调查为名访问了天京。英方表示了不干涉的立场，同时要求太平天国承认《南京条约》，并且探问太平天国是否有意进攻贸易港口上海。

当时，太平天国把外国使节称为“洋兄弟”，对他们的到访表示热烈欢迎，许可外国人在领土内自由通行和进行商业活动（鸦片交易是被禁止的）。不过，太平天国的这些措施从根本上说是由于把同为基督教徒的欧洲人看做了受耶和华之命的“天下万国真主”的天王洪秀全的“臣民”。太平天国实际上仍然继承了“中国是世界中心”的中华思想，只不过他们对“华夷”即文明与野蛮的判别，不是基于儒家的礼教而是看是否有基督教的信仰。

太平天国的外交思想仍然没有脱离传统的朝贡体制框架，他们并不理解主权国家以对等立场签署条约的近代欧洲的外交概念。列强初始对此强烈反对，后来则放弃与棘手的新兴势力太平天国的交往，一面伪装中立态度，一面向清朝施加压力，以图维持和扩大自己的既得利益。在第二次鸦片战争中，英法两国也并没有给清朝以致命打击，而是试图通过改变清政府从而使交涉向有利于自己的方向发展。

1860 年，英法联军占领北京，咸丰皇帝逃往热河避暑山庄。留在北京负责交涉的恭亲王奕䜣（咸丰帝之弟），主张与英法议和，他认为太平天国才是朝廷致命的“心腹大患”，应该暂与列强妥协，首先镇压太平天国。

在此背景下，清政府与英法签订《北京条约》。《北京条约》是《天津条约》基础上的继续与扩大。两次条约约定了以下内容：

（1）开天津及长江沿岸的汉口、九江等十一地为通商口岸。

（2）外国人得往中国内地游历、通商。

（3）洋货运销内地，只纳子口税百分之二点五，不再纳厘金税。

（4）外国公使得驻北京，有权与中央政府直接交涉。

（5）允许华侨出洋。

（6）割让九龙半岛给英国。

（7）1853 年始设于上海的外国人税务司制度在其他各通商口岸实施。

（8）各式公文中不得提书对外国蔑称的“夷”字。

（9）鸦片贸易合法。

另外，在与法国签订的条约中还规定传教士得入内地自由传教。俄国也借 1858 年的《中俄瑷珲条约》侵占了黑龙江以北地区，借 1860 年的中俄《北京条约》侵占了乌苏里江以东的沿海各地。结果，俄国在远东地区获得了不冻港海参崴，并开始着手将该地建设为军港，改名符拉迪沃斯托克，即“征服东方”之意。

1861 年，奕䜣设立总管外交事务的机构总理衙门，列强与清朝进行交涉变得容易了。当时，太平天国也改变了对欧洲各国的态度，试图寻求缔结条约之路。但是对于借《北京条约》大幅度扩大了利益的列强来说，太平天国已经不是他们理想的合作对象了。随后，列强明确表示支持清政府，转为协助清政府镇压太平天国。

《资政新篇》与太平天国的灭亡

洪仁玕与《资政新篇》

经过天京事变，太平天国实力被大大削弱，曾国藩率领的湘军则加强了在长江上游的攻势。1858 年 5 月，九江陷落，清军再次组建起包围天京的大营，太平天国面临着存亡危机。

此时，天王洪秀全通过从青年军官中提拔人才，以图重建天京事变中毁掉的太平天国的领导核心。年仅十四岁就参加太平军、在战场上屡屡冲在最前方带兵的广西藤县人陈玉成，骁勇善战，令敌军闻风丧胆，因其双目下有黑痣，被清军称为“四眼狗”。另外，比陈玉成年长的同乡李秀成、李秀成的堂弟李世贤也从普通士兵一跃被提拔为前线将领。洪秀全在提拔这些身经百战的勇士的同时，自己也亲自担任曾经被杨秀清占据的最高军事指挥官之职。

在这些措施之下，太平天国又可以进行统一的作战活动，陈玉成和李秀成合力于1858年击溃了天京北岸的清军大营。另外，他们在安徽省三河镇与湘军作战，消灭了曾国藩胞弟在内的七百名湘军最精锐部队。接到三河镇战败消息的曾国藩叹道："三河之败，歼我湘人殆近六千，不特大局败坏，而吾邑士气，亦为不扬。"通过这次胜利，太平天国摆脱了眼前困境，得到了喘息的机会。

1859年4月，洪秀全的族弟洪仁玕从香港到达天京。洪仁玕是拜上帝会的早期信徒，金田起义之时未能与太平军汇合。1852年，他到广东策划武装起义，失败后潜伏在新安县（现在的深圳市）。后结识传教士韩山文（又译韩山明），正式受洗入基督教，在香港的伦敦会担任助手。

最近的研究表明，洪仁玕在香港期间，一边凭借传统的中学根底担任教师和医生，同时也热心致力于传教活动。1854年，他试图经由上海进入天京，但未能成功。1858年他再度决心进入天京。有传教士证实洪仁玕曾说过"须尽快劝说南京方面与洋人合作，否则迟矣"。这也是他执意要去天京的原因。当时，第二次鸦片战争进入尾声，传教士中间有不少人认为太平天国是异端。洪仁玕对太平天国的未来深具危机感。

洪秀全对洪仁玕的到来惊喜万分，不到一个月就封洪仁玕为干王。洪仁玕在太平天国开始着手近代化的制度改革，于1860年颁布了改革纲领《资政新篇》。《资政新篇》是洪仁玕根据其在香港期间积累的与欧洲各国相关的知识而写成，虽然主张政府与民众之间进行对话沟通，但最终目的是建立以天王为中心的中

10 洪仁玕

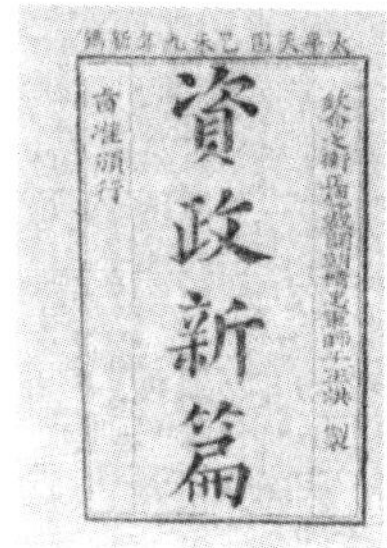

11《资政新篇》封面

央集权体制。

洪仁玕提出一系列新事物。比如，禁止太平天国在与外国交涉时使用“夷狄”等带侮辱性文字；建议太平天国与外国建立通商关系，允许传教士到中国内陆活动；主张建设铁路、公路、轮船等基础设施；提倡学习近代欧洲设立银行，开发矿藏等地下资源用于充实国库收入。另外，为了获得民心，洪仁玕还提出了发行报纸、设置邮亭和书信馆、改善社会福祉、禁止滥用死刑、废除八股等改革措施。

从洪仁玕的一系列主张中，19 世纪欧洲近代化波及亚洲的时代特征显而易见。太平天国的这次改革也是其后的洋务运动改革的预演。另外，这种对追求个体利益的鼓励，通过发展交通、工业等实现经济振兴的现代化路线与邓小平自 1978 年开始实施的改革开放政策亦有相通之处。《资政新篇》中介绍日本说：“日本邦近与花旗邦（即美国——译者）通商，得有各项技艺，以为法则，将来亦必出于巧焉”，对日本作出了肯定的评价。

对于《资政新篇》的出版，洪秀全对其中多数建议表示同意。他在广州期间接触过欧洲文化，对近代文明是持肯定态度的。不过，对部分内容，如发行报纸一条，他以报纸有被清军利用之危险为由表示反对。对禁止滥用死刑一条，他说：“爷诫勿杀，是诫人不好谋害妄杀，非谓天法之杀人也”，坚持把生杀大权掌握在自己手中。

最终，《资政新篇》仅仅成为一纸空谈，除外交和文字改革以外的方案都未能实施。《资政新篇》的内容超出了当时疲于应战的将官们的理解范围，而且洪仁玕由于没有立过军功，在天国政权内始终无法确立起威信。

太平天国的灭亡与常胜军

另一方面，洪秀全在继两位兄长之后又重用族弟洪仁玕，引起了太平天国内部的不满。为了取得平衡，洪秀全封陈玉成为英王，封李秀成为忠王。但是，恢复了自信的洪秀全将国名改为天父天兄天王太平天国，并假托神秘之梦的启示来强化自己的权威。此举招致李秀成和李世贤兄弟的反感，造成了李氏军阀与洪氏家族的对立。

太平天国后期的代表人物忠王李秀成与干王洪仁玕的矛盾开始于1860年李秀成进攻上海。6月，攻入苏州的李秀成向上海的英法美三国领事表示希望就缔结友好关系开展协商。8月，李秀成又通知诸外国，太平军不会威胁上海租界的外国人居住区。但是，太平军却受到英法联军攻击，损失数百人，李秀成本人也负伤撤退。

据近年台湾发现的洪仁玕供词中所述，原本洪秀全派洪仁玕去苏州与洋人交涉签订通商和好章程。但李秀成不依所议，认为“我天王江山可以打得来，不能讲得来也”，因此“众洋人知不能和乃去”。洪仁玕指责李秀成擅自采取行动破坏了他与洋人的交涉。

12 进攻宁波的常胜军　该图为英国随军画师所绘制

确实，当时英法联军正与清军在天津交战，决定两国转为支持清政府的《北京条约》尚未签订。但是，英国方面拒绝了洪仁玕的请求。7月，美国人华尔率领的雇佣军洋枪队（欧美人任军官，中国人当兵，后改名为常胜军）开始与太平军交战。至此，太平天国与列强签订通商和好章程已基本没有可能性。洪仁玕依仗在香港接触欧洲文明的经验，试图与列强进行交涉的希望，被残酷的历史现实背叛了。

李秀成对江南地区发起进攻后，清政府任命曾国藩为两江总督，以图守住江南财源重地。因湘军无法从长江上游战线脱身，曾国藩派弟子李鸿章赴安徽仿照湘军编练军队，李鸿章军招募的兵员将领主要来自江淮一带，故称淮军。另一方面，英王陈玉成率兵往武汉，准备与李秀成军汇合进攻湘军。但李秀成却不顾洪秀全西进的命令，热衷于在江南地区扩大势力范围。未能与李军汇合、陷于孤军的陈玉成转寄希望于与捻军首领苗沛霖合作。但由于苗沛霖的出卖，陈玉成为清军所杀害。

这一时期，太平天国起义时的严格军规已然涣散，投降太平军的清军士兵的行为尤为恶劣。将领之间的关系不断恶化，建设新国家的理想也渐行渐远，粮草不足导致太平军陷入争夺粮食的作战。太平军士兵留下的日记中还记载着，为了驱逐恐惧，不少人甚至沉迷男色，收养美少年为养子以供玩乐。

另一方面，清政府的统治力量也日趋削弱。捻军、广西天地会、贵州苗族等纷纷响应太平天国起义，全国各地爆发叛乱。但是，由于平素深受压迫，起义军当中，为发泄不满而进行掠夺等负面行为的也大有人在。另外，太平军以天朝官军自居，蔑视其他起义军为贼匪，因此两者也未能团结合作。

1862 年，李鸿章率领的淮军在英国援助下加入上海战线，常胜军也由现役英国军官戈登担任统领。列强对这些军队加以近代化武装，开始了对太平天国的军事镇压。加入李秀成军的英国青年呤唎揭露英国对太平天国的干涉是为了维护其在鸦片贸易中获得的利益。呤唎强烈指责戈登对信奉基督教的太平天国的屠杀，他说："我的国家对他们（太平天国）的态度，让我每思及此，便以自己是英国人而感到羞耻。"而常胜军与淮军则倚仗现代化武器连续发动进攻，1864 年 5 月，太平军最后的要塞常州失守。

1863 年，太平天国形势十分危急。李秀成返回天京，劝说洪秀全"让城别去"，即舍弃天京，暂避西北，日后再图东山再起。洪秀全不听，断然拒绝说："朕铁桶江山……何惧曾妖者乎"，并与包围天京的湘军交战。1864 年 5 月，洪秀全病倒。6 月，于弥留中下达了最后一道天王诏旨"大众安心，朕即上天堂，向天父天兄领到天兵，保固天京”。7月19日，湘军攻陷天京，宣告历经十四年的太平天国灭亡。李秀成在护送洪秀全之子（幼天王）逃亡途中被俘，在狱中写下数万言关于太平天国的供状，但在完成供状当天被曾国藩处死。洪仁玕也在江西被清军俘虏遇害。

太平天国运动的遗产

太平天国是近代中国经历的第一股“南来之风”。这一运动源于遭受歧视的客家人为寻求出路，流落边地，这些底层移民以他们的力量尝试建设理想的乌托邦，希图借此复兴疲敝的中国社会。他们接受异国宗教这一周边世界所带来的冲击，并吸纳之，从而对经历鸦片战争却仍然顽固的清王朝统治予以沉重打击。

如果说20世纪的中国吸收马克思主义，并使之中国化后衍生为毛泽东思想，那么拜上帝会同样是耶和华和耶稣降临这一超自然主义的中国化产物。拜上帝会的理念中蕴含了中国固有的复古主义内容，即恢复正统的传统王朝。但太平天国刚刚步入正轨便发生内部分裂，这决定了该运动的必然失败，而其后的国民革命和国共两党内战中的种种权力斗争亦与这段历史惊人地相似。

另一方面，太平天国提出的《天朝田亩制度》与《资政新篇》作为两个乌托邦理想，对中国产生了重大影响。前者“大同”的乌托邦理想先由清末维新变法派所继承，后在毛泽东时代的人民公社中得到实践。而后者的近代化路线，是之后中国人一直追求的理想，不仅为洋务运动所尝试，中华人民共和国建国后，邓小平提出的改革开放路线也是这一理想的体现。更为重要的一点是，太平天国对列强的抵抗，虽然在列强的干涉之下最终失败，但太平天国的抵抗揭开了其后中国抵抗列强入侵的序幕。太平天国的战乱与清政府和列强的血腥镇压造成了无以计数的牺牲者，但这不过才是近代中国所经历之苦难的序曲而已。

在太平天国余波未尽的1866年，辛亥革命领袖孙中山在广东出生。他在同为客家人的洪秀全身上找到了共鸣，立志于革命事业。而据说共产党将领朱德、彭德怀也在童年时代就受到过太平天国传说的影响。后来共产党军队在各地转战时，被迎接他们的农民称为“天兵”，农民认为是太平军又回来了。虽然太平天国运动以失败告终，但其所传播的种子已然在之后的历史中牢牢生根。

第二章

动荡的中华世界
——洋务运动与甲午战争

洋务派的登场与近代化产业

中国近代化的鼻祖

邓小平推行改革开放政策的二十余年间，中国的各大口岸城市无一不在进行大规模的工程建设。深圳从边境的一座农村摇身变成经济特区，北京也为迎接奥运会而呈现新貌。走在高楼大厦林立、周边高速公路环绕的上海街道上，无数日本人震惊于它与上个世纪80年代的面貌差别之大，为此种社会主义景象唏嘘不已。

回到一百四十年前，洋务运动作为中国历史上首次对“近代化”的尝试拉开了帷幕。日本正值江户幕府垮台、明治维新开始之际。明治维新的历史意义受到国内外的高度评价，而与此相对，对于洋务运动的评价却不敢恭维。

对洋务运动评价甚低的第一点理由是：该运动为镇压太平天国而引进欧洲的物质文明，企图重建清朝的统治。官僚们过分热衷于争权夺利，对列强的侵略行径采取了妥协的态度，压抑了民间资本的成长。第二点理由是：被视作洋务运动宠儿的北洋舰队，在甲午战争中一败涂地。在日本的明治维新取得胜利，而洋务运动为何失败这一点上，学术界的主流观点认为，其原因在于清朝的腐败以及运动的不彻底。

然而，历史上的近代化，并不意味着就是明治时期日本选择的“西洋化”。最近甚至有观点认为，洋务运动唤醒的近代化的内涵，完全不同于明治维新，至少不能只凭甲午战争的结果，单纯地将两者优胜劣汰。而且，眼下正在实行改革开放政策的最前沿中，也存在着足以让我们吃惊的、不同于我们所想象的中国式的另类的“近代”。下面就以清末的洋务运动为实例来摸索中国是如何接受欧洲的近代化，又是如何应对的。

西太后的登场与洋务运动的开始

话说太平天国运动开展的1861年，为躲避英法联军进攻北京而逃到热河的咸丰帝病倒，同年8月驾崩。根据遗嘱，六岁的皇太子（后来的同治帝）即位，由咸丰帝的心腹肃顺等人辅佐政治。

11月，皇太子的生母西太后与咸丰帝的异母弟弟奕䜣等人发动了政变。西太后原为满族部族之一叶赫那拉氏出身，被选作宫女入宫。一日，咸丰帝被西太后动听的歌喉吸引，此后西太后虽备受宠爱，却未能当上皇帝的正室（东太后）。叶赫那拉氏曾反抗过清朝太祖努尔哈赤，其子孙不得进入宫廷。然而西太后机敏伶俐，获取了咸丰帝的信任。咸丰帝不堪内外重压卧床不起后，西太后便代替皇上批阅各地地方长官呈上的奏章。不久她开始参与政事，与皇帝的心腹肃顺等人的矛盾加深。

13 西太后

于是西太后与素来对咸丰帝心怀不满的奕䜣勾结，乘着将咸丰帝的棺木运回北京这一时机，宣布由西太后和东太后来辅佐年幼的皇帝，实施垂帘听政。肃顺等人大惊，表示反对，西太后便逮捕了他们并进行肃清。肃顺被戴上枷锁，在北京城里游行后被施以斩首。

这场政变给清末的历史造成了巨大的影响。奕䜣是签署《北京条约》的中方代表，他担任议政王大臣进入政治的中枢，也被列强们看好。新政权为进一步镇压太平天国，积极起用了曾国藩等优秀的汉族官吏。

奕䜣接管了总理衙门后，把与外国交涉的“夷务”改为“洋务”。之后与欧洲有关的新鲜事物都被统称为“洋务”，而管理这些事务的汉族官僚们被称作洋务派。虽然后来奕䜣下台，西太后

14 李鸿章

独揽大权，与欧洲列强斡旋以及重用有能力的汉族官僚这一基本方针却得到了延续。洋务运动被誉为同治中兴，在以西太后为核心的体制下得以活跃开展。

总理衙门还设立了作为附属机构的外语学校同文馆，1864 年发行了国际法的译本《万国公法》，试图“用外国的法律来反击他们的观点”。并派遣外交使节团，在世界各国设立驻外公使馆等，推动了外交近代化。

然而洋务运动的主要舞台并不在北京的中央政府里。近代工业的主导人是曾经镇压太平天国的地方长官、曾国藩弟子兼淮军指挥的李鸿章和湘军首领左宗棠。随后是张之洞、刘坤一等各省总督、巡抚级别的实权官僚们。支持他们的智囊团包括太平天国时期做过团练首领、要求曾国藩出兵上海的冯桂芬（江苏吴县人），地方出身的精英们占据了主流。

1865 年，李鸿章任署理两江总督，他以中国第一位留美学生容闳（广东香山县人）带回的机械为基础，在上海成立了兵器工厂江南机器制造总局（参见图 15）。容闳就读于澳门的马礼逊学校，他在回国后的 1860 年，在太平天国的首都天京曾向洪仁玕提出太平军的近代化、成立民主政府等七条建议，洪未接受。于是他将中国近代化的希望寄托在曾国藩身上。李鸿章受曾国藩之托建立工厂，指出淮军使用的近代兵器发挥了巨大威力这一事实，强调国内的兵器生产“防御外国侵略，乃自强之本”的重要性。

1866 年，闽浙总督左宗棠，镇压太平天国时得到法国人日意格等人的帮助，在福建成立福州船政局，开始建造军舰。这两家工厂和李鸿章有关的金陵（南京）、天津的机器制造局并列，被称为四大工厂，均为官营，拥有数千名工人。福州船政局附属的船政学堂教授航海术和外语，多数毕业生前往欧洲留学，随后又担任北洋海军的干部。

洋务运动的扩大与官僚资本主义

1870 年，李鸿章出任直隶总督、北洋大臣，提高了政治发言权，洋务运动的内容也从军事工厂扩大到一般的近代化产业。1872 年，李鸿章在上海成立了中国最早的轮船公司轮船招商局，试图夺回被外国资本垄断的海运业的利益。1878 年，为了抵制进口棉纺织品，又成立了纺织工厂上海机器织布局。运动的范围还扩大到矿山开发和电信设备的引进上。1881 年，为了运输直隶开平煤矿产出的煤炭，修建了长达 11 公里的铁路来连接唐山和胥各庄。

这些洋务企业多数采用了被称作“官督商办”的半官半民的经营方式。企业创办时由政府融资，从民间募集资金和人才，为防止外国势力进入企业，“官”实行最小限度的监督，而具体的经营则委托给“商”，即具有丰富经验、进行高额投资的有实

15 江南机器制造总局

力的商人。

担当洋务企业经营业务的实力派商人，多被称为“买办”。买办是葡萄牙语“康白度”（comprador）的译文，他们代替外国商社在中国市场进行中间贸易，以口岸为主获得了巨大的利益。鸦片战争后最早进入上海的英商颠地洋行（中文名为宝顺洋行），其代表就是买办徐润和郑观应（两者均为广东香山人）。他们参与了很多洋务企业的创建与经营，徐润参与了李鸿章成立的轮船招商局，郑观应参与了上海机器织布局等。

清政府为了使这些企业能与外国资本竞争，采取了税收上的优惠措施和一定期限内的经营垄断权等特权来加以保护。李鸿章规定的“官”不参与经营的方针也获得了人们的信任，筹集到了许多民间资金。

然而，当时的中国既没有资金周转必需的银行，铁路等基础设施的建设也远远落后。例如纺织业所需的原料长纤维棉花无法在中国国内购买，造成上海机器织布局开工晚了十二年等等，保证企业顺利发展的条件尚不具备。而作为经营者的实力派商人，例如徐润和郑观应结成广东人的同乡网，他们把传统中国社会的商业习惯带入作为股份公司的企业当中。他们不是把精力放在脚踏实地努力提高生产效率上，而是将资金投入到股票投资等有风险但见效快的副业上。也就是说不管是洋务官僚还是民间商人，他们相信只要成立拥有近代技术的企业，就能够从外国资本手中夺回国内市场并获取利益。

1883年，上海发生了金融危机，徐润在房地产生意上失败并破产，给轮船招商局造成了十六万两白银的损失而退出经营。郑观应也离开了上海机器织布局。李鸿章为了防止经营上的混乱，不得不加强了“官”的干涉。李鸿章的心腹盛宣怀就任轮船招商局的督办，掌握了企业的经营权。

而原本作为监督者的官僚权力的扩大，出现了企业利润被用于购买军舰或填补其他同类企业的亏损。再加上洋务派官僚将企业私有化这一官僚资本主义的倾向加强，对此失望的民间商人不愿意对洋务企业进行投资。而且，为保护这些企业而采取的一定期限的经营垄断权的措施，也妨碍了其他民间企业的发展。

洋务派官僚中原本对“洋务”的内容就意见不一，甚至有人反对官督商办的做法。清朝内部的多数保守派们也轻视商业活动，对运动持否定态度，因此，李鸿章培养近代企业的尝试，并未取得促进中国工业化这一成果。从政治权力下自立出来的民间资本的发展被搁置，而“官”“商”互相依靠的关系之后在中国仍持续了相当长的时间。

“中体西用”论的理想与现实

洋务派的思想及其源流

1876年1月，李鸿章会见了日本的驻清国公使森有礼。森有礼是启蒙团体明六社的成员，在1885年成立的第一届伊藤博文内阁中担任文部卿（文部大臣）。据说当时李鸿章对森的傲慢感到愤慨，有趣的是李对明治维新的评价，特别是对日本引进西式服装的反应。森主张，“学习他国所长是我国的优良传统”，李鸿章则论道，“效仿欧洲习俗，摒弃独立精神接受欧洲统治，尚不知羞耻”，“遵循服装旧式乃对祖先遗志追忆之体现，子孙万代须谨守之”。

中国近代文学之父鲁迅，将此时森有礼显耀的日本做法评价为“拿来主义”。而李鸿章拘泥于服装这一小节，其实来自儒教中“衣冠整”为“礼”之实践这一特点。这段话表明李鸿章未考虑用日本式的“西洋化”来发展近代化，只是积极创办近代企业的李鸿章，为何要如此拘泥于儒教的传统呢?

洋务运动广为人知的口号，便是相当于幕府末期日本和魂洋才的“中体西用”。第一位从体系上论述中体西用论的人，是李鸿章的智囊团成员冯桂芬。他认为对中国而言，国防问题是“天下第一的重要政务”，主张“以中国之伦常名教为根本，辅以诸国富强之术”，即应以儒教伦理为中心，引进欧洲的先进技术。冯桂芬还呼吁第一步应在上海和广东成立翻译公所，培养精通欧洲学问和外语的人才。

冯桂芬的这一主张派生了以鸦片战争时作为全权大臣被派至广东的以林则徐为中心的、开明的知识分子团体——公羊学派。公羊学派对现实社会抱有强烈关心和危机感，他们的最大特点在于主张“经世致用”，即大胆地重解孔子的意图实施改革。感觉敏锐、憎恨官界腐败的诗人龚自珍撰文预言将出现大叛乱，写下“然而起视其世，乱亦竟不远矣”的文句猛烈批评社会，便是其中的典型例子。

初战失败后，道光帝有所动摇，林则徐被撤职并发配到西北边境，他将自己收集到的对外信息都托付给了盟友魏源。1842年魏源经整理后，出版了世界地理书及海防书《海国图志》。该书出口到日本后极为畅销，给幕府末期的志士们也带来了思想上的巨大冲击。在序文中，魏源提出“师夷之长技以制夷”的重要性，即学习欧洲的军事和训练方法来巩固国防。也就是说，洋务运动是公羊学派改革目标的实现，除了创办企业外，在内政改革和人际关系上，洋务派和公羊学派之间存在着密切的关系。

近代化与儒教的正统论

那么洋务派的改革目标是什么呢？上海机器织布局的经营者郑观应在其著作《盛世危言》中，提倡培养产业的同时，创办学校、报社，要求废除科举和缠足等，其改革方案与洪仁玕的《资政新篇》十分相似。他还把中国的学问定位为“道（本）”、欧洲的学问定位为“器（末）”，

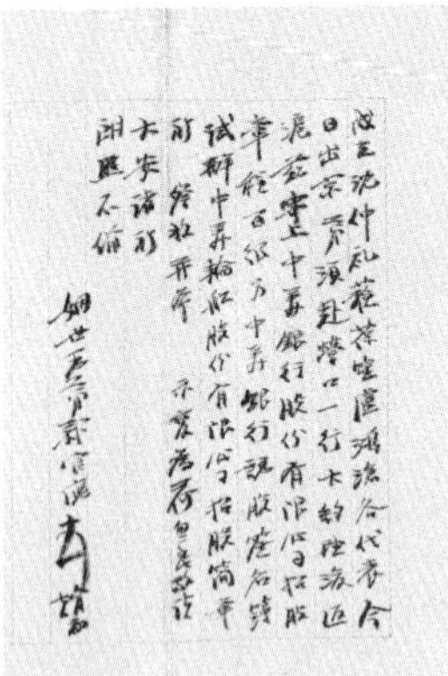

16 郑观应手札

认为中国长久以来迷失了“道”，此时应该引进欧洲技术的“器”，使“本末”得以融合，从而“回归孔孟之正道”。

被誉为中国报业之父的王韬，在上海墨海书院期间向传教士麦都士学习西方的学问。太平天国进入江南后，他为了自卫试图创建西式军队，因化名黄畹向太平军提示进攻上海的方法受到通缉，逃往香港。王韬从英国留学归国后，1874 年创办了《循环日报》。他提倡铺设铁路、开采矿山、通过学校教育培养国民意识。如果引进了作为“器”的欧洲制度，一百年后中国必将超越欧洲，数百年后还将实现“大同”乌托邦的理想。“孔子之道”仍是不变的真理，通过对官僚纲纪的肃正恢复中国古代典籍中记载的理想的社会关系，便能够实现国内的稳定。

也就是说，对儒教的信仰虽各有差异，但它却是洋务派们共同的倾向，这种传统主义的姿态并非仅体现在李鸿章一人身上。从第一章也可看出，他们的对手太平天国虽一方面接受基督教，却仍具有建设正统的传统王朝这一复古主义的侧面。换而言之，“回归本来的中国”这一主题，是接受欧洲近代洗礼的 19 世纪后期的中国共同的反应。洋务运动和太平天国也和这种时代精神不无关系。

然而洋务派体现出的保守主义倾向，给洋务运动带来了日本明治维新无法想象的困难，铁路铺设的问题就是一个很好的例子。中国最早的铁路是1876年建于上海和吴淞之间的铁路，两年后被政府收购并废弃。虽然日本当时也反对建设铁路，但中国的反抗尤为激烈。其中值得注意的要数1881年上书称“铁路建设有害无益”的刘锡鸿。

1876年，刘锡鸿作为首位中国外交官，和洋务派官僚郭嵩焘一道被派往英国。在那里他亲身体验了欧洲文明，并感慨万千。然而回国后，刘锡鸿不但没有发挥这种经验，反而举出铁路会破坏墓地的风水（相当于日本的地相）、中国治安太差无法保证列车的安全运行等九条理由反对建设。

刘锡鸿还在奏折中称：“火车实西洋利器，而断非中国所能仿行也。臣窃计势之不可行者八，无利者八，有害者九。”此处重要的是，他认为欧洲的政治制度是中国应有的治世，即《周礼》等古典所描述的理想的乡村统治的乡官制度。

刘锡鸿的评价标准充其量只是中国的传统价值观，把近代的技术和制度视同枝叶的中体西用论，未能把欧洲文明作为基于与中国不同原理上的一种文化来进行把握。这种倾向也同样可见于洪秀全对基督教的理解，他认为欧洲宗教的基督教在古代中国也被信仰。可以认为这种思维是近代初期的中国接受外来文化的一个典型。然而，这种思维导致了欧洲文明源自中国的“西学中国起源论”，反过来又束缚了改革的进展。

洋务运动与地方民族主义

洋务运动开展中出现的另一个问题是，代表地方势力特别是代表地域社会利益的被称作乡绅的精英们的成长，以及由此产生的中央与地方均衡关系的变化。其契机仍要数太平天国时期的战乱，在太平军与清军激战的地点，人们面临选择支持清朝的长辫、或是太平军官兵的长发，发型甚至能决定人的生死。

这时住在浙江诸暨县的农民包立身，1861年创建了区别于太平天国和清朝的宗教团体，用以渡过世界末日的“劫难”。该团体被称为东安义军，位于包立身故乡的农村，施展奇妙的妖术与太平军对抗，并坚决拒绝了清朝地方官员联合的要求，守卫自己居住的地区。最后在太平军的猛烈进攻下牺牲无数，后来被诸暨县的人誉为“地方自治的先祖”。

以上的例子虽然极端，但是在太平天国时期，出现了不少表面是团练、实质乃匪贼的地方势力，他们以军事力量为后盾，与清朝以及太平天国、捻军等叛乱集团相抗衡，相对独立于中央集权。为了镇压太平天国，湘军在以曾国藩为中心的师徒关系和同乡力量的支持下成立了，从中央政府不能直接控制这一点来看，湘军是最大的地方势力。

而清朝作为少数民族政权，自建国以来对这种地方势力的滋长就极其敏感。因此，太平天国被平定后，曾国藩为不让清朝起疑心，将湘军解散。然而一度发展起来的地方势力的潮流并未就此停止，湘军、淮军出身的人进入官界，并形成了各自的关系网。在财政上也设立厘金作为地方税适用于商品流通。最初本是作为用来镇压叛乱军队费用的临时举措，叛乱平定后仍旧得以保留，成为以省为单位的地方政府提高自主性的有力根据。

洋务运动成为这些地方势力活跃的舞台。清朝为了筹措军队资金大规模地卖官，科举的威望降低，地方上充满了徒有其名的官员。他们对正规的仕途失望，转向为洋务派官僚谋事，通过掌握欧洲学问来提高自己的政治发言权。

对这些脱离科举的地方精英而言，承认地方自治的欧洲政治制度，特别是议会制度尤其具有吸引力。郑观应在《盛世危言》中特意设了“议院”一项，主张应由地方上有声望的人和商民选出议员来“上奏民情”。他还热切提出，开设议会使官民一体，不仅可以“发扬国威、防御外侵”，还能够实现汉代人才录用制度中“乡举里选”这一理想。

随着地方精英上台的动向，中央和地方的关系发生变化，可以看做是明初以来中国历史潜流的南北对立、即代表江南经济发达地区的科举精英与北京的皇权之间关系的再度紧张。而且他们多出生在与外国交流较多的广东、上海近郊等沿海地区，从中国整体来看，洋务运动是具有地方性质的、并伴随着地区间差距的运动。

然而，洋务运动与地方势力之间密切的关系，造成了运动内部地区之间的宗派主义和利己主义。例如，淮军系的李鸿章创建的轮船招商局，未能实现中国国内河流的汽船航运，是由于湘军系的洋务官僚刘坤一等人担心会招致湖南运输商失业而坚决反对的缘故。

洋务运动最大的成果是海军，由北洋、南洋和福建三支舰队组成。李鸿章掌握了北洋舰队的领导权，中央政府（1885年后为海军衙门）未能确立统一的领导体系。北洋舰队中，淮军出身的丁汝昌和福建出身的官兵之间意见不合，也严重影响了将兵们的士气。不少人离开岗位到岸上生活，或沉溺于巡航港口上的玩乐之中。

最终，为纠正正规军队的腐败而诞生的、成为湘军和淮军组织原则的地方民族主义及其关系网，未能培养出强大的近代军队。洋务运动是一场缺乏中央集权举措的近代化运动。

“边境危机”与中法战争

清朝统治的衰退与伊犁事件

1875年1月，十八岁的同治帝死后无人继位，三岁的光绪帝登基。同治帝是西太后之子，光绪帝乃西太后的胞妹与咸丰帝的胞弟奕譞之子，两人为堂兄弟的关系。强烈推举他即位的是西太后。西太后一直与东太后实施垂帘听政，1881年东太后死后西太后便独揽大权。

这种同辈之间继承帝位的现象在清朝史无前例，象征皇权已经走向衰落。同治帝和皇后之死，多少都留有西太后的阴影，而东太后是被西太后投毒猝死的传闻也不绝于耳。这一时期发生的事件又进一步显示了王朝统治力量的削弱，即边境领土的丧失和朝贡体制的动摇。

17 云南回族起义领袖杜文秀之印

今天的中国是由五十六个民族组成的多民族国家，自古以来边境就居住着许多语言、习惯和宗教都各不相同的少数民族。中国历代王朝都把少数民族首领任命为土司，即少数民族官吏，来实施世袭的间接统治。清朝更是把西北民族任命为游牧民族之长，1755 年平定了准噶尔部后设置理藩院进行统治。拥有历史上最大领土的清朝，依靠这种灵活的制度来维持其统治。

然而，进入 19 世纪后，清朝的边境统治遇到了问题。由于内地人口增加，大量的汉族移民转移到边境，他们或是欺骗少数民族、或是抢夺他们的耕地，民族间的纠纷频发不断。土司也因为贫困或内部纷争走向没落，统治能力衰退，出现了权力上的真空。陷入财政困境的清朝也开始厌恶这些频发的民族纠纷，失去了统治这些边境的热情。

太平天国全盛期的 1856 年，云南发生回族人民起义。云南的回族先民从元代开始移居成为少数民族，与汉族移民之间不断发生经济、宗教上的纷争。他们为反抗汉族的粗暴，推举曾经长期入狱的杜文秀（保山县人）为首领在大理地区建立了独立政权。1862 年，陕西、甘肃等地也出现了回民的起义，并波及新疆。

对这些中国边境的回民起义，有两股势力做出了敏感反应。一是浩罕汗国的武将阿古柏，他受到英国等国的支持入侵新疆，以喀什为中心统治了天山南路。还有一股势力是沙俄。沙俄凭借第二次鸦片战争时签订的两部条约开始踏入远东。沙俄还在中亚加大了对土耳其系各国的压力，把浩罕等三个汗国置于统治之下。

阿古柏的势力延伸到天山北路后，1871 年沙俄突然出兵伊犁，声明在中国恢复该地区秩序前将维持军事占领。清朝任命对西北防卫密切关注的洋务派官僚左宗棠为陕甘总督，平定了陕西、甘肃的叛乱。1877 年，阿古柏死去，左宗棠成功地收复了除伊犁外的新疆地区。

清朝自 1879 年开始与沙俄交涉归还伊犁事宜。然而，作为全权大使的满洲贵族崇厚完全未能理解左宗棠的良苦用心，签订了向沙俄做出很大让步的《里瓦几亚条约》，承认大片领土的割让。清朝统治者得知条约内容后勃然大怒，拒绝批准条约，崇厚被捕入狱。随后曾国藩之子、驻英公使曾纪泽进行交涉，1881 年签订了《彼得堡条约》。虽然沙俄最终归还了伊犁地区，清朝也向沙俄支付了巨额赔款，承认向沙俄开放新疆国土。

缅甸和越南的局势

同一时期的西南边境，两次鸦片战争的主角英法两国伺机行动。英国出台了分析中国市场特点的《米歇尔报告》，认为中国贸易的利润无法满足其军事行动，于是他们将重点转向了无需成本的外交压力。

当时，英国关心的是缅甸，派出大规模的探险队开拓连接缅甸和云南的通商路径。1875 年英国翻译官马嘉理被杀，英国企图利用该事件扩大其在中国的权益。1876 年，英国与李鸿章之间签订了《中英烟台条约》（又称《芝罘条约》），中国承认云南和缅甸的边境贸易、增设口岸等。

而法国也在扩大对越南阮氏王朝的影响力。1858 年，法国借口保护天主教徒出兵占领了越南南部和柬埔寨直至 1867 年。1873 年，法国一度占领了北部的河内，翌年签订了第二次西贡条约，逼迫阮氏政府事实上承认法国的保护权。

缅甸与越南，和后面将要叙述的朝鲜、琉球一样，同处于以中国为核心的朝贡体制下。尤其是越南皇帝，从形式上与中国皇帝属于主从关系，清朝想要维持中华世界的秩序，就无法旁观这一局势。因此，当法国向中国转达已签订条约一事后，1881 年曾纪泽提出清朝对越南的宗主权而表示抗议。

此时，刘永福率领的黑旗军在中越边境的保胜（今越南老街）一带活动。刘永福是广东钦州人，太平天国时期曾是广西起义的天地会军队首领。1865 年他在越南率领移居边境的汉族开荒，并发展为控制两国通商要道的红河流域的地方势力。

18 刘永福

1882年，法国再次占领河内，黑旗军与越南军一道反抗，1883年5月在城砦击毙海军上尉安邺。阮氏皇帝不堪法军的追击，向清朝求援，广西少数民族出身的云贵总督岑毓英向越南境内派遣了12000名兵力。清朝开始对越南进行军事干预。

1883年12月，清军和黑旗军被法军击败，随后丧失了战略要地北宁。清朝中央的奕䜣由此下台，加上当时李鸿章更重视中日焦点所在的朝鲜问题的解决上，因此最后在越南问题上做出让步，1884年5月在天津签订了停战协议。失去中国援助的阮氏政府也签订了第二次《顺化条约》，正式承认法国成为其唯一的保护国。

中法战争和边境经营的僵局

然而，1884年6月清军和法军在国境的谅山再次发生冲突，中法战争爆发。8月，法舰队在福州马尾港击溃中国的南洋舰队，毁坏了左宗棠创办的船政局工厂。10月，法舰队进攻台湾并进行海上封锁，1885年3月，占领了澎湖岛。清朝虽一度宣战，但是连续战败使西太后失去信心，于是请求原上海总税务司赫德作为中介进行调停。

清朝中央希望尽快平息事态，而边境战况的推移却事与愿违。1885年2月，法军占领广西的镇南关后，广东钦州出身的原天地会会员、因镇压太平天国而出名的老将冯子材，于 3 月击败法军夺回了谅山。法军统帅尼格里身受重伤的消息传到法国国内，反战舆论高涨，导致茹费理内阁垮台。

然而，清朝未能敏感地对战况的变化做出反应，修改先前签署的停战协议中的不利内容。1885 年 6 月，李鸿章签订天津条约，清朝正式承认将越南置于保护国下的《顺化条约》，即放弃对越南的宗主国地位。虽然左宗棠、刘永福和冯子材取得了个别战果，清朝却无力与欧洲列强进行顽强的交涉来阻止边境领土的丧失。

围绕琉球与朝鲜李朝的日清关系

近代初期的日清关系与台湾出兵

清朝对边境的管理陷入困境以及丧失领土的历史中，最后出现的是围绕琉球和朝鲜半岛问题上与日本的对立。江户时代的日本长崎开始和清朝通商，却并未建立朝贡关系。明治维新后，日本试图把以对马藩为中介的与朝鲜李朝的关系，转变为与朝鲜直接的外交关系。首先与朝鲜的宗主国中国签订平等条约，便能处于比其属国李朝更优越的地位。

当时，鉴于明代的倭寇和丰臣秀吉出兵朝鲜等负面印象，清朝政府对日本提高了警惕。然而，李鸿章等同意了总理衙门提出的意见，与其拒绝谈判使日本加入欧洲列强的行列，不如签订条

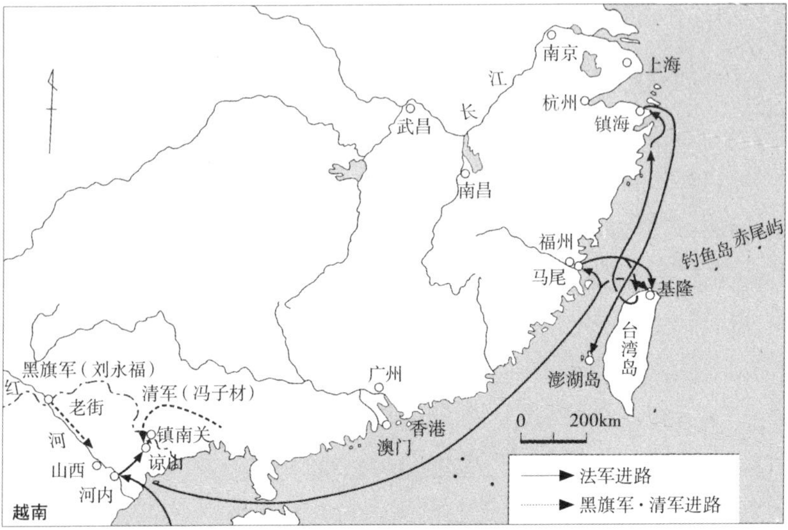

19 中法战争与黑旗军（根据张海鹏《中国近代史稿地图集》绘制，地图出版社）

约将其拉拢。中方拟定条约草案开始交涉，1871年9月双方签订了《中日修好条规》。

该条约是日清两国进入近代后首次在对等的立场上签订的条约，规定互相承认外交使节在对方国家的常驻和领事裁判权。条文中还规定，“两国领土均以礼相处，互不侵犯，以求永久安全”，清朝以为通过这项两国互不侵犯领土的规定，便可以打消日本的野心。

琉球王国通过与中国的朝贡贸易而繁荣，1609年之后归于萨摩藩的统治下，处于属于中国和萨摩藩双方的“两属”关系。明治政府也考虑把琉球从朝贡体系中分离，置于日本的主权之下。

废藩置县后的1872年，日本设置琉球藩，任命琉球国王尚泰并列位华族。日本还剥夺了琉球王国的外交权，派驻外务省官员进驻琉球。

1871年，恰巧发生了宫古岛纳贡船漂至台湾，五十四名岛民被牡丹社“生番”杀害的事件。“生番”是指不接受王朝政府统治的少数民族，日本统治时期在台湾被称作高砂族（现为高山族）。日本政府认为这是解除琉球“两属”状态的机会，1873年为批准《中日修好条规》而访问北京的副岛种臣，就该琉球民遇难事件试探清朝方面的想法。

此时的总理衙门回答道，被杀害的是中国属国的琉球民众，而非日本人，而且台湾的“生番”乃清朝政教不及的“化外”之地，因此对该地发生的事情不承担责任。日本看出了清朝对边境经营持消极态度，借口台湾是清朝统治不及的“无主之地”，为了本国国民的琉球岛民，自行讨伐“生番”。并在1874年5月不顾英国公使巴夏礼等的反对，派遣陆军中将西乡从道（西乡隆盛之弟）率领3600名士兵远征台湾。

这次的出兵台湾是近代日本首次向海外派兵，虽杀死了牡丹社大头目父子二人，却由于医疗体制的不完备，500多名将兵死于疟疾等疾病。清朝虽强烈抗议日本的行为违反了规定互不侵犯领土的《中日修好条规》，但由于海军力量有限而未能开战。结果，10月在北京的英国公使威妥玛的调停下，清国承认日本的出兵为“义举”，并赔偿50万两白银，两国达成和解。

当时的和解书条文中有“台湾生蕃曾对日本国臣民妄加杀害”一文。“日本国臣民”也理解为1873年漂流到台湾受害的冈山县居民，至少日本政府解释为是指该事件起因的琉球人，清朝承认琉球归属日本。

1875年，日本政府强迫琉球藩停止对中国的朝贡，下令废除设置在福州的琉球馆，使用“明治”年号。1877年，受到日本兼并胁迫的琉球向清朝派出使节请求救援，首届驻日公使何如璋也向日本政府提出抗议。然而，1879年，日本废除琉球藩设置冲绳县，旧藩主尚泰搬到东京。日本兼并琉球使清朝失去属国，以中国为核心的朝贡体制发生了巨大的动摇。

清朝边境统治的重考与日朝修好条规

1872年发生在横滨的秘鲁船只玛利亚·路斯号事件，日本政府保护受虐的中国劳工，近代初期中国人对日本并不反感。出兵台湾后对日警戒论高涨，直到1875年，洋务派官僚中一直展开着被称作“海防、塞防论”的围绕边境防卫的争论。

论战中，“海防”派的李鸿章认为，鸦片战争两次发生在东南沿海地区，海防力量的虚弱才是未能阻止日本出兵的原因。并主张停止为收复伊犁而在新疆展开的军事作战，将该预算投入到强化海防上。对此，“塞防”派的左宗棠出于沙俄与中国的边境线很长，其南下政策才是中国的威胁这一观点，反驳道，英国等海路上的外国势力只是谋求通商利益，陆路上的外国势力才具有领土上的野心，西北地区的防卫更为紧迫。

20 左宗棠

这场海防、塞防论体现了清朝之前仅有虽灵活却模糊的边境概念，它一面接受近代国境和排他性的领土统治这一概念，一面开始摸索中国如何保卫边境。最后，清朝考虑到双方的面子，确定了强化海防同时保留新疆的方针。在1884年和1885年分别设置了新疆省、台湾省，由湘军系的刘锦棠、淮军系的刘铭传分别担任首任巡抚，实行直接统治。

日本出兵的结果，促使确认归属清朝的台湾积极推动基隆煤矿的开发、铺设连接大陆和台湾的海底电线、纵穿台湾的铁路铺建计划等，被称为“台湾版”洋务运动。虽然很大一部分遭到保守派的抵抗而受挫，但却奠定了日本统治时期取得成功的台湾社会发展的基础。

朝鲜是中国最重要的朝贡国，与东北三省接壤，尤其东北三省是清朝的故土，因此与李朝关系密切。李朝本身认为长期交往的明朝变为清朝这一异民族王朝是“夷狄之变”，而应该继承中国本土消失的“中华”传统。

这种“小中华”的正统意识使朝鲜社会崇尚自立，培养了不易屈服于外国势力的自负心。但同时比日本和中国更拘泥于“正学”的朱子学的纯洁性，滋生了排除欧洲近代特别是基督教等“异教”的“卫正斥邪”思想。

21 大院君

1864年，沙俄向李朝提出通商要求，国王的生父大院君镇压了提议开国的基督教徒，杀害了包括法国传教士在内的数千人。得知该事件的法国在1866年试图远征朝鲜，然而在江华岛被击退。美国也以侵入大同江遭到烧毁的舍门号事件为由，试图迫使朝鲜开国，1871年美国试图在江华岛登陆却遭到失败。

日本实现明治维新后，1868年12月递书李朝告知其恢复王政。然而，该文书把过去与德川将军同等立场交往的李朝国王置于天皇之下，朝鲜的"小中华"自尊心受损，拒绝接受。对此反对的参议木户孝允等提倡征韩论。日本政府认为如果与清朝结成对等关系，朝鲜便无法拒收日本的国书，正如前面所述，日本急于签订《日清修好条规》。

1873年，副岛种臣等人访问北京，就与朝鲜的宗属关系询问总理衙门，得到不参与朝贡国内政、外交的承诺。于是，1875年9月，日本派遣英国制造的炮舰云扬号前往江华岛，挑衅朝鲜后又派陆战队登陆进攻。1876年1月，陆军中将兼参议的黑田清隆等率领六艘军舰、800名将士冲向江华岛，仿效秘鲁的炮舰外交加以逼迫，2月，日本和李朝签订了《日朝修好条规》(《江华条约》)。

该条约是近代日本以优越立场与外国签订的第一个不平等条约，规定了开放釜山等三座口岸，承认日本的领事裁判权，免除进出口商品的关税以及日本货币在居留地的通用等内容。其中第一条称，“朝鲜国乃自主之邦，保有与日本之平等权利”，由此日本否认了中国对朝鲜的宗主权。然而，李朝和中国认为德川时代两国的对等关系得到恢复，并不认为朝鲜乃“自由之邦”与中国的宗属关系存在矛盾。

日清之间围绕朝鲜问题的对峙

日本兼并琉球使清朝感到危机，提议李朝向欧洲开国以牵制日本。李鸿章是此时的中心人物，1881年他担任李朝和美国的条约谈判的调停一职，试图在条约草案中插入“朝鲜乃中国属邦。内政外交均自主”一文来规定传统的宗属关系。虽然由于美国的反对未能实现，但是在由朝鲜国王向美国递交相同内容的照会文，条约的末尾标上中国的“光绪”年号上达成妥协。也就是说，清朝让各国承认了中国在朝鲜的特殊地位。

1882年7月，汉城发生了反政府、反日运动的壬午兵变。《日朝修好条规》签订后，日本商人利用免除关税的特权向朝鲜出口英国制造的棉纺织品。他们还大量收购朝鲜大米，从事强暴的商业活动，引起人们的愤怒。国王的外戚闵氏政权在日本的指导下设置了西式军队别技军，因待遇恶化而反抗的旧军士兵拥立下台的大院君起义，占领了日本公使馆，驱逐了闵妃。

壬午兵变后，日本派兵以确立其在朝鲜的优越地位。但是，李鸿章先发制人占领首尔，以大院君“藐视中国皇帝”为由将其带至香港，复辟了闵氏政权。而且，还以维持治安为由派驻淮军留守，把李朝军队改编为清国式。并向闵氏政权派遣中国人和德国人担任顾问，加强对朝鲜内政外交的干预。对此，日本也在8月签订《济物浦条约》，以保护公使馆为名获得了军队的驻留权。

清朝陷于中法战争困境的1884年12月4日，不满中国影响力扩大的开化派金玉均等人，发动甲申政变。1881年，金玉均等人考察日本后，痛感有必要仿效明治维新进行改革，在福泽谕吉的帮助下向日本派遣朝鲜留学生、发行报纸。他还接近外务卿井上馨和驻朝公使竹添进一郎，并从公使馆得到援助政变的承诺。

12月6日，李鸿章的部下袁世凯以1500名兵力进行军事干预，保护皇宫的一个日军中队撤退，刚发表了独立宣言和改革纲领的新政权瓦解。反对日本干涉内政的人们烧毁了日本公使馆，金玉均从仁川乘船逃往日本。此时竹添意图将金玉均交给闵氏方面，他声称"痛恨友邦日本的薄情"。结果，金玉均抵达日本后也被幽禁在小笠原、札幌，度过了失意的亡命生活。

甲申政变后，李鸿章任命袁世凯为驻朝鲜总理交涉通商事宜常驻首尔，试图打破朝贡体制的原则直接统治朝鲜的政治、经济。日本则在1885年，旧自由党党员大井宪太郎策动了大阪事件等，歌颂扩大国家利益的国权论渐渐高涨。而明治政府判断日本不具备对清战争的实力，派遣伊藤博文等人前往与李鸿章交涉。4月签订的《天津条约》规定，日清两国从朝鲜撤兵，今后派兵时需事先通知对方。

日清战争与马关条约

日本的战争准备与光绪帝亲政

日本和清朝围绕朝鲜领导权而对峙，19世纪80年代，世界形势发生了很大变化。在重工业发展和金融资本集中等背景下，德国和美国等新兴的资本主义国家抬头，英国的优势地位瓦解，进入了列强争夺垄断统治和瓜分殖民地的帝国主义时代。

沙俄和英国在阿富汗问题上的对立波及东亚。1885年，英国占领对马海峡的巨文岛，牵制沙俄侵略朝鲜。1891年，沙俄在法国资本的援助下开始建设西伯利亚铁路。日本对沙俄的东方政策感到巨大的威胁。同年正在日本访问的沙俄皇太子尼古拉（后来的尼古拉二世）被警察砍伤，发生了大津事件。

两度发生的事变的结果，使日本痛感如不与清交战，便难以确保朝鲜。然而当时日本的兵力，特别是海军力量不及吸取中法战争教训后强化军力、拥有定远等钢铁舰的北洋海军。因此，军部制作了《清国征讨策案》，陆军装备了德国式编制的七个师团。海军也制造了配备三十二厘米大炮的松岛级三炮舰，和两艘装有新投入使用的速射炮的高速巡洋舰，由此保证与北洋舰队交战时势力均衡。

军备扩张的费用从建立在妇女劳动基础上的生丝等轻工业的收入中挤出。她们的劳动条件比《女工哀史》描述的还要悲

22 北洋舰队主力舰镇远

惨，只能得到相当于士兵一半的仅可维持温饱的报酬。因此，大量引进廉价的朝鲜大米，对当时的日本经济而言是至上的问题。1889 年，日本对大米的囤积造成朝鲜粮食价格高涨，李朝政府下令禁止粮食流动，即防谷令事件。

1885 年，福泽谕吉发表了有名的《脱亚论》，把中国和朝鲜定位为“固陋”，即守旧不变革的国家，呼吁应与亚洲诀别，“与西洋文明国家共进退”。1886 年，停靠在长崎的北洋舰队水兵与日本人殴斗，日清两国的国民感情恶化。1894 年 3 月，亡命日本的朝鲜人金玉均在上海遭到暗杀，其遗体被送往朝鲜，并被扣上“大逆不道”的罪名，而他在日本亡命时期遭遇的冷落却奇迹般地掀起了日本的国内舆论。

清朝方面，1889 年光绪帝开始亲政，西太后搬至位于北京西北的颐和园“隐退”。但是西太后并未放开权力，光绪帝只好经常拜见她征求意见。光绪皇帝的皇后是西太后弟弟之女，西太后通过她来监视光绪帝。对此不满的光绪帝周围聚集了他的老师翁同龢等试图强化中央政府职权的保守改革派，他们被称作“清流派”。

清流派们最大的敌人是洋务派的巨头、深受西太后信任的李鸿章。于是以光绪帝为首的“帝党”与西太后、李鸿章展开了激烈的权力斗争。然而，朝廷内的争斗导致了政权腐败，贿赂横行。其中广为人知的丑闻是，1894 年秋西太后为庆祝六十大寿，挪用海军衙门的经费 2000 万两白银修建了颐和园。

甲午农民战争与中国·日本

1894 年 2 月，东学的中坚领袖全琫准在朝鲜全罗道的古阜郡起义，反抗地方官的压迫。东学道是由没落的两班首领崔济愚创办的民间宗教，它一面批评基督教和体制派儒学，一面通过传统宗教的融合与重生，来振兴朝鲜固有的学问。崔济愚还吟唱咒语宣扬“天人合一”，即所有人都与天合为一体，便能实现平等社会，并传播仙药可治病的萨满教。结果，东学在对体制不满的下层民众中迅速传播扩大。

李朝将其视作异端进行镇压，1864 年崔济愚被处刑。第二代教祖崔时亨组织教团，1892 年取消崔济愚的罪名，开展了第二次教祖申冤运动，要求停止迫害。1893 年 3 月东学在首尔的各国公使馆张贴抗议的口号，4 月举行了忠清道报恩等大型集会，被政府军镇压。

全琫准又率东学道徒打出“驱逐倭夷(日本)”“消灭权贵(闵氏一派)”的旗号，势力发展超过万人。随后打败李朝的政府军，5 月底占领了全罗道政府所在地全州。这场甲午农民战争动摇了闵氏政权的统治，6月1日，闵氏政权不顾大臣们的反对向袁世凯要求派兵援助。

李鸿章接到报告后下令出动2100名淮军，6月7日根据《天津条约》向日本通报出兵一事。然而，早已得知信息的日本外务大臣陆奥宗光等，向朝鲜派出远远超过清朝预想的7000名兵力，10日，470名日军士兵作为先遣队比清军早先一步进入首尔。李朝政府吃惊于日军的突然出现，与农民军议和，11日签署了《全州和约》，答应惩处贪官、设置执纲所、解放奴隶、废除两班特权等内容。

日清两国失去出兵理由，开始进行现地交涉，6月15日达成两军同时撤出的协议。陆奥宗光却提出毁约，并提出由两国代为进行朝鲜的内政改革。清朝拒绝了这一提议。23日，陆奥通告称日本将单独进行改革，指示大鸟圭介公使“无论采取什么手段，都要制造开战借口”。

因此，大鸟公使一面向李朝提示内政改革方案，一面逼其摆脱与清朝的宗属关系。闵氏政权表示拒绝，7月日军驱逐了闵氏一派，成立了开化派金弘集为首的亲日政权。

日清战争的爆发与李鸿章

李鸿章为了维护自己的政治财产——北洋舰队，极力避免与日本的军事冲突。他认为眼下北洋舰队的装备老化无法取胜，劝说光绪帝“不可急于一时而落入日本圈套”。然而帝党派们批评李鸿章的现实主义外交过于软弱，光绪帝也倾向于主战论，李鸿章只好期待列强的干预。

当时日本畏惧列强的介入，特别询问了不平等条约修改交涉方的英国的态度。英国果然希望维持东亚的现状，唯恐纷争引起沙俄南下，于是出面调停。然而，7月9日，清朝主张日本应先行撤兵，拒绝了英国的调停方案。16日，日英签订《通商航海条约》，日本不再惧怕英国的介入。李鸿章期待的沙俄由于远东兵力的不足和外交上的孤立而打消了干预的念头。

日本国内的首相伊藤博文和明治天皇则主张和平。尤其是明治天皇在开战后表示，“这次的战争是大臣的战争，而不是我的战争”，拒绝派遣敕使前往伊势神宫和孝明天皇陵报告。也就是说，甲午战争走向开战，超越了天皇的个人意志。

7月25日，日本海军在丰岛冲展开突袭，击沉了载有一千名清兵的英国船只高升号。日本担心击沉英国船只会遭到违反国际法的非议，被断绝后路的清朝驻屯军也有所动摇，在成欢被日军大败。8月1日，双方宣战，清军将兵力集结到平壤。然而，由于指挥官之间意见分歧，主战派总兵左宝贵战死，9月16日全军溃败而撤兵。紧接着，17日，北洋舰队被日本的联合舰队围攻，所谓的黄海海战爆发。其结果以北洋舰队损失致远等三艘战舰告终。

10月，日军开始进攻清朝境内，11月占领了辽东半岛的旅顺。日军屠杀了大批市民，《纽约时报》《泰晤士报》等纷纷谴责其暴虐行径。朝鲜在10月也发生了甲午农民战争的第二次起义，

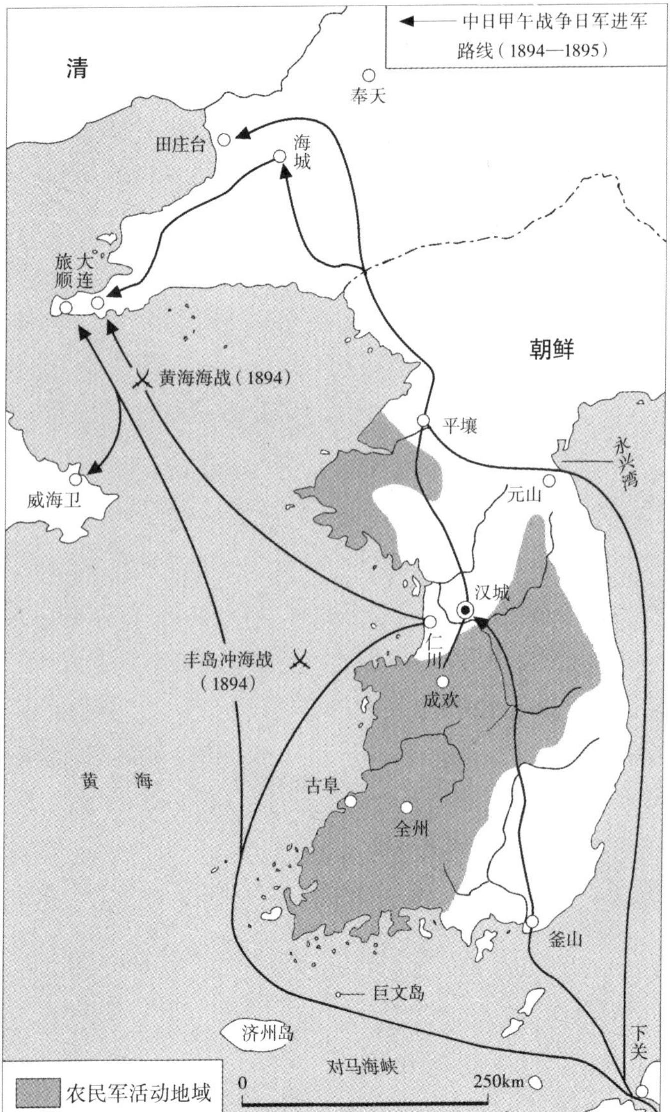

23 中日甲午战争图（根据山川出版社《世界历史大系 中国史 5》绘制）

日军与李朝政府军共同镇压，全琫准被捕杀。

1895 年 1 月，日军进攻北洋舰队集结地的山东半岛威海卫，2 月，水师提督丁汝昌自杀，北洋舰队投降。屡遭失败的清朝，通过美国要求和解。日本军部仍主张继续战斗，3 月，全权大臣李鸿章来到下关进行停战谈判。然而，李鸿章遭到暗袭而负伤，日本唯恐受到列强批评而停战三个星期，这期间又占领澎湖列岛，使谈判更加有利。

马关条约与“台湾民主国”

1895 年 4 月 17 日，李鸿章和日本全权任命的伊藤博文、陆奥宗光签署了《马关条约》，内容如下：

（1）清朝承认朝鲜是“完整无缺独立自主的国家”。

（2）割让辽东半岛、台湾和澎湖列岛。

（3）赔偿二亿两白银（之后又以追加三千万两为条件归还辽东半岛）。

（4）开放重庆、苏州、杭州等口岸，承认日本人在口岸的企业经营权。

这里的朝鲜独立只是为了否定与清朝的从属关系，事实上金弘集政权领导下的甲午改革强化了朝鲜对日本的从属关系。条约中除了企业经营权之外，还有多项权益，都是以前英国曾经向清

24 丘逢甲

朝提出的要求。可见日本极其在意列强的态度，同时推动了战争。

果然，《马关条约》签订后不久的4月23日，沙俄召集法国、德国进行三国干涉，迫使日本归还了辽东半岛。广为人知的是，此时“卧薪尝胆”一词扩大到日本全国，为日俄战争埋下了伏笔。

《马关条约》的内容公开后，被割让的台湾掀起了抵抗运动。5月25日，台湾第一英雄丘逢甲等人高喊“我等台湾同胞誓死不屈，战斗到底”，宣布“台湾民主国”独立，分别任命台湾巡抚唐景崧和中法战争英雄刘永福为总统、大元帅。6月4日，日军开始登陆，唐景崧逃往厦门，台北、基隆等北部据点被占领。南部仍然激烈抵抗，11月，首任台湾总督桦山资纪宣布平定整个台湾时，包括妇女、少数民族在内，已经有14000多台湾人遭到杀害。

甲午战争以清朝的惨败告终。这不仅意味着长期以来作为东亚世界秩序的朝贡体制的崩溃，同时也意味着19世纪后半期中国尝试的洋务运动受挫。特别是，败给“同文的小国”日本，人们受到巨大的打击。主战派的一位官员也主张，即使暂时忍受这种耻辱，朝廷也不能等闲视之，应该采取手段。除了自强，别无他法，强烈呼吁有必要以中央政府为中心进行政治改革。

当然，洋务运动中逐渐清晰的地方势力的抬头，是动摇传统中国僵硬的专权统治的必经阶段。洋务运动成为中央无法控制的近代化事业，虽然影响了改革速度和统一性，却为日后中国摸索多种可能性播下了种子。和面临摆脱幕藩体制、集权化课题的日本，可以说起点就存在差异。

而洋务运动中一贯显现的儒教文化毫不动摇的信心，体现出诞生古典文明的中国社会所具备的对异文化的姿态。甲午战争后"日本模式"被大肆宣传的这一事实，体现出两次鸦片战争都未曾动摇的"中华"信心，经过这场战争的失败终于发生了变化。

对洋务运动而言，最大的讽刺是，为平定内乱、安定国防而诞生的淮军和北洋舰队，在维持朝贡体制的名义下，围绕朝鲜被侵略问题，被动员和日本竞争。北洋军队未曾预想到这场战争，最终以惨败结束，但是，胜利的日本也被卷入帝国主义势力之间无休无止的战争漩涡中。

第三章

民族主义的诞生
——戊戌变法与义和团

列强瓜分中国与变法派的登场

政治城市·北京

上章提到的太平天国、洋务运动和甲午战争的失败等一连串“边境危机”，都是中华帝国周边边境地区发生的新时代的胎动。它们和帝国衰落引起的上进心的低下、诞生新中国的创造性能量合为一体。

我们在本章将要观察的两件事情，均发生在皇帝眼皮之下的北京这座舞台上。事实上，戊戌变法中南方出身的知识分子成为运动的核心，义和团则由社会最下层的人们所组成。在这点上看，这些事件都算是周边边缘世界对中华再生的尝试，然而运动在首都北京展开这一事实，加速了中华帝国的危机，提示了更有必要进行变革。这些运动如何开展、最终是什么结果，直接决定了清朝的命运。

列强瓜分中国

在欧洲列强眼中，中国虽然屡次军事失利，但仍是“睡着的狮子”，甲午战争中清朝的败北，打消了他们对中国的戒心。清朝为了向日本支付巨额的赔款，从外国银行借入三亿七百万两，以国内关税和盐税作为担保。列强开始纷纷获取中国利权，竞相划分势力圈。

首先是通过借款获得铁路修路权和沿线的矿山开采权。三国干涉中清朝欠下人情的沙俄、德国和法国分别获得了横穿东北地区的东清铁道、贯穿山东半岛的山东铁道、连接云南和越南的滇越线的修路权。英国获得了连接香港和广州的广九线、连接上海和南京的沪宁线的修路权。前面虽然提到了中国铁路的修建遭到人们的强烈反对而未能发展这一事实，但是我们今天使用的铁道线路仍有数条是以列强获得修路权为契机而修建的。

其次是设置租界名义下的军事、经济据点、划分排他性的势力圈。1893 年，山东发生了杀害传教士事件（后述），德国租借胶州湾，沙俄则通过三国干涉迫使日本放弃旅顺、大连，转为自己的租借地。法国租借了与法属印度支那（越南）邻接的广州湾，英国则将山东半岛的威海卫纳入势力圈，以九十九年的期限租借了九龙半岛以北的新界地区。这样一来，新界地区加上南京条约割让的香港岛，《北京条约》后成为英属的九龙地区，形成了今天香港的原型。1997 年香港回归中国成为特别行政区，从新界地区的租借算起正好经过了九十九年。

第三是对在华企业的积极投资。其关键是日本通过《马关条

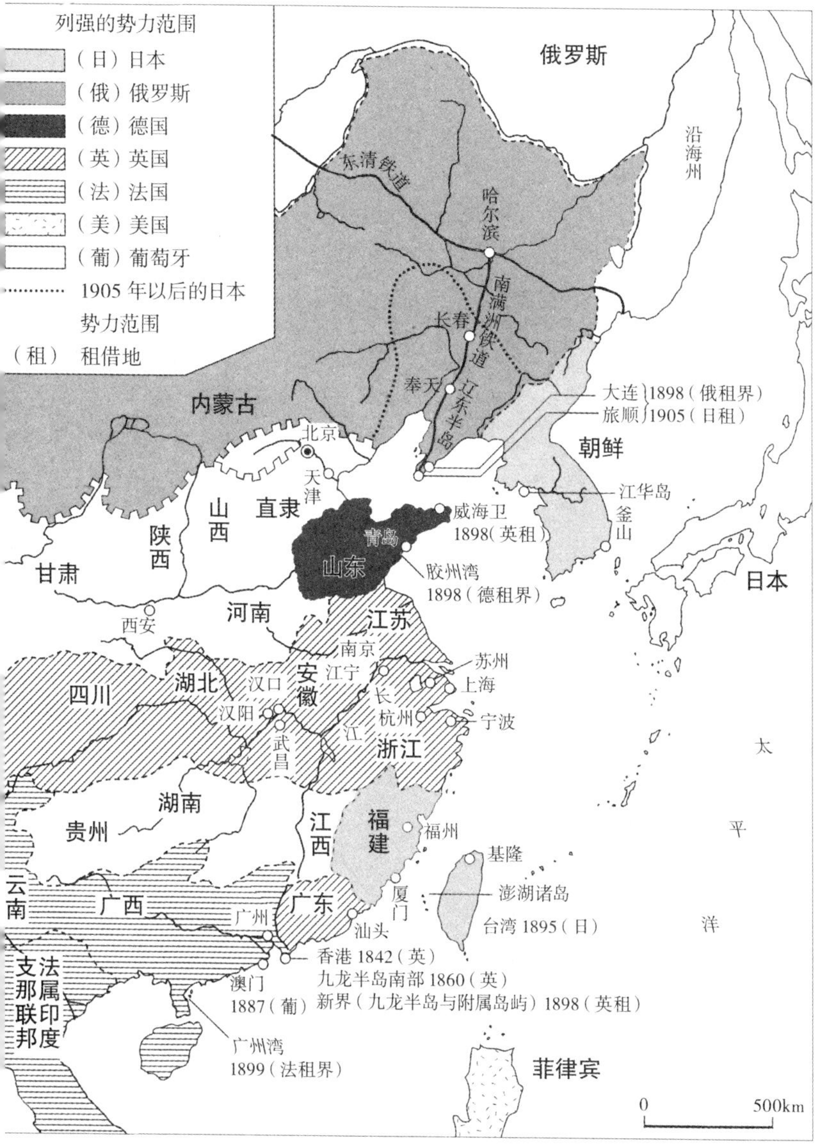

25 列强瓜分中国（根据山川出版社《世界历史大系　中国史 5》绘制）

约》从清朝获得了口岸的企业经营权，列强通过最惠国待遇也同样享受，到1902年的八年期间，投资达到五亿两千万美金，相当于甲午战争前的三十倍。当时日本没有活用该条款的能力，只让清朝承诺不将台湾对岸的福建省的利权赋予他国。在侵略中国方面略迟一步的美国，1899年国务卿海约翰提出门户开放政策，主张机会均等，进入中国市场。

“天演论”的冲击与变法派的登场

被列强各国划作势力圈的中国陷入了被瓜分的危机。当时有一张“时局图”，画有秃鹫、狗熊、太阳等各种动物、怪物等吞食下的中国地图，并标有“不言而喻”。现实使年轻的知识分子们对中国的未来抱有危机感，开始摸索改革的方向。其中严复和康有为的影响力最大。

严复出生于福建闽侯县，1877年从福州的船政学堂前往欧洲英国留学，回国后被李鸿章看中成为幕僚。北洋舰队在甲午战争中溃败后，1897年，他在天津创办了以英国的《泰晤士报》为范本的报纸《国闻报》，诉说了改革的必要性。

然而严复名留后世的是他的翻译。1898年，他在归纳、编辑赫胥黎的著作《进化与伦理》的基础上出版了《天演论》，介绍了达尔文的进化论。“天演”基于“物竞（自然淘汰）”、“天择（自然进化）”，其关键不是我们所熟悉的从猿到人的进化，而是猛犸象的灭亡所象征的适者生存的法则。读者认识到“亡国灭种”，即列强控制的世界下中国的国家和民族可能遭到淘汰，甚至灭亡。

康有为便出现在这种危机意识高涨的时代背景下。他是广东南海人，在香港和上海接受了欧洲学问，痛感改革的迫切性。中法战争后不久的1888年，康有为第一次上书光绪帝，提议“改变既成之法”，但未被理睬。回乡后康有为开办了万木草堂，和弟子梁启超等人从事改革的理论研究。

26 时局图

康有为首先把目光投到洋务派系的公羊学派，1891年著有《新学伪经考》一书。这里的“新学”是指当时儒教主流的古文学派，他指出公元一世纪建立“新”朝的王莽的军师刘歆伪造了古文学的经典。也就是说，康有为主张现在的儒教主流学派是冒充的，应将其丢弃，回到孔子本来的教义。这本著作引起了很大的反响，遭到了清朝政府禁止发行的处分，1898年他又出版了《孔子改制考》。

康有为把孔子定位为立志“改制”、即政治改革的人物，顺

27 康有为

应时代变化进行改革正是孔子作为圣人的表现。他还把太平天国“天朝田亩制度”的理想所在“大同”乌托邦理解为社会进化论，中国从“衰乱”时代进入“升平”的稳定统治、进而转入“太平”之世。康有为认为太古世界是理想社会，与时代一同堕落的中国历史观从根本上被颠覆，这给知识分子带来了如同火山喷发一般的冲击。

强学会与谭嗣同的“仁学”

《马关条约》签订后不久的1895年5月，康有为与为参加科举考试汇集到北京的一千多名文人一道上书抗议停战，并要求改革，被称作“公车上书”（公车是上书给皇帝的中转机构，后指省级科举合格者举人），此次上书虽然没有被接受，康有为的名字却广为人知。

通过考试被选作进士后担任工部主事的康有为，并不像洋务运动时期的知识分子一样成为高官的幕僚推进近代化，而是试图建立自己的政治势力。1895年8月强学会诞生，会长是对改革表示理解的洋务派官僚张之洞。英国传教士李提摩太担任顾问，并呼吁改革派中的年轻官僚参加，后来成为中华民国总统的袁世凯也名列会员之中。

强学会拥有强学书局这一出版机构，梁启超编辑启蒙杂志

《中外纪闻》，致力于介绍外国的情况。广东、湖南等地也成立分会，上海发行的《强学报》按照康有为的意志把孔子奉为国民统一的象征，使用孔子纪年（以孔子去世之年为元年的纪年法）代替清朝年号。虽然该杂志以不逊的罪名后被禁止发行，取而代之的是1896年上海创办的《时务报》，而当时其发行数量创纪录地达到了一万三千份。

28 谭嗣同

29《仁学》封面

1898年4月，康有为为拉拢各地的政治势力，在北京设置了保国会。然而正如洋务运动以地方为中心一样，变法运动据点是南方各省，特别是湘军诞生之地，即甲午战争后巡抚陈宝箴等改革派官僚聚集的湖南。这里要注意的是浏阳县出身的思想家谭嗣同，他主张把梁启超聘到时务学堂这一新开的学校。

谭嗣同在著作《仁学》中，提出了万物由“以太”构成的独特的世界观。他批评蒙古和满洲把残忍野蛮的性情带到中国，“故夫江淮大河以北，古所称天府膏腴，入相出将，衣冠耆献之薮泽，诗书藻翰之津涂也，而今北五省何如哉”，指出中国文明发祥地的北方由于异民族的统治而衰退。而如今正是中华民族奋起之时，限制专制国家的强大权限，给予人民勇气至关重要。他还控告湘军的掠夺行为超过了太平军，矛头直指乡土英雄曾国藩等，认为他是无视法规的知识分子。

该篇文章攻击清朝而未能在当时的中国公开，谭嗣同死后由梁启超在日本发表。并不是所有的变法派都是这种想法，实际上，康有为就希望通过强化皇帝的权力来进行“从上而下的改革”。然而正如某保守派官僚批评保国会的目的是保卫中国，而不是保卫“大清”一样，变法派的主张具有动摇清朝统治体制的可能性。

变法运动与戊戌变法

日本模式的提起

公车上书后仍不断上书的康有为，1898 年 1 月终于迎来了到总理衙门陈述己见的机会。当时他高度评价了作为改革模式的日本的明治维新，在呈给光绪帝的《日本变政考》中写道，“吾国甘于弱亡，不愿改制则已，如欲保全，不能不变法，欲变法又恐其错误，则日本为吾之前躯矣。其守旧之政俗与吾同，故更新之法不能舍日本而有异道”，极力主张向甲午战争的对手日本学习。

康有为提出以下几点具体政策：(1) 宣布实行维新，决定基本方针（相当于明治维新中的五条誓文）；(2) 设制度局，任命参议作为改革的中央机构（相当于王政复古的大号令，设置三职）；(3) 设待诏局，录用人才（相当于参议院）。他甚至指出“吾朝变法，但采鉴于日本，一切已足”，康有为之所以这么推崇明治维新，是由于变法派同志当中有号称中国第一的日本通黄遵宪的存在。

黄遵宪出生于广东嘉应州的客家，1877年作为最早的驻日公使何如璋的随员（参议）前往日本赴任。起初他对明治维新感到怀疑，

30 黄遵宪

日本國志第一　卷之一

出使日本參贊官黃遵憲編纂

國統志一

外史氏曰環地球而居者國以百數十計有國即有民有民即有君而此百數十國有一人專制稱爲君主者有庶人議政稱爲民主者有上與下分任事權稱爲君民共主者民主之位與賢不與子或數年一易或十數年一易無所謂統也君民共主或傳賢或傳子君不得私有其國亦無所謂統也一王嗣興奕葉繩武得其道則興失其道則廢故夫君主之國有傳之數世者爲有傳之數十世者爲如商之歷祀六百周之卜年八百其最久者也若夫傳世百二十歷歲二千餘一姓相承綿綿延延而弗墜統緒者其唯日本乎自神武肇基距今皇嗣位賢主令

31《日本国志》

在隅田川观赏樱花时惊叹于樱花的美丽，成为日本迷。随着观察的加深，正如“变为洋式，改旧换新，更胜一筹而自立”一文中所提到的，他认为中国要保持独立，不能缺少日本所引进的欧洲各项制度。1887年，他完成了大作《日本国志》，详细介绍了日本的政治制度、经济政策和社会、文化，并呼吁中国也予以采用。

起初黄遵宪的提议并没有受到人们的注意，甲午战争后，他回国在上海参与了《时务报》的创刊，担任湖南按察使、致力于变法运动。据说梁启超感叹说，如果该书意见早日被采纳，清兵不至于遭受重创。虽然康有为也很早就注意到日本，日本模式的改革方案的信息很多都出自黄遵宪的《日本国志》。

戊戌变法拉开帷幕

在列强瓜分中国的形势下，年轻的光绪皇帝“不愿成为亡国之君”，面对康有为上书时所主张的效仿俄彼得大帝和明治天皇利用皇帝的权力推进改革，他受到了强烈的震撼。如前所述，当时清朝的实权仍掌握在隐退的西太后手中，对名义上的“亲政”心怀不满的光绪帝和

他的心腹们，开始了与西太后一派的权力斗争。

6月11日，光绪帝颁布“明定国是诏”，宣布实施变法。五天后光绪帝接见了康有为，听取了他进行改革的意见。康有为被任命为总理衙门的章京（大臣辅佐），迅速以皇帝命令、发表“上谕”等方式公布了改革方案。其中包括了设置制度局、废除科举中的八股文、引入西学的考试科目、设置京师大学堂（后来的北京大学）、选拔谭嗣同等年轻官僚进入中央政府、进行行政改革、削减冗员等，一百多天发出了二百多项指示。

这些改革方案首先介绍了日本的经验，然后结合中国的现实提出新政策。例如效仿1871年岩仓具视等人历访欧洲各国，派遣宗室、王公视察外国，还模仿伊藤博文等设置官报局的做法把上海的《时务报》改为官报，在北京发行等。其内容也比以往的变法派言论更为稳健，在议会问题上康有为认为为时尚早而取消。

然而保守派的官僚们对这些措施强烈反对，原本同情变法的张之洞等地方大吏也不能适应这种迅速的变化。西太后在变法开始后立即罢免了光绪帝的“帝师”翁同龢，命保守派荣禄任直隶总督牵制变法派。两派相持之际，很多地方官员唯恐受罚而对事态持观望态度，改革未见进展。当初赞成变法的英国公使窦纳乐报告本国说，“皇帝正在学习颁布改革上谕与顺从是不同的”。

光绪帝对变法的停滞感到焦虑，9月7日罢免了批评变法派的李鸿章的总理衙门大臣一职。西太后命令荣禄在天津召集军队，准备对变法派进行武力镇压。康有为等人从光绪帝的密诏中得知事态紧迫，计划发动政变幽禁慈禧太后夺取权力，然而他们不具备实施政变的军事力量。于是9月18日谭嗣同不顾个人安危，访问了强学会会员、正在训练新建陆军的袁世凯，请求他杀死荣禄并包围颐和园。

32 光绪帝（《清史图典　光绪、宣统朝》）

谭嗣同已经做好准备，如果袁世凯不答应，便和他同归于尽。谭嗣同也认同日本志士所倡导侠义精神，认为为了改革有必要作出"牺牲"。袁世凯觉察到谭嗣同誓死一搏的心情，当场答应合作。然而，本来就是李鸿章弟子的袁世凯，当天就夜访荣禄通报了变法派的政变计划。

伊藤博文的中国之行与戊戌变法

以北京为舞台的变法派与保守派在明争暗斗，正当此变法派、保守派的对立达到顶峰时，伊藤博文来华访问。当时正逢元勋内阁刚刚垮台，伊藤以在野政治家的身份前来，其目的是为了牵制沙俄与清朝联合、以扩大日本在中国东北部的势力。

号称明治维新功臣的伊藤博文的访华，使陷于困境的变法派看到了希望。根据伊藤写给夫人的信件，他到达天津后受到了热烈欢迎、纷纷要求他帮助中国。事实上，当时中国有人提议，聘请伊藤作为顾问来负责改革。

然而伊藤冷静地分析了支持运动是否有利于日本的利益。9月14日抵达北京后，他觉察到保守派占有优势、表示“(总理衙门的各位大臣们)好像并不赞成变法。而且近来采纳年轻人(指变法派)、撤下有经验之人(指李鸿章)，过于唐突”，与变法派拉开了距离。

随着保守派采取武力镇压的可能性增加，9月18日康有为特意前往日本大使馆拜访伊藤博文，请求他劝说西太后支持变法。然而伊藤博文态度冷淡，形式上的推辞使康有为深感失望，叹道“侯爵轻蔑敝国甚矣”。9月20日，伊藤博文拜见光绪帝。光绪帝对伊藤以亲王礼节相待，高度赞扬他在明治维新上的功绩，并要求他协助改革，大胆提出意见。然而，伊藤回答道，“皇上锐意变法。虽不知皇太后圣意如何，但唯恐皇太后与皇上意见一致才能成功变法”，言下之意判断该运动的成功率很低。

果然，21日保守派发动戊戌政变，西太后将光绪帝囚禁在中南海的瀛台，再次从政，并开始搜捕变法派，康有为在英国的帮助下逃到香港、亡命日本。逃到日本公使馆的梁启超在伊藤的指示下乘上日本军舰，逃过清军的追捕被送往日本。当时，梁启超劝谭嗣同一起逃命，谭嗣同则表示，“各国变法，无不从流血而成。今中国未闻有因变法而流血者，此国之所以不昌也。有之，请自嗣同始”，拒绝了逃亡的建议。结果谭嗣同被捕后处刑，除了京师大学堂以外，改革无一成果。

变法运动是中国首次尝试的以外国为原型的全面性的社会改革。它由南方出身的知识分子们挑头，把边境发生的新的社会现象带到了帝国的首都。不言而喻，运动缺乏大众基础，未能动摇庞大的官僚体制，便被扼杀于摇篮中。而且，仅仅依靠皇帝个人的权威来推动，改革内容薄弱，结果还被卷入宫廷内的权力斗争。再加上列强帮助康有为、梁启超逃亡，并向清朝施加压力要求减轻对黄遵宪等变法派官僚的处罚，使得西太后与列强的关系恶化，进而走上了对外强硬的道路。

另外，变法运动开创了中国民族运动的先河，这时人们开始质疑“保国”的意味。这是因为康有为等的目标是勤王运动，即以清朝的存亡为前提的改良运动，而阻碍改革的势力是以西太后为首的清朝统治体制。变法派中，例如谭嗣同，把清朝视作异民族王朝，并不认为其存亡是至上问题。是“中国”还是“大清”，在以后的义和团运动中也成为焦点所在。

变法派将日本的明治维新定为改革的模型，之前中国人眼中的“东方小国”日本变为“同文同种”的国家而加深了亲近感。这种感情在变法运动遭受挫折后仍然残留，并掀起了留学日本的热潮。然而就像伊藤博文的行动所示，日本对这些亲日派的靠近并未给予回应。严复的“亡国灭种”论虽然带给中国的知识分子强烈的冲击，但实际上当时受“弱肉强食”的国际形势所左右的是日本。

反基督教事件和义和团的出现

宗教的时代

戊戌变法仅过去两年的1900年夏，北京掀起了狂热的民族热潮。处于社会边缘的下层民众们成为主人公，他们对所有和外国相关的事物、尤其是基督教进行猛烈的攻击和破坏。列强将义和团运动指责为“对文明之罪恶”，中国国内也多认为它是迷信而盲目的排外运动。康有为也认定“义和团是后党”，即西太后操纵下与外国势力敌对的运动。

新中国建立后，中国国内学术界的这种看法发生很大变化，将义和团运动看成是与中国革命相连的反对帝国主义的运动。然而如何看待该运动的目的和起源及其宗教性，至今尚没有定论。

这里不能忽视的是，19世纪的中国是宗教的时代这一点。刚才我们提过的严复的《天演论》传播的进化论，不是因为它源自近代科学的成果，而是作为预言国家和民族存亡的一种终极思想而被接受。下面，我们将不以当今的价值标准来衡量，而是尽可能地根据当时的情况来考察运动的全貌。

基督教的中国传教与仇教事件

19世纪中国真正的基督教传教活动，始于第二次鸦片战争时《天津条约》对“内地传教权”的承认。外国传教士通过医疗、教育等领域，作为近代文明的传播者进入中国社会，逐渐获得了许多的信徒。

以往的研究有些认为这些传教士是列强侵略的先头部队，评价中国信徒是凭借教会权威施暴的无赖。事实上，传教士中有不少人热衷于传播福音，对中国的习俗不予理解并且态度傲慢。信徒当中也有被称为“基督教饭桶”的人，他们是那些为寻求经济保证而加入基督教的人。

事实并不如此单纯。中国的教徒中有处于社会弱势地位、迫切寻求庇护的下层民众。例如广东南部的赤溪（旧新宁县，现在的台山市）现在仍有天主教徒，这里在19世纪中叶是广东人和客家人发生武力斗争的地方。失败的客家人被追赶到贫穷的赤溪地区，地方政府也称他们为“客匪”而进行镇压。和解后，新设了“赤溪厅”这一行政单位，客家人在此聚居，天主教传教士来此传教后很多客家人入教。他们在清朝体制下流离失所，转向寻求教会的庇护，其子孙后代也认为“天主教的主教会劝说皇帝而救助我们”。

还有一件饶有趣味的事例是，义和团的源流白莲教等宗教组织的会员中，有不少人加入了基督教。白莲教起源于宋代，是佛教系统下的民间宗教组织，由于被视作异端受到政府的压迫，屡次高唱“弥勒下生”发动大规模叛乱。进入清朝后，1796年湖北、四川教徒高喊“官逼民反”，发动起义，1813年林清、李文成等一派攻入北京的紫禁城。经过该事件后清朝进行了严厉的搜捕，1863 年响应太平天国起义的白莲教五大旗叛乱被镇压，这时其组织已基本被毁。

遭受压抑的白莲教徒们，为免于中国官府的镇压而寻求教会的庇护。他们多为全家或全村入教，义和团发源地的山东、河北则规模达到数千人。19 世纪 70 年代，华北遭受严重的饥荒，传教士认为这是传教的机会，因而纷纷兴办慈善事业，扩大了在当地的势力。

而对多数中国人而言，基督教的活动是一种异类的、缺乏正统性的政治权威的抬头。基督教得到承认后，传教士们要求归还清朝初期禁教之前天主教会属下的财产。他们还介入中国信徒们的讼诉问题，给中国地方官员做工作、争取对信徒有利的判决。如果没有效果，传教士们便向各国大使馆提出问题，通过外交手段来施加压力。

传教士利用外交特权支援信徒，这种手段比中国的官僚机构进行得更为迅速。中国存在清朝统治机构和基督教会双重权力，为寻求保护而入教的情况增多，同时也引起了其他中国人的反感。把儒教文化视作正统的科举精英们拒绝接受欧洲文化，再加上对原本处于社会劣势的中国教徒的歧视，被称为教案的反基督教事件频发。

多数教案事件起源于谣言，例如建设基督教堂后不再下雨，教堂的孤儿院杀害儿童并挖出内脏制造药品等。1870 年发生的天津教案就是其中一例，群众怀疑教堂拐骗儿童，包围教堂并打死了开枪的法国领事丰大业等二十四人。对此法国派出军舰到天津湾，强硬要求惩罚地方官。清朝派出谢罪使的同时，还命令直隶总督曾国藩处理此事。

33 北京的天主教堂（北堂）

曾国藩处死了与此事无关的消防队员以平息事态，他所说的"即使外国人有过错，也不能在公文中记载。此乃对外国人怀柔之法"传到外界，反而激怒了人们。之后，此事件渐渐脱离了科举精英的主导，1891 年的长江教案就与哥老会等的秘密结社有关。

义和团的登场

甲午战争爆发的 1894 年，《水浒传》中描绘的梁山泊 108 位好汉曾活跃的舞台山东西南部，出现了被称为大刀会的武术团体。其首领是居住在曹县的刘士端，教授人们白莲教相传的宗教武术金钟罩。

白莲教原本就是以宗教信仰为主要内容的文派，拥有利用拳棒术来锻炼身体的武场组织。文派不时遭到政府的镇压，而表面上与白莲教无关的武场却逃过举报，因其实用性而在农村社会广泛建立了基础。金钟罩的特点是咏唱咒语、喝符水而从神仙处获得不死之身，但其宗教性面对清朝统治力衰退这一危机、抓住了寻求保卫故乡的人们的心理。

大刀会抓捕强盗赢得地方官员的信任，同时召集数千人的集会加以宣传。此时，村民与天主教徒发生土地纠纷，向刘士端寻求庇护，大刀会便袭击了天主教堂。政府逮捕了刘士端并将其处刑，更激化了大刀会对教会的敌意。1897 年 11 月，大刀会为报复教会在巨野县杀死两名德国神父，德国以此为由占领了胶州湾，点燃了列强瓜分中国的导火索。

同一时期，山东西北部冠县梨园屯村的村民和天主教徒围绕寺庙土地对抗了将近三十年。教会从近代的价值观出发，认为土地归信徒私人所有，可由本人意志决定来建设教堂，而村民则从传统习俗出发，认为土地公有，不允许私自处理而提出控诉。该事件带有中国农村首次经历与近代欧洲的文化冲突的性质，然而地方官的裁决有利于天主教，为表示警告判处村民代表入狱半年。

这场诉讼失败后，被称作“十八魁”的血气方刚的贫困男子们挑起了反抗教会的运动。他们找到 1896 年住在威县的梅花拳首领赵三多，成为其弟子并希望得到赵帮助。梅花拳和金钟罩都是宗教性很强的拳法，历史悠久。赵三多将其改为意为“义气和合”的义和拳，在梨园屯村召开集会对抗教会。法国效仿德国以强硬姿态介入后，1898 年义和拳打出“顺清灭洋”的口号与教会和官兵战斗。

1899 年大刀会波及山东西北部，改名“神拳”展开活动。被称作“马子”的巫师登高呼唤孙悟空、关羽等日本人也熟悉的神仙下凡，神仙降临人体后成为不死之身。神拳的领袖朱红灯身着红装，据说有超凡能力、可治愈百病。当时的山东每年黄河泛滥犹如末日，人们对德军的侵略感到强大的压力。他们创造巨大的演剧空间，牺牲基督教会和信徒进行暴力性的庆典，试图让疲惫的世界重生。

8月，朱红灯在平原县起义，与前来镇压的官兵交战。然而，山东巡抚毓贤素来反感外国武力的侵略而持消极态度，将强行镇压的知县撤职，神拳活动因此愈加活跃。11月朱红灯被官兵捕杀；12月，冠县的义和拳再次起义，反教会运动的范围日益扩大。神拳和义和拳最终合并，诞生了更为正规的公众组织“义和团”。

北京的义和团与清朝、列强

义和团攻入北京

列强感到山东义和团势力扩大所带来的威胁，要求清朝解除毓贤的职务。巡抚一职转而由列强支持的、统领着当时中国最现代的武卫右军的袁世凯担任。列强希望他严厉镇压义和团，但毓贤对义和团的柔软姿态来自清朝内部保守派的意向，袁世凯也无法忽视这一点。

1899年后半期，义和团的活动扩大到直隶（今河北），1900年春天出现在北京、天津。山东出身的小商人、短期劳动者等流动性大的下层民众承担了传播的任务。现在以天津为正宗的“相声”，便是以山东方言为主的农村为笑料。山东曾是华北的“边

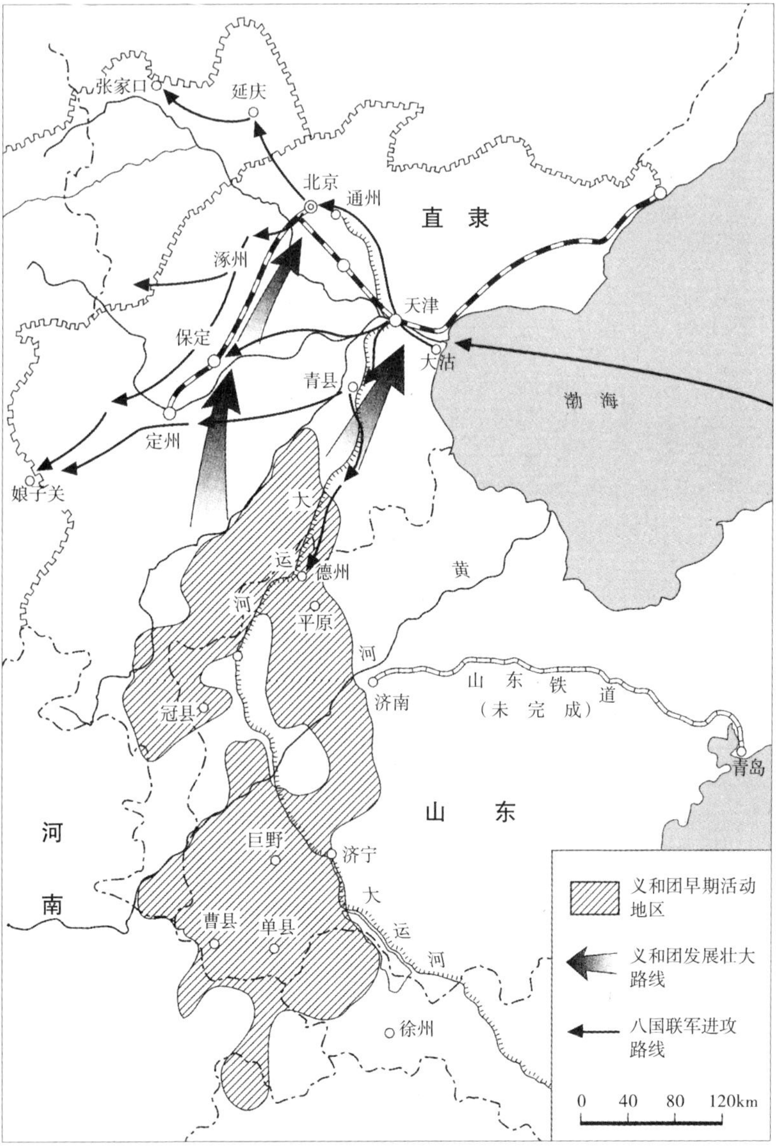

34 义和团与八国联军（根据张海鹏《中国近代史稿地图集》绘制）

境”，当地的贫民被人们尊称为“山东师傅”，开始向城市居民传授消灭“洋（外国）”的不死身拳法。

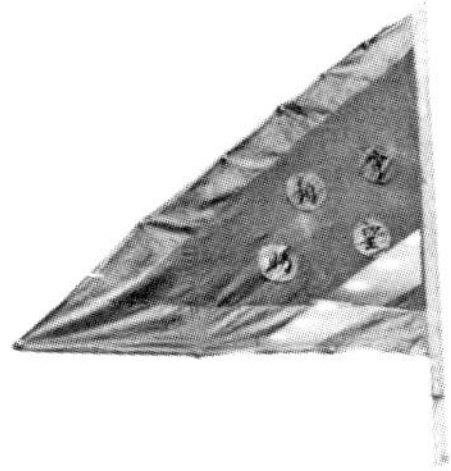

35 义和团旗帜

运动的主力多为十几岁的少年们，还有被称为“红灯照”的女子组织。红灯照的首领林黑儿是出生在大运河船夫人家的流浪艺人（另有娼妓的说法）。她自称是黄莲圣母转世，可飞扇升天。林黑儿前往天津时人们都在运河两岸焚香，据说连直隶总督都在她面前下跪。处在社会底层的这些人凭借“超人”之处颠覆了秩序，创造了非同寻常的空间。

义和团打出的旗号是著名的“扶清灭洋”。这里的“清”并不是指清朝，而是指因外国势力和宗教的侵入而衰退的故乡，或指中国传统的价值观、伦理以及它们所折射出的丰富多彩的社会秩序，这也可以说是最初的民族主义的表现。

“扶”是指帮助、支撑的意思，和义和拳口号中的“顺”相比，可以看出带有从上俯视清朝国家而“扶助之”的傲慢的、能动性的色彩。后来清朝屈服于列强的侵略开始镇压运动，义和团提出了“扫清灭洋”的口号要打倒清朝。也就是说，戊戌变法未能超越的改良运动的界限，义和团则凭借其边缘性和大众性做出了尝试。

义和团从社会边缘部发动，试图唤醒中华世界，而另一方面，身处北方的人们拒绝从南方吹来的新时代之风。例如，天津的义和团把精通外语、多在租界工作的广东人等南方人称为“二毛子”而加以排斥。义和团还在每次战斗时制作“得胜饼”，此举来自清军在天津郊区击退太平天国北伐军的典故。

义和团标榜替天行道，对敌人无情镇压。他们强迫中国基督教信徒退教，违抗者不分老少一律处斩。

清朝宣战与北京笼城战

对义和团的活跃，列强公使们屡次提出抗议，逼迫清朝在处理义和团问题上做出决断。5月31日列强出于防备，派出约四百人的军队赶往北京（第一次派兵），清朝内部的保守派强烈反对，军机大臣刚毅评价义和团为“义民”，北京的义和团势力进一步壮大。

清朝内部的亲义和团势力，试图利用义和团来打倒自己的政敌。他们的对手是“一龙二虎”，即光绪帝、李鸿章等，之后他们断送了五位大臣的性命。本来就缺乏领袖能力的清朝保守派们，不具备控制义和团的力量。

6月10日英国海军中将西摩尔率领两千名增援部队从天津出发，16日清朝中央召开御前会议，讨论了义和团问题。会议就把义和团看做“义民”还是“乱用邪术之乱民”争执不下，西太后言道：“法术不可恃，岂人心亦不足恃乎？今日中国积弱已极，所仗者人心耳，若并人心而失之，何以立国？”义和团支持论占了主流。17日联军炮轰天津大沽炮台，西太后终下决心，21日谴责列强“无礼横行”而宣战。

位于紫禁城东南的公使馆区域居住了八百名外国人以及三千名来此避难的中国人信徒。西摩尔的援军由于铁路被义和团破坏而未能前进，6月11日前往车站迎接的日本杉山彬书记官被清兵杀死。19日清朝勒令公使馆在24小时内撤出，20日清兵开始进攻公使馆。

守卫使馆区的军队中有五十余名日本人，指挥官是柴五郎。他是戊辰战争中的败将会津藩士之子，在战争中失去双亲和妹妹，维新后被送往严寒的下北半岛度过了极其贫困的生活。历尽艰辛后他从陆军士官学校毕业，在萨长阀势力滋长的军部作为情报将校崭露头角，义和团运动时担任大使馆附属的武官前往赴任。其兄是日本第一位写政治小说《佳人之奇遇》的柴四郎（东海散士），小说与朝鲜的暗杀闵妃事件有关联。

柴五郎率领的日本部队在这场战斗中大展身手。尤其是其军纪严明，统率到位，很好地保护、利用了中国信徒这一点，受到了列国公使的赞赏。柴本人也描述义和团道，“有武器之人甚少，仅挥刀枪之徒，大不足以为惧”。然而守卫部队担心的是武器、弹药和粮草的不足。西摩尔的援军受到义和团和清军攻击退回天津后，甚至有人因极度失望和疲劳而精神失常。

八国联军与北京议定书

义和团战争爆发后，列强各国出于各自的情况和考虑未能迅速采取行动。英国正值布尔战争之中，美国也为对付菲律宾的独立运动，无法向中国增派兵力。德国由于公使克林德被刺积极准备派兵，却苦于离北京太远，只有沙俄和日本有派兵的可能性，事实上，沙俄以保护东清铁路为名向东北地区派出了六千名的兵力。

日本一面关注沙俄的动向，一面准备出兵，然而由于有三国干涉而放弃旅顺、大连的教训，因此日本对未能得到“列强一致同意”的行动保持谨慎。起初英国警惕日本派遣大军而掌握主导权，但随着北京使馆守军日益孤立，为防止沙俄扩大权益还是要求日本派兵。于是，长州阀巨头陆军大臣桂太郎在7月6日派出了八千名士兵。

在临时派遣军出发之时，桂太郎激励司令官福岛安正道：“你此行是为了向列国付保险费，务必战死沙场。你率领的小部队就算全军覆没，也将给未来的日本留下伟大的功绩。”日本认为这场战争是加入列强队伍的机会，一心要宣扬其作为“远东宪兵”的存在感。福岛和柴五郎都是为实现明治维新以来的愿望的“保险费”即垫脚石。

福岛率领的先遣队于7月14日占领天津，八国组成的联军约两万人（其中一万日军及沙俄、英国、美国、法国、德国、奥匈帝国、意大利军）从8月4日开始对北京发起进攻。清军的装备虽胜过甲午战争时期，却由于缺乏系统指挥未能展开组织行动，被各个击破。义和团据说虽然“士气高扬，英勇抵抗”，“给列国军队造成极大损失”，“出乎意料，敌人也感叹不已”，可在现代武器面前也死伤惨重。

36 在八国联军的监督下，清廷官军处决义和团拳民

8月15日联军攻陷北京，“解放”了使馆守军。之后又展开报复性袭击和掠夺，日军也从清朝国库瓜分到四百万两马蹄银。一部分师团首脑因贪污部分钱款被发现而引起了所谓的马蹄银事件。

八国联军从天津出发后，西太后任命长年从事对外交涉的李鸿章为全权大臣前往议和。联军攻入北京后，西太后乔装改扮后带着光绪帝逃往西安。对她而言，这是自1860年英法联军进攻北京以来的第二次逃亡。9月14日，清朝改变态度下令镇压义和团，袁世凯因对义和团进行了无情镇压而得到了列强的欢心。然而，试图依靠“人心”而对列强宣战的清朝，受到了无法挽回其没落命运的巨大打击。

给义和团战争拉上帷幕的《辛丑条约》(又称《北京议定书》)，一直拖延到1901年9月。其原因是英国和沙俄围绕中国权益产生矛盾，未能协调各国的赔款要求。结果是，清朝要向列强支付庞大的赔款，即三十九年的年赋——9.8亿两白银。而且承认北京的公使馆区域外可驻扎外国军队，以及到山海关的各个要地的驻兵权，这为日后日本挑起“卢沟桥事变”埋下了伏笔。

然而,《辛丑条约》和甲午战争后瓜分中国相比，没有出现割让领土和取得新利权的要求。实际上，日本试图占领台湾附近的厦门，但由于英国等国的反对未能成功。谈判过程中沙俄要求割让东北三省，却由于被称为忠义军的义和团剩余力量的抵抗而失败。正如八国联军总司令官德国的瓦德西所言，“欧美、日本的任何一国，都不具备统治占据世界四分之一人口的民众的智慧和兵力，割让乃最下策”。义和团以滚滚怒涛和巨大的牺牲，挽回了中国沦陷为殖民地的危机。

另一个义和团：中国人移民问题与抵制美货运动

日本人的义和团观和中国保全论

日本国内对义和团战争的反应，比甲午战争更为冷静。《万朝报》的随军记者堺利彦对战争表示怀疑，并由此开始接近社会主义、反对日俄开战。幸德秋水在高唱反战论的同时追究马蹄银事件，使长州阀的潜力新人真锅斌少将（第九旅团长）受到了辞职处分。

另外，饶有趣味的是《女学杂志》上刊登的青柳猛的论文

《义和团赞论》。青柳是秋田县出身的自由主义作家，他的著作之一《恋爱文学论》曾受到过禁止发行的处分。他认为义和团产生的原因是由于外国人和基督教的傲慢，日本抢夺台湾引起了列强瓜分中国，责任不可推卸。他评价义和团行使武力如同将强盗赶出家门，属于正当防卫，甚至发出“义和团志士们勇敢战斗吧”的声援。

虽然不像上面的论述这么明确，但当时日本有不少对列强的暴行表示愤慨的论调。其中还出现了以日本为中心，与中国联合对抗西方世界的亚洲主义论。东亚同文会会长近卫笃麿主张的中国保全论就是典型例子。

东亚同文会是1898年为实现东亚的共同团结而成立的政策促进团体，与洋务派官僚刘坤一等人联合。1900年建成的南京同文书院不久搬迁到上海改为东亚同文书院，成为日本研究中国的中心。贵族院议长近卫笃麿是后来成为首相的近卫文麿的父亲，他主张“中国之危机即日本之威胁”，反对列强瓜分中国。他还在1900年9月结成国民同盟会，批评沙俄出兵东北是为了扩大利权，要求日本政府采取果断措施。

东亚同文会的观点把中国的地位置于日本之下，日本处于领导立场来“改善”中国并导向文明，带有强烈的优越感。虽然高唱日中的共存共荣，实际上却强调日本的国家利益，成为走向1904年日俄战争的一股潮流。但是这种论调与中国提高对日本的关注相呼应，日中之间产生了历史上从未有过的密切交流。也就是说，以义和团为契机，日中两国的民族主义产生共振，吹响了亚洲主义的曲子。

美国的反华侨暴动与黄祸论

下面让我们把眼光转向世界，华侨即中国移民的出国迎来了高潮。中国人海外移民的历史可以追溯到宋代，明朝初期郑和远征海外时，苏门答腊岛就有许多华侨居住。成规模的移民出现在18世纪，中国国内人口的激增加快了边境的开发，《北京条约》规定中国人可以合法出国，于是许多华侨远渡正逢淘金热的美国，从事金矿开采或大陆贯穿铁路的建设。

这些移民多半是因从事苦力贸易而被强行送出，为返还借下的旅费被迫从事受到束缚的严酷劳动。1860年在香港受到保护的107名移民证明说，他们被经纪人和士兵诱拐、施暴被迫出国，继而被卖给移民船。当然华侨中也有人出身比较富裕，接受亲友的援助自费出国的，移居后也利用故乡所学的商业、手工业技术获得成功。可以说这些华侨的成功经历左右了东南亚的经济。

但是，美国移民大多来自广东西部的贫困地区，从事价格低廉的非技术性劳动或体力劳动。被称为“猪花”的妇女移民，多数沦为娼妓。资本家很重视他们，却造成了爱尔兰移民下层工人的失业和工资降低。因此，1870年美国经济陷入不景气时，各地出现了排斥中国移民的动向并发生了暴动。登陆的移民被咒骂、被投掷石头，中国工人中甚至有受到围攻而致死的情况。

移民聚集的旧金山出现了唐人街，但是由于其恶劣的生活条件和习惯上的差异，鸦片、赌博、卖淫等造成了人们对中国人的人种歧视。1882 年，中国人移民限制法出台，规定未来十年中禁止中国人移民。之后法律进一步被强化，适用于华侨众多的菲律宾和夏威夷。1904 年美国政府要求再次延长时，遭到中国方面的强烈反对。

37 美国早期漫画中的华人

这些对中国移民的歧视和迫害，造成了日俄战争后对日本移民排斥活动更加激烈。其理论基础是黄祸论，即流传在欧美的对黄色人种的警戒论。当时美国大肆宣传所谓的“西部变成黄色、南部变成黑色（黑人），白人将被挤到大西洋海岸”，加剧了美国原有居民的危机感。义和团之所以被称为“对文明之罪恶”而受到列强的强烈批判，正是他们在现实中接受了黄祸论的表现。

黄祸论中社会进化论的另一个侧面是关于白色人种优越性的观点，认为欧洲文明和基督教负有“教化”有色人种的使命，当然这也成为中国反对传教士的原因。相反受到三国干涉的日本，与黄祸论相反提出了“白祸”。刚才所讲的“义和团赞论”和“中国保全论”就是在这种欧洲与东亚的文化摩擦背景中产生的。

38 梁启超

对美国产品的抵制运动和民族主义

我们熟知的斯托夫人的小说《汤姆叔叔的小屋》，传达了中国人移民美国后的困境。当然这部小说描写了黑人奴隶悲惨的命运，它的翻译者林纾等人，建议把该书当做理解同胞们悲惨现状的纪实文章来读。

其次向中国国内传达中国移民受到排斥这一讯息的，是戊戌变法的中心人物梁启超。他在 1903 年为增加见闻远渡美国，翌年出版了《新大陆游记》。梁启超在书中详细介绍了中国人受到排斥的经过，批评人种歧视违反了美国《独立宣言》的理念。他还介绍了夏威夷的记者陈仪侃提出的抵制美货的手段。

梁启超从 1899 年开始对夏威夷、澳大利亚的华侨展开勤王运动，乘清朝忙于抵抗义和团的空隙准备起义。虽然计划最终失败，但他与革命派孙文等各种势力接触，摸索如何进行合作。与把义和团看作西太后一派的康有为不同，梁启超评价它是“爱国行动，虽有勇无谋，君子同情之”。虽然他认为抵抗运动也应讲究文明，但如果抵制美货运动实现的话，将“成为国民对外思想发达的先驱”。

最初点燃抵制美货运动导火索的是孕育了众多美国移民的广东。1905 年 5 月，广州的富裕商人调查了美国产品的商标，呼吁人们不要购买。广东籍的墨西哥华侨在上海的美国大使馆前示

图二（一）

【化作南来之风的男人们】

在列强侵略日益加剧，面临亡国危机的中国大地上，出现了一股南来之风。即太平天国领袖洪秀全、湘军领袖曾国藩、辛亥革命之父孙中山、国民革命军总司令蒋介石以及革命根据地创立者毛泽东。虽然在政治立场上他们激烈对立，但在从以南方边地为起点，寻求振兴中国这一点上，他们是共通的。在此，让我们来寻访一下这些拉开中华复兴之幕的男人们的故乡。

图二（二）

图二　曾国藩旧居——湖南省湘乡县（今双峰县）富厚堂

图三　洪秀全旧居——广东省花县（今广州市花都区）官禄㘵村

图三

图四

图四　孙中山旧居——广东省香山县（今中山市）翠亨村

图五

图五　蒋介石旧居——浙江省奉化县溪口镇

图六　毛泽东旧居——湖南省湘潭县（今韶山市）韶山冲

图八

想象另一种可能

理想国 imaginist　看理想　naive 理想国

威自杀后，广东各地举行追悼集会，抵制运动扩大到上海、天津，上海的商人团体也达成一致不购买美国商品。

镇压义和团立功而成为直隶总督的袁世凯，期望美国出面调停收回日俄战争战场的东北地区，害怕与美关系恶化而试图中断抵制运动。8月，清朝也下令禁止抵制运动，采取限制集会、镇压宣传运动的报纸等措施，然而天津的学生和知识分子仍然热烈地支持运动。

同年（1905年），持续了大约一千年的官吏录用考试——科举制度被废除，精英们被切断了仕途，开始思考“为何而学”的新意义。于是他们提出“为国”这一民族主义口号，寻求作为知识分子而被认同。

美国经济的景气增加了美国商品的进口，抵制运动未能取得成果便结束了。在中国移民限制法的期限延长问题上，也未能使美国做出更多的让步。但是，通过这场运动，中国首次在救助海外同胞的目标下，实际感受到作为一个近代国家的整体性。知识分子们通过变法运动摸索着的、下层民众通过义和团运动吐露出的民族主义，终于清晰地显现出轮廓。以学生等知识分子为中心呼吁抵制运动这一形式，在之后的中国民族主义运动中也被长期继承下来。

第四章

大清帝国的黄昏
——末代皇帝与辛亥革命

清末中国人留学日本和日俄战争

一百年前的日本留学热

今天，走在东京的街道上，一定能听见人们用外语，特别是汉语对话。池袋和新宿等地的闹市区别具唐人街的风格，连日本的唐人街老字号横滨和神户都要稍逊一筹，原因是很多中国人在这两个地方留学或居住，而恰好一百年前中国也掀起了留学热。当时被称为“清国留日学生”。

20 世纪初的这批留学生中，包括不少以后领导中国的优秀人物。中国近代文学之父鲁迅（原名周树人）就是其中一名，中华人民共和国总理周恩来也曾经留学日本。变法运动的领导人梁启超等人曾在日本活动，革命派的孙文也在东京成立了中国同盟会等，日本可以说是中国新时代的摇篮。从本书的视角来看，日本比起广东和外国租界，地处更为遥远的东亚世界的边境，更能保有使中国重生的能量。

然而当时的中国留学生们，与当代的留学生一样对日本的习惯感受到了文化冲击。他们对日本的文化有各种看法，日俄战争时则支持日本，但是日本人反应冷淡傲慢，很多中国留学生因此受到伤害。“留学生来的时候是亲日派，回国的时候是反日派”，这种现象现在仍多存在于亚洲留学生当中，不得不说其根源深厚。

下面就把一百年前他们的足迹，当做折射日本社会的一面镜子来观察。

派遣留学生与日本冲击

中国向日本派遣留学生始于甲午战争后的1896年。正如洋务派官僚张之洞所说“出洋一年胜于读西书五年”，要培养担任改革重任的人才留学很有效果。日本被选为留学国家的最大理由是，为引进欧洲的学问、技术而以日本的经验为参考。而且，清朝由于义和团战争的失败而难以维持体制，而日本公布大日本帝国宪法确立了立宪君主制，比起采用共和制的欧美各国更能够放心地派送留学生。随着科举制度的废除，留学取得的学位逐渐可以替代科举获得的功名。起初只有十几名的日本留学生到了1905年增加到8000名，1906年则急剧增加到12000名。

来到日本的中国留学生，由于两国生活习惯的差异受到了冲击。首先他们不能忍受的是日本饭菜，某留学生在日记中写道，吃饭只有一菜一汤（中国一般为三菜一汤，三样菜和汤）太寒酸，淡而无味，虽勉强接受生鱼片，却实在不合口味。生鱼片至今仍不太为中国人接受，其他的如生鸡蛋、生萝卜（腌萝卜）、冷饭（便当）、发酵的大豆（纳豆）等都被敬而远之。而且饭菜的做法和招待标准日中两国也不同，日式的宴席把盘子放在地上（不使用高桌），没有荤菜等也是不受青睐的理由，结果很多留学生还是前往中国菜餐厅。

39 日本留学时代的鲁迅
（1909 年 东京）

然而中国留学生最感到惊讶的是日本传统中保留的中国古代习俗“唐代遗风”，与欧洲文化融合的近代日本风貌。

首先他们印象深刻的是，中国古典中才能见到的食（现代汉语为吃）、饮（喝）、犬（狗）等汉字在日本日常的使用，街角到处可见春秋时代“吴”国命名的“吴”服屋，似乎穿越时空回到了古代。特别是对于不满清朝统治的汉族知识分子们而言，保留了“260 年前的我大汉民族”的传统的和服（他们起码这么想），成为煽起他们反满情绪的绝好材料。甚至有的留学生把清式服装称为“胡服（野蛮人的服装）”而撕毁。

另外，对接触到日本近代的一面的留学生来说，对女子教育所代表的国民教育的普及感到新鲜。有的留学生感叹“欢笑”着在街上行走的女学生，比起缠足在家闭门不出的中国女子仿佛昭示着女性已走向社会。1900 年后开始派遣女留学生，著名的妇女革命家秋瑾就曾在实践女学校的速成班学习。日本到处都有小学，义务教育就学率之高震惊了清朝的考察团。辛亥革命前夜中国各地的地方精英兴建小学，就与中央政府之间产生了政治矛盾。

为寻找改革出路来到日本的留学生们，和尊重中国传统文化的日本人之间经常发生冲突。例如，1902 年，讲道馆创始人、《姿三四郎》中矢野先生原型的嘉纳治五郎成立弘文学院，致力于接收中国留学生。此时的嘉纳以儒教为中心从事留学生教育，他的学生鲁迅被叫去参拜汤岛圣堂的孔子，后来他回想道："鲁迅对孔子感到失望才来到日本，又要去参拜，有一段时间心情很别扭。"

嘉纳治五郎还劝诫热衷于革命运动的留学生，认为如果中国现在发生战乱，"必将分裂"。留学生们却认为，嘉纳的"和平主义"只会助长"统治者的腐败"，必须要有"外国人的干涉"。嘉纳倡导亚洲的大同团结，为中国的教育改革做出了很大的贡献，年轻敏感的留学生们却对这种亲华的明治知识分子的传统主义感到不满，对他们潜意识中抱有的对现实中国的歧视思想提出反抗。

留学生的反清与反日

中国留学生通过日本生活的经验接触近代价值，痛感到有必要改变中国。他们首先做的便是剪掉被外国人嘲讽为"猪尾巴"的发辫。

40 陈天华

无须多言，发辫是来自满族的习俗，立志推翻清朝的太平天国将士都蓄着长发。清朝考证学的名家、“学问革命家”章炳麟（号太炎、浙江余杭县人）剪去长发以示排斥满族，而同样剪去发辫的鲁迅则表示，“并没有什么特别的含义，只是不方便”。对很多留学生来说，发辫象征着中国的落后，如果换成行动方便的发型，日本式的富国强兵就有可能得以实现。

然而，清朝对于留学生剪去发辫的行动感到不快。甚至警惕他们转向于革命运动，开始通过日本政府来取缔留学生。1905 年日本颁布了取缔留学生规则事件，要求中国人就学的学校监督他们在校外的活动，不接收在其他学校受到退学处分的留学生等。对以上措施，留学生们表示反抗，以“日本政府不尊重我们的人格”为由结成同盟罢课。当时的《朝日新闻》将此事恶意报道为“清国人的放纵卑鄙”，革命派活动家陈天华在大森海岸投海自尽，2000 名留学生同时回国以抗议日本政府。

日清两国政府的态度将留学生逼上了反体制的方向。日俄战争的影响更坚定了他们反清、反日的决心。

1904 年爆发的日俄战争，是围绕朝鲜半岛和中国东北三省权益而引起的战争。起初，第四次伊藤博文内阁提倡日俄协商论，摸索共存的途径，但是，与沙俄争夺中国权益的英国想借助义和团战争中受到好评的日本军事力量，于是在 1902 年与桂太郎内阁结成了日英同盟。随着近卫笃麿的国民同盟会、国家主义者头山满的对俄同志会的成立，国内舆论转向了主战论。

在这种形势下，1903年4月，留学生们在东京成立了拒俄义勇军，抗议义和团战争时出兵的俄军霸占东北地区。得到日本公使通报的清政府认为该运动是革命派策划的，解散了上海、北京召开的反俄集会。留学生由此认识到清朝毫无前途，转身投向革命。

日俄开战的消息传来，几乎所有的留学生都把日本作为黄色人种的代表而加以支持，并为日本的胜利感到由衷的喜悦。然而，随着日本屡次战胜，他们发现日本人的态度有所变化。某留学生在列车上遇到出征的士兵，被骂成“我们为了中国而战，竟然不知羞耻来留学！”。还有人被路边的日本人往身上扔石头。

这场战争中，日本军队在著名的旅顺203高地之战中的战亡人数达59 000人，而1905年的《朴茨茅斯条约》中未能获得赔款，愤慨的人们发起了日比谷烧打事件。很多人把眼睁睁看着国土成为战场而标榜“局外中立”、束手无策的清朝被看做“东亚病夫”，用对中国留学生傲慢态度，来弥补未能得到满足的战胜情绪。

日俄战争后日本的野心更加露骨，进一步加深了留学生的反日情绪。有这么一个小插曲：有一天，日本人的小孩到留学生家里玩，小孩看到房间里的中国地图便说，“这里将来也是日本”。留学生吃惊地问他为什么，小孩说，“老师说支那人懒惰将灭亡，灭亡了支那就是日本的了”。当时日本的小学教授沙俄、中国的“敌国情况”，留学生对日本社会这种把对中国的敌意教给孩子的狭隘器量感到深深的失望。加上日美在南满洲铁路的共同经营问题上出现对立，使留学生们明确认识到日本已站在列强侵略中国的前列。

1907 年开始，在日本的中国留学生开始减少，1911 年辛亥革命爆发后，3000 名留学生回国。之后虽然也得到继续，但是日本留学潮再也没有出现。20 世纪初民间展开的日中友好，虽有嘉纳治五郎等人的善意和努力，却未能取得成果。

孙文的出现和日本

孙文的生平和洪秀全

这时辛亥革命的领袖孙文出现了。他1866 年生于广东香山县（现在取自孙文的字号而命名为中山市）。这里离澳门很近，容易受到欧洲的影响，洋务运动时的活跃分子容闳和郑观应就在此出生。而且孙文最初的对手康有为、梁启超也是广东出身的同乡，可以说他是以广东为震源中心的新时代的宠儿。

评价孙文时重要的一点是，他与太平天国领袖洪秀全的共同点。孙文和洪秀全一样，都是客家出身，孙文父亲也穷到除了农活外，要出去做鞋维持生计。当时的广东还残留着太平天国的影

41 孙文

响，参加叛乱的老人叮嘱孙文“要成为第二个洪秀全”。

孙文和洪秀全都因客家重视教育的习惯而热心于学习。1878 年，孙文在成功的华侨哥哥帮助下前往夏威夷，毕业于火奴鲁鲁的普纳荷学校。1892 年，他在香港的西医书院（如今的香港大学医学部）成为第一位取得博士学位的中国人。与洪秀全屡次在毫无指望的科举考试中遭受挫折相比，孙文的时代在学校问题上多了选择的余地。孙文本身性格乐观，更丰富了他国际化的视野。

孙文和洪秀全的第二个共同点，是他们都受到了基督教的影响。孙文在夏威夷接触了新教，1883 年在香港接受了洗礼。孙文年幼时的好友陆皓东、学医时期名为“四大寇”之一、并一同讨论革命的陈少白、和孙文秘密成立三合会的桥梁人物郑士良等人，都是在香港教会学校学习的教徒。

中国的历史学界一直把基督教作为帝国主义的先锋，直到现在也不愿意触及这一事实。然而在当时的外国人居住区香港，基督教会和教会学校是对中国人开放的近代世界的窗口。有一天，孙文对囚禁人们的传统习俗感到厌恶，就像洪秀全的偶像破坏运动一样，毁坏了庙里安放的神像，并说“连自己都保护不了的神仙，又怎么能保护别人”。年轻的革命家们通过吸收异文化的欧洲思想、宗教，具备了打破既有价值观的批判精神。

兴中会成立与广州起义

孙文在从夏威夷回国途中，对清朝官吏的受贿行为感到愤怒，中法战争的失败又给了他打击。然而他开始为革命行动起来，是在甲午战争爆发的 1894 年。洪秀全是在中国内地的边境广西准备起义，而孙文则是在中国移民的新垦地、度过自己青春期的夏威夷成立了兴中会。

当时夏威夷王朝被美国移民歼灭，他们限制亚洲移民，对中国人的排斥很厉害。大约四万名中国移民对自己的处境感到不安，并把遥远的祖国的命运和灭亡的王国命运联系起来。同年 11 月，二十余人参加了兴中会会议，宣誓“驱逐鞑虏，恢复中华，创立合众政府”。推翻清朝，成立亚洲第一个共和制国家的革命运动揭开了序幕。

孙文在夏威夷筹集资金后，1895 年 1 月回国准备武装起义。他与香港激进派知识分子沙龙“辅仁文社”联合，通过郑士良对三合会开展工作。起义时间定在 10 月 26 日，由各地的三合会军同时进攻广州。并在陆皓东的提议下，制作了后来成为中国国民党党旗的“青天白日旗”。

然而，因计划事前被泄漏给清朝，起义失败。被动员的三合会会员对革命一无所知，在恐慌中投降清军。孙文等人艰难地逃往香港，陆皓东被捕后遭到杀害。可以这样说，比起在中国社会底层低调传教、秘密筹划起义的洪秀全，城市的新兴精英们最初的起义计划显得过于轻率。

孙文由此受到通缉，他的首级被悬赏 1 000 元，孙文开始为了革命而奔走世界。

与宫崎滔天的相遇

孙文之所以世界闻名，源自伦敦发生的一件事情。1896 年从日本途经夏威夷、美国来到英国的孙文，10 月在路上遇到广东同乡而疏忽大意，被抓到清国公使馆囚禁起来。眼看就要被遣返回国，以谋反罪名处死，这时香港西医学院的英国人教师康德黎救了孙文。他向英国政府和报社反映了政治犯受到不正当的监禁。事情闹大，公使馆判断无法将孙文悄悄遣送回国，只好两周后将其释放。

于是作为革命家而出名的孙文为了充电前往大英博物馆，邂逅了博物学家南方熊楠，感到相见恨晚。就像现在我们到欧洲留学，也会和亚洲的留学生比较容易亲近一样。作为亚洲人的南方熊楠对德国强占胶州湾感到气愤，并抗议馆内的人种歧视，这些行为让人敬佩。孙文一定和他讨论了如何把中国从列强的瓜分下解救出来。

然而，孙文和日本人的交友并不是第一次。在准备广州起义时，他与在香港经营照相馆的梅屋庄吉相识，受到他的资助。然而，在与孙文有深交的众多日本人当中，孙文最信任的人是宫崎滔天（原名寅藏）。

42 1900 年，孙中山在日本与宫崎寅藏（左三）等合影

宫崎滔天出生在熊本的乡士家庭。大哥八郎参加自由民权运动，1877 年的西南战争中他加入了西乡隆盛率领的萨摩军而战死。二哥民藏致力于土地改革。滔天和三哥弥藏则向往中国的改革，弥藏在横滨一边工作、一边留着发辫学习汉语。不久，弥藏结识了逃亡日本的孙文的战友陈少白，1897 年 8 月，孙文来到横滨后，滔天便前来拜访住在陈少白家中的孙文。

宫崎在著作《三十三年落花梦》中回忆，刚开始觉得孙文气魄不足而感到不满。然而孙文一谈到革命的话题，滔天便被他的魅力所折服。孙文认为虽然有人说共和制不适合中国这样的野蛮之国，然而共和制正是中国由来已久的理想。现在的中国由于清朝的暴政而衰落，然而在其统治不及的偏远地区，居民自己推选长老，实行自卫和自治。如果出现豪杰之士，迅速推翻清朝实行善政，中国定能重新站起来。这不仅是救了中国四亿民众，也为亚洲的黄色人种雪耻。孙文说完后不带丝毫畏惧。宫崎听后对以貌取人的自己感到羞愧，感叹道“是诚东亚之珍宝也”。

孙文在这里提到的欧洲原有的共和制乃中国自古以来的理想，这在洪秀全接受基督教和洋务派官僚对欧洲的认识上也可以看到。边境的自卫和自治，是指广东兴起的同族团体组成的宗教。孙文的革命论要把中国周边高涨的要求自立的能量，注入衰退的中心。他主张，如果中国可以重生，就可以击退“黄祸论”所代表的欧洲对亚洲的蔑视。

宫崎滔天为孙文所倾倒的另一个理由是，宫崎也是基督教徒。他虽然外表豪放，但其实是不平士族出身。

两广独立计划和惠州起义

与孙文产生共鸣的宫崎，把孙文引见给日本的政治家们。首先接触的是后来因承认“满洲国”问题而中弹身亡的立宪政治家犬养毅，他与外务大臣大隈重信商量后让孙文住在东京。孙文还和被誉为“宪政之神”的尾崎行雄、玄洋社的中心人物头山满、平冈浩太郎、黑龙会的创建人内田良平等人交往。这些人支持孙文的意图在于利用他侵略大陆，之后孙文便把日本作为革命活动的根据地，称之为“第二故乡”。

孙文下一步的活动是，支持和夏威夷一样拥有众多中国移民的菲律宾独立运动，把广东、广西从清朝的统治下分离的两广独立计划。对菲律宾革命的支援，由于装载武器的船只沉没而未能实现。两广独立计划以孙文就读医学校时期的教师、后任香港总督的卜力为中心，广东豪商刘学询、甲午战争失败后被贬职为两广总督的李鸿章也参与其中。然而，因义和团战争后，需要与列强交涉议和条约，李鸿章再度回到中央政界，这场计划也遭受挫折。

之后的1900年10月，孙文命令郑士良在广东惠州策动了三合会起义。孙文先于9月前往台湾会见总督儿玉源太郎，要求武器援助。8月乘义和团战争之际出兵厦门等地，对大陆抱有野心的儿玉同意在孙文允许日本占领厦门的条件下实施援助。于是郑士良等人从惠州向厦门挺进。然而，10月19日成立的伊藤博文内阁担心日本的权益扩张会导致列强的反对，禁止对孙文提供援助。孙文试着另外筹集武器，却由于武器质量低劣，起义遭到了失败。

惠州起义是与日本人、特别是与军部有关的典型事例。孙文也觉察到日本的侵略意图，然而为了推翻清朝，他不得不做出一定程度的让步。之后，孙文仍不断在华侨中间筹集资金，在两广一带策划武装起义，被称为“孙大炮”。

另外，青森出身的山田良政在惠州起义中战死。

革命派的成长与中国同盟会

激进派留学生与孙文

孙文与宫崎滔天结识的第二年，戊戌变法后被中国通缉的康有为和梁启超也逃亡日本。两人都是出身广东的同乡，但在科举精英康有为眼中，留学国外的孙文不过是“不学无术”之徒，孙文也以康有为乃“腐朽之儒”而感到厌恶。梁启超在这点上比较灵活，一段时间内主张激进与孙文接近，但不久便遭康有为训斥前往夏威夷，两人也因此断绝关系。

惠州起义失败后孙文回到横滨，找到了革命的共鸣者。这些广东出身现居日本的留学生和华侨们，于1901年为抵抗法国侵略广东成立广东独立协会，曾要求孙文帮助。

1902年，以章炳麟为中心的激进派留学生们，为纪念被清朝灭亡的南明政权，计划四月在上野召开“支那亡国二百四十二年纪念会”，并邀请了孙文。该活动是中国留学生的首次大集会，却由于清朝公使的通报，日本警察出动，驱散了留学生。当时抵达会场的孙文则装成了毫不知情的餐厅客人。

如上所述，孙文与中国留学生开始合作的背景中，介绍孙文足迹的宫崎所著《三十三年落花梦》被日本的报纸连载，并被留学生们阅读这一事实是存在的。之前孙文由于被贴上谋反者的标签，留学生对其评价并不高。孙文自己也称留学生为“口舌之徒”而持不信任的态度。

1903年，孙文为重建因梁启超的勤王运动而有所动摇的夏威夷兴中会，前往火奴鲁鲁，之后又辗转美国、欧洲宣传革命。

革命派的成长

同年5月，四川出生的留日学生邹容出版了《革命军》一书，成为发行量超过100万部的畅销书。他认为革命才是贯穿世界的进化法则，中国要在20世纪生存就必须进行革命。而且，“我中国人之奴隶于满洲、欧美人也，非满洲、欧美欲奴隶之，中国人自乐为奴隶耳”，主张中国要进行革命就必须除去这种奴隶的根性。他还呼吁学习独立战争胜利的美国，驱逐满洲皇帝建立“自由独立的国家”中华共和国，并在末尾高呼“皇汉人种革命独立万岁！”

43 邹容

44《革命军》封面

《革命军》引起了巨大的反响，“读了会觉得头晕”，上海租界发行的杂志《苏报》对它作了介绍并高度评价。然而6月《苏报》受到禁止发行的处分，为该书作序的章炳麟被捕，邹容自首后病死狱中。同一时期，从东京蔓延到中国国内的反俄运动受到镇压，拒俄义勇军改名为“军国民教育会”，活动重点转移到推翻清朝上。

局势变化下，广东以外的地方也开始了革命运动。其中之一是变法运动的据点湖南，1903年11月，军国民委员会成员之一的“中国的西乡隆盛”黄兴、后来留学生取缔规则事件中自杀的陈天华与头脑清晰的秀才宋教仁一同成立了华兴会。此时，黄兴所主张的革命手段是仿效太平天国那样，先取得某个省，建设能使其他各省响应的革命根据地。随后他和秘密组织哥老会的首领在深山洞窟中悄悄见面商议此事，准备1904年11月在长沙起义，后来由于计划泄漏，他们只好逃往日本。

革命派的另一个根据地是浙江。核心人物是五四运动时担任北京大学校长的蔡元培，他虽中了进士，却对清朝失望而参加了革命运动。1904年10月，他以军国民教育会的暗杀团为母体，

45 黄兴

和日本留学生陶成章等人成立了光复会。光复会受到了尚在狱中的章炳麟和沙俄无政府主义的很大影响，其特点为强烈的反满主义和恐怖主义。而且浙江的加入者多为知识分子，他们抗拒中国科举时代的所谓“读书就能当官”这一常识，革命成功后淡泊功利，不追求荣华富贵。

蔡元培和陶成章在1907年准备武装起义时被捕，被杀害的女革命家秋瑾也是绍兴出身的光复会成员。出身绍兴的鲁迅也是成员之一。他的小说中描绘的绍兴是安宁的农村小镇，然而这里绝不仅仅是老酒的产地。这些革命团体受到同乡网络支持的这一事实，给运动带来了很大的影响。

中国同盟会的成立

1905年，孙文从欧洲前往日本。这期间孙文在以往的民族主义上，加上了民权主义（建立民国）、民生主义（平均地权即土地所有权），首次提出了“三民主义”。他从日俄战争中日本的胜利，感受到亚洲各地独立运动的势头。而且，通过和留学欧洲的中国学生们的接触，来到日本的他认识到知识分子在革命中所起的重要作用。

孙文到了横滨后立即和宫崎滔天联络，7月29日和华兴会的首脑黄兴、宋教仁、陈天华见面商议联合革命势力。第二天，包括光复会成员在内的七十余名革命人士在东京的内田良平家集合，决定成立全国性的革命组织“中国同盟会”。接着，8月13日黄兴等人召集东京的留学生召开了孙文的欢迎会，一千多名留学生聆听了孙文名为“中国决不会沦亡”的演讲。20日，余热未散时，在中国同盟会的成立大会上，孙文被推选为总理。

46 男装打扮的秋瑾

如今无人会怀疑中国同盟会成立是一件重大的历史事件。然而，正因为重大，那时出现的问题对后世的影响也是重大的。

首先经常被提出的是，三民主义被作为中国同盟会的纲领这一问题。关于民族主义，孙文指出不是像太平天国那样憎恨所有的满洲人，而是为了从统治阶级手中夺回权力。但是加入中国同盟会的许多知识分子都持有强烈的汉族中心思想，辛亥革命后高唱的“五族共和”口号也有浓郁的蔑视少数民族的同化政策的色彩。

其次，在民生主义中关于土地所有权的平均问题上，是由于孙文在欧洲时对资本主义社会中的贫富差距感到疑问而提出的，并没有得到人们的理解。另外，中国同盟会的外交方针中承认之前中国和列强签订的条约均有效，并保护外国人的既得权益。本来的意图是为了排除推进革命时列强的干涉，其结果却使反对列强侵略中国的姿态弱化。

中国同盟会中的孙文

刚成立的中国同盟会还面临着其他的难题，即认定孙文为何种领袖，以何种方针来策划多种革命势力的大团结。

当然，从革命运动的经验而言，无人胜过孙文。然而孙文也被评价为“失败的英雄”，也就是屡次发动起义均遭受失败，却不放弃革命。因此，中国同盟会特意召开了孙文的欢迎大会，强调他是难得的领袖。宫崎滔天等孙文的铁杆拥护者们甚至怀疑道：“革命成功的话，先生（孙文）要当皇帝吗？”

而孙文也有作为“世界有名的革命家”的自尊心，行为独断。这一点体现在 1907 年发生的关于中国同盟会会旗的内部纠纷，黄兴提议效仿均分土地的井田制的理想，采用“井字旗”。

然而对孙文而言，革命的象征只能是陆皓东制作的青天白日旗。孙文与黄兴发生了激烈的争执，怒道“仆在南洋，托命于是旗者数万人，欲毁之，先摈仆可也”，而黄兴则一怒之下宣布要脱离中国同盟会。

然而这种现象并不仅仅出现在孙文身上，洪秀全也被称为“天王只说天话”而听不进别人的意见。即使是年轻时就接受欧式教育、树立“从前是英雄革命，今后是国民革命”这一理想的孙文，宋教仁仍评论他为“（孙文）做事近乎专横跋扈，有令人难堪处故也”，未能脱离中国自古而来的专制帝王的传统。

寻求救国之路

梁启超和中国同盟会的论战

1905年11月，中国同盟会创办了机关杂志《民报》，致力于宣传革命理想。核心人物是孙文新的助手胡汉民、之后在国民党内部的权力斗争中失败、建立傀儡政权的汪兆铭（字精卫，本书均作汪精卫）、陈天华等人，不久后出狱的章炳麟也作为主笔加入。

《民报》最大的竞争对手是梁启超主导的《新民丛报》。1906年，梁启超发表了“开明专制论”，认为现在的中国国民没有能力实行议院政治，只有日本成功的开明专制才适合，于是两者之间开始了争论。而且，梁启超还主张，反满革命只是一种报复，如果发生内乱会招致列强瓜分中国。

对此，《民报》反驳道，民族革命是对实行专制统治的清朝的反抗，在不指望他们进行改良的现实下，除了革命以外没有其他办法可以改变社会。比起列强，中国国内争夺霸权的各种势力更可能使中国分裂，为了防止这种现象，只能“通过革命创建国民政府”。

就在君主立宪派和革命派的论战相持不下时，由于梁启超把重心转移到政治活动上而不了了之。然而，由于这场论战，创刊时只有三千份发行量的《民报》增长到四五万份，直到1908年被日本政府禁刊时，《民报》一直都拥有大量的留学生读者，起到了宣传革命的作用。

中国同盟会的路线对立与内部纠纷

除此之外，革命派还进行了很多争论，其中产生严重对立的是围绕中国同盟会内部的革命战略的争论。

如前所述，孙文提倡首先争取故乡两广地区独立的边境革命论，然而来自出生在长江流域的人们组成的华兴会、光复会的成员们却表示反对。理由是两广地区太靠近南部，即使在这里建立政权也不会有太大的影响力。而且，接近香港和法属印度支那等列强殖民地，如果发生事件的话会成为侵略的借口。

反对两广革命的人所提倡的革命计划则看重长江流域、特别是重视作为战略据点的武昌。事实上，太平天国占领武昌后，在长江下游的南京建立首都并发展为全国运动。最后辛亥革命的实现也验证了这一计划。起初长江革命论就带有强烈的反对孙文独断专行的意味，1907 年长江上游出身的同盟会会员一百人在东京成立共进会后，形成了独立行动的性质。

当时还出现了以北京为中心的首都革命论。这一革命计划是基于法国等欧洲革命发生在首都这一事实上的，然而在警戒森严的北京革命派难以展开活动，而革命领导者也不能期待市民的起义，取代它的策略是对要人们实施暗杀来搅乱首都。1905 年 9 月，成员之一的吴樾在北京站向准备出发前往外国考察宪政的清朝五位大臣投掷炸弹。然而这一行动虽然很大地影响了一部分年轻知识分子，却没有成为社会变革的催化剂。

中国同盟会的路线对立表面化，体现在 1907 年 3 月孙文迫于清朝压力离开日本这一内部纠纷上。起因是日本政府寄来饯别的资金，以促使他主动离开日本。孙文把一部分用作《民报》的经费，剩下的全部投入到5月以后广东发动的武装起义。

然而孙文的这一行为，被反对边境革命论的同盟会成员们视为自作主张。尤其是孙文汇报的金额少于实际到手的金额一事暴露后，章炳麟和宋教仁指责他被日本政府收买。章炳麟在盛怒之下撤掉了《民报》社张贴的孙文照片，并要求他辞去中国同盟会总理一职。他还印刷了批评孙文的宣传册在东南亚散发，1910年和陶成章恢复了光复会。孙文与黄兴等人在河内、新加坡继续开展革命活动，中国同盟会却由于内部纠纷而陷入了分裂的局势。

光绪新政和张謇的立宪改革

孙文等人在海外开展革命活动期间，清朝也并不是纹丝不动。义和团战争后的1901年，首次乘坐火车回到北京的西太后和洋务派官僚张之洞开始着手被称为光绪新政的改革。这场改革的中心是行政组织的改编、军队近代化、产业振兴和培养人才的教育制度的改革，其实质是两年前自己亲手扼杀的变法运动内容的复活。

光绪新政取得的最大成果就是正规军的近代化，由六个师团组成北洋新军。中心人物是李鸿章的部下，带领德式部队武卫右军的山东巡抚袁世凯，由于义和团战争曾是对手的军官或战死或受罚，袁世凯一肩担负起军队近代化的任务。1901年李鸿章死去，袁世凯作为其后任受命署理直隶总督兼北洋大臣，成为清朝政府最大的实权者。

创办新军时，袁世凯禁止虚报兵力和中饱私囊，进行了严格的训练。他还将西太后赏赐的四千两白银分给将士，不忘施以恩惠。因此，新兵对袁世凯忠诚到“知道袁而不知道皇帝”。光绪帝从戊戌变法后便受到囚禁，痛恨背叛变法派的袁世凯。但是，新政的军制改革，反而强化了掌握清朝命运的袁世凯的政治资本。

另外，在产业、教育振兴和政治改革领域取得成果的是张謇（江苏南通人）。他出生在农家，1882 年作为淮军幕僚奔赴朝鲜任袁世凯的教师，后谴责袁的投机主义而与其绝交。1894 年张謇参加进士考试中了头名状元，却由于父亲之死未任官职，返回故乡致力于地方社会的发展。

南通位于长江北侧，从以苏州为中心的江南先进地带来看属于贫穷的“江苏省边境”。1896 年张謇与署理两江总督张之洞会面，受委托设计棉纺织工厂。他立志“实业救国”，在南通的唐家闸建立了大生纱厂。

这家工厂是不依赖外国资本的民族资本企业的先驱。采取由当地精英主导的“绅领商办”的经营方式，排除了官僚的中间剥削这一洋务企业的缺点。数年后经营稳定，张謇又开垦黄海沿岸的荒地种植棉花。1902 年，他又倡导“教育救国”，创办了通州师范学校，还成立小学和中学，致力于教育的普及。

1903 年 4 月，张謇访问日本，考察了大阪劝业博览会等各地的产业、教育设施。他对北海道的开拓非常感兴趣，看到山东出身的中国农民在札幌取得成功而深受感动。张謇在教育方面还关注小学和幼儿园等的初等教育，还和关照中国留学生的嘉纳治五郎见面。

47 张謇

张謇访日后痛感要杜绝中国的“病根”必须刷新政治体制，实现宪法基础上的议会政治。1904 年 6 月，张謇翻译日本宪法提交朝廷，并和张之洞商量撰写请求制定宪法的奏章。另外，他还寄信给兼铁路、商务、电政等大臣统治中央政界的袁世凯，劝他“实现君主立宪制成为中国的伊藤博文”。

对此，清朝派出五位大臣前往欧洲、日本考察宪政，1906 年 9 月以“永久稳固君权”为目标开始准备制定宪法。张謇在上海成立预备立宪公会，要求早日制定宪法，1907 年，清朝成立了咨询机构资政院（中央）和咨议局（地方）。1908 年 9 月，公布了参考日本明治宪法制定的宪法草案《钦定宪法大纲》，规定九年以内召集国会。

以张謇为领袖的立宪派表面上似乎取得了成功，但却突然遇到了变化。1908 年 11 月，光绪帝和西太后相继去世，支持新政的政治权力变成空白。之后立宪派虽然继续活动，清朝首脑内部却无人能替代平衡感超群、掌权把舵的西太后。他们把早期开设国会和要求实施内阁责任制的立宪派的举动看做是汉族地方精英夺取权力的计谋，1911 年 5 月成立了以满族人皇族、贵族为中心的皇族内阁，使人们深感失望。关系到清朝存亡的光绪新政就此失败。

清帝国的黄昏与辛亥革命

宣统帝溥仪的生平

现在我们来看看本书的另一位主人公——末代皇帝，即宣统帝溥仪。他原名叫爱新觉罗·溥仪，生于1906年。其父是光绪帝的弟弟醇亲王载沣，其母是戊戌变法中镇压变法派、得到西太后信任的荣禄之女。

根据后来溥仪描写传奇人生的自传《我的前半生》所述，他的出生缘于西太后强烈的意志。义和团战争后载沣作为谢罪使节前往德国，作为皇帝的弟弟受到尊重，这一点使西太后感到不安。为了安全她决定让载沣和自己的忠臣荣禄联姻。也就是说，溥仪是宫廷司空见惯的政治婚姻的结果。

和电影《末代皇帝》中描绘的场景一样，溥仪只见过西太后一次。1908年11月，七十四岁的西太后患赤痢病倒，13日指定两岁的溥仪为皇太子，命令载沣为摄政王。面对突然的圣旨全家惊慌不已，溥仪立即随乳母进宫参拜西太后，由于怯场哭泣，西太后感到非常不快。

11月14日光绪帝驾崩，关于死因有各种猜测。前些天只是感冒，服药后病情反而恶化。有人说“毒杀”他的犯人是另有拥护皇帝计划的袁世凯，也有人说是不允许皇帝比自己长寿的西太后。溥仪继位后西太后作为太皇太后隐退，仍旧可以随意操纵载沣。15日，西太后也离开了人世。

西太后死后半个月的12月2日，举行了宣统帝即位大典。新皇帝坐在寒冷的太和殿上，接受文武百官没完没了的叩头朝拜，后来终因无法忍受而大哭起来。其父拼命安慰道："不哭不哭，马上就完了。"听到这话的大臣们都议论这是不是暗示了王朝的前途。

作为一个人来说，溥仪可以说是在孤独和虚伪的环境中长大的不幸孩子。他从懂事起就没有体会过父母的温情。而且作为皇帝度过的日子里，幼小的心灵滋长了唯我独尊的自我意识。

例如，有一天，溥仪和弟弟溥杰玩捉迷藏，看到溥杰的袖口上使用了象征皇帝的黄色，突然发怒。溥杰一下子退回到臣子的身份，其妹不禁哭了起来。溥仪回忆自己经常虐待太监，乳母教给了自己做人的道理。刚才提到的孙文的独断态度也是这一体现，可以看出中国社会的压抑体制重新产生了专制君主。

宫廷内奢侈的用餐也象征了皇帝生活的虚伪与浪费。溥仪的饭桌上总是摆有三十多种菜，西太后则有一百多种，需要半天到一天的时间准备。这些菜都事先由太监品尝确认无毒，然后排成队拿到皇帝面前，他却从来没有自己拿筷子夹过菜。实际上，皇太后们吩咐自己的厨子做好饭后送到溥仪处。所谓"满汉全席"也是显示皇帝的用餐规格。

48 溥仪（右）与父亲醇亲王载沣和弟弟溥杰合影

摄政王政治与铁路国有化问题

溥仪在自传中写道："我糊里糊涂做了三年皇帝，又糊里糊涂退位。"他眼里的父亲载沣虽是摄政王，却优柔寡断。

宣统帝父子面对的政治问题是，对握有强大实权的袁世凯的处置。西太后1907年把袁世凯编入军机处，试图取消他的北洋新军的统率权。载沣想为其兄光绪帝报仇杀掉袁世凯，而与袁关系密切的庆亲王奕劻威胁说，"北洋军造反怎么办"。张之洞为了阻止他，想尽办法，最后以腿病为由让袁世凯返乡。

1910年3月中国同盟会会员汪精卫潜伏在北京，计划暗杀载沣。行动未遂，皇族善耆善待被捕的汪精卫，被暗杀的对象载沣也赦免他为无期徒刑。实际上，日本给他们施加了压力，不承认汪精卫死刑，因此最终也未能将其处死。

载沣的政治连续经历了劳神和失败，各地又不断发生抗税和抢米暴动。当然，这些多是甲午战争、义和团战争的赔款与光绪新政下入不敷出所造成的结果，并不都是他的责任。载沣等人犯下的致命失误，其实是刚才提到的皇族内阁的成立和铁道国有化问题。

早先张謇等民族资本家们，在抵制美货运动的民族主义高涨的形势下，展开了从列强手中夺回被掠夺的铁路主权和矿产主权的收回利权运动。其代表是1904年美国转卖给比利时的粤汉线（广州—汉口）修建权，沿线地区的精英们与湖广总督张之洞合作，1905年8月以675万美元购回。之后又继续努力回收各地的铁路修建权和矿山开采权，各省都成立了民营的铁路公司。

可是，皇族内阁邮传部大臣盛宣怀上任后，1911年5月，推出了干线铁路国有化的政策。目的是以铁路修建权作为担保从外国贷款，加强中央政府对地方自治势力的控制。特别是刚刚回收的粤汉线和川汉（成都—汉口）被纳入其范围时，湖南、广东、湖北等地的股东和学生们召开集会要求继续民营。

其中四川的反对运动尤为激烈。6月，成都召开了川汉铁路公司的股东大会，2000余名参加者大骂盛宣怀是卖国贼，打出“保护铁路”的口号成立了四川保路同志会。8月，清朝强行接收铁路公司，保路同志会举行罢工，并拒付租税予以反抗。9月7日，四川总督赵尔丰拘留了保路同志会和铁道公司的首领们，并对来到成都总督衙门示威、要求释放被拘者的一万名群众开炮。

这种忤逆人们感情的强压性态度，结果使原本勉强支持清朝的立宪派也走上了革命派的道路。收回利权运动由原本针对列强的民族主义浪潮，开始转向清朝。

同盟会中部总会与武昌起义

四川的保路运动中有数名来自中国同盟会的成员。他们乘此机会开始准备武装起义，8月在资州与哥老会的首脑建立了保路同志军。9月，成都事件发生后，他们把消息写在大量的木片上，涂上桐油放入河中，顺水漂流，通过这种“水电报”的方法呼吁起义。各地的哥老会与此呼应，四川陷入了内乱状态，然而保路同志会却未能占领成都。

这时，坚定的革命派孙文仍旧在两广边境重复着鲁莽的起义。特别是1911年4月广州的黄花岗起义，是中国同盟会成立以来最大规模的事件，并有占领两广后进军南京、北上攻占北京的“北伐”计划。然而起义前计划泄漏，当局下达戒严令进行搜索。黄兴率领120多名士兵攻击两广总督衙门，却遭到清军的埋伏死伤惨重。

中国同盟会的北伐计划因此泡汤，但是来自南部不同于孙文思想的新时代之风开始吹进长江流域。由于饯别金问题与孙文产生对立的原华兴会的宋教仁等人，1911年7月在上海成立了同盟会中部同盟，独自推行以长江革命论为基础的起义计划。湖北、武汉也设立共进会分会，武昌成立了借文学研究为名的革命团体文学社。文学社对新军将士开展工作，发展了5000名会员。

而5月后湖北受到铁路国有化问题的影响而局势动荡。四川的保路运动演变为内乱后，驻扎在武汉一带的新军部队被调往四川。共进会和文学社9月召开了共同会议，决定在农历8月15日中秋节（公历为10月6日）发动武装起义。之所以选择中秋节这天，起源于元末汉人为推翻蒙古人在这天同时起义、在月饼中藏入秘密信函通知大家的传说。

之后起义的准备未能取得进展，计划延期。10月9日，汉口俄租界中革命派的宣传站发生了制造当中的炸弹突然爆炸的事件。租界警察闻讯出动，没收了革命派名单，并通报了清朝当局。革命派立即准备起义，总司令部却遭到了清朝警察的摧毁，二十余名领导人被捕。10月10日，对革命派的搜查仍在继续，陷入困境的新军将士于晚上7时左右袭击了武昌城里的武器弹药库。武昌起义爆发。

49 武昌起义 升起革命军旗帜的湖北军政府

革命军起义后湖广总督瑞澂迅速逃亡，10月12日清晨革命军控制了武汉三镇（武昌、汉口、汉阳）。然而此时，共进会等的领导人多被杀害或在逃亡当中，宋教仁、黄兴也未抵达武昌。而孙文还在地球另一侧的美国访问，在丹佛的饭店一面吃早餐一面得知了“革命军占领武昌”。他虽然对这场违反自身意愿的革命感到焦急，却仍然继续着为革命筹集资金的旅途。

袁世凯重新上台与清朝灭亡

这场领导人缺席的起义获得了成功，革命军在10月11日开始准备成立湖北军政府。他们推选新军协统黎元洪为掌管民政、军政的都督，曾是立宪派机关的湖北谘议局议长汤化龙为政务部长。军政府宣布从清朝独立，进一步扩大革命军队伍，并向汉口的外国领事们说明革命的目的，以保护列强的既得权益为条件要求他们不得进行武力干涉。

湖北革命成功和独立的消息，立即遍及全国。各地的革命派和新军、秘密结社团体、学生发动起义，10月22日以湖南、陕西为首，到11月初为止共有十三个省先后宣布独立。对清朝失望的立宪派和清朝的地方官员也加入进来，11月11日前往武汉镇压的清朝的海军部队也在九江投靠了革命派。

北京的摄政王载沣，在节节败退的战报前束手无策，这时奕劻提议再次起用袁世凯。当时宫廷有人担心，“袁世凯是第二个曹操”，即像曹操在平定黄巾之乱后灭了东汉一样，袁世凯对清朝来说是个危险人物。但苦于没有其他办法，10月底清朝任命袁世凯为全权钦差大臣，11月废除皇族内阁，任命袁为内阁总理大臣。

袁世凯以军事力量为后盾，开始向南（革命派）北（清朝）双方施加压力。他一面获取张謇等立宪派的支持，一面释放狱中的汪精卫等以增加其在革命派中的拥护者。在长江流域拥有众多权益的英国也给袁以强大的支持，主张以宣统帝退位和袁世凯就任大总统为条件，早日进行南北议和。

12月21日，孙文终于抵达香港，25日在上海受到了热烈欢迎。1912年1月1日，他在南京宣布中华民国成立，并就任临时大总统。然而，就像孙文所说“带回的只有革命精神”，革命政府在欧洲的借款交涉未能成功，临时政府财政陷入困境。加上列强向长江派遣舰队的压力，反孙文派的急先锋章炳麟等人对袁世凯的支持，孙文本人也发表声明“如清室实行退位，宣布共和，则临时政府决不食言，立即可正式宣布解职，以功以能，首推袁氏”。

根据溥仪自传，在他度过的三年茫然的皇帝生活中，有一件事印象最深刻。毫无生气的宫殿里光绪帝的皇后用手帕拭着眼角，前面跪着一个胖老头，流着眼泪。幼小的他不懂两个大人为何哭泣，只觉得不可思议。那位“胖老头”就是袁世凯，那天他第一次提出了宣统帝的退位问题。

溥仪认为袁世凯那时流的眼泪只是表演，证据是此后他再也没有进宫参拜过。朝廷内也有人嚷嚷要彻底抵抗，结果被革命派炸死。位于前线的袁世凯部下也发出电报要求宣统帝退位，一部分新军进入北京城施加压力。御前会议的议题，于是集中到给退位后的皇帝什么样的优待条件上。

2 月 12 日，宣统帝宣布退位。王侯贵族害怕汉人的报复逃往外国公使馆所在的东交民巷，或是逃往天津避难。当天会议上保持缄默的摄政王将溥仪带回家，轻松地说道“从此就好了，我也可以回家抱孩子了”。他的妻子闻言痛哭流涕。

距离太平天国的金田起义过去了六十年，持续了将近二百七十年的清朝终于倒塌了。这不仅只是一个王朝的倒塌，而是从秦始皇时期以来持续了两千年的专制王朝体制的结束。比起过去屡次失败、血流成河的革命运动，清王朝的结束被归纳为自行崩溃应该比较恰当，因为其过于简单地落下了帷幕。历史改变的瞬间也许往往就是如此。

然而一个时代的结束，并不意味着下一个时代的开始，而是处于时代与时代的夹缝之间，黑暗不见天日，看不到出路。孙文亲自宣布成立的“民国”，开始了寻求出路的苦恼彷徨之旅。

第五章

“民国”的考验
——袁世凯政权与日本

中华民国的成立和临时约法

一发暗枪所引发的

1913年3月20日晚，革命派领导人黄兴等人出现在上海火车站。如今他们是依据中华民国暂定宪法的临时约法，实施选举后产生的国会议员。开往北京的火车就要开了，他们从候车室走出来，突然听见一声“砰”的声音。黄兴惊诧地回头一看，发出呻吟声并倒在地上的是在选举中获胜，成为国民党事实上的党首的宋教仁。

紧接着响起了第二声枪响，周围一片混乱。被送到医院的宋教仁虽经手术抢救，却由于子弹穿过背部直达腹部，回天乏术。22日凌晨宋教仁身亡，享年仅三十一岁。不久犯人被捕，其背后的黑手是中华民国临时大总统的袁世凯。

50 被刺杀的宋教仁遗体

51 宋教仁

宋教仁被刺事件，使刚诞生的中华民国受到了沉重的打击。这不仅是失去了一位领导人的问题，而是革命下诞生的新中国在自由主义基础上作为法治国家而成长的可能性，被剥夺了一部分。

此后本书中提到的民国时代，多用分裂和混乱等词语来形容。这段时期各地大小军事势力割据，中央政府无法控制，这和秦始皇出现以前的春秋战国时代甚为相似。但是，正由于这个时代缺乏拥有巨大权力的统一政府，因此有着诸子百家自由活动的氛围。虽然民国时代多给人灰色的印象，然而不能单纯给社会涂上一种颜色，而是蕴藏着各种各样的可能性。

那么，袁世凯为何不除掉中华民国建国之父孙文，而是瞄准了宋教仁呢？为了找到答案，我们来观察一下清朝灭亡的1912年2月，辛亥革命爆发后一年多的历史。

袁世凯就任临时大总统与临时约法

宣统帝退位的翌日，2月13日，孙文向政府请求辞去临时大总统的职务。他履行承诺，推荐北洋新军统帅、清朝的内阁总理大臣袁世凯为后任。孙文给袁世凯就任临时大总统提出了三个条件：(1) 临时政府的首都设在南京。(2) 袁世凯必须到南京就任新总统。(3) 新总统必须遵守临时约法。临时政府批准后，15 日选举袁世凯成为临时大总统。

可是，袁世凯不肯离开自己的势力基础所在地的北京。孙文派遣了特使前往迎接，袁世凯却在北京发动了士兵暴动，以此为借口拒绝前往南京。临时政府无奈只好允许袁世凯在北京就任大总统。

革命派本来就不期待袁世凯能够乖乖地来到南京。可以限制袁世凯独裁的，是宋教仁等人起草的《临时约法》。

《临时约法》开篇为“中华民国的主权属于全体国民”，明确提出了主权在民。第二条规定所有的国民不论民族、阶级、宗教一律平等，并颁布法令废除对广东的渔民疍家等身份的歧视。还保障了言论、出版和集会的自由，比起日本的宪法内容更为激进。

临时约法最大的特征是，最大限度地认可议会权限的议院内阁制。议会由众议院、参议院两院构成，具有预算决定权和制定所有法律的权限。临时大总统也通过议会选举产生，达到投票总数的三分之二才可当选。临时大总统是代表政府“总揽政务”的职务，拥有统率全国陆海军的权限。另外还拥有官吏的任免权和外交权，这些权限不经议会批准不能行使。

议会还规定，“认定大总统有谋反行为时，总数五分之四以上出席，出席者的三分之二以上通过，可以弹劾总统”，拥有弹劾总统的权力。宋教仁想通过法律限制总统权限，来达到控制袁世凯的目的。

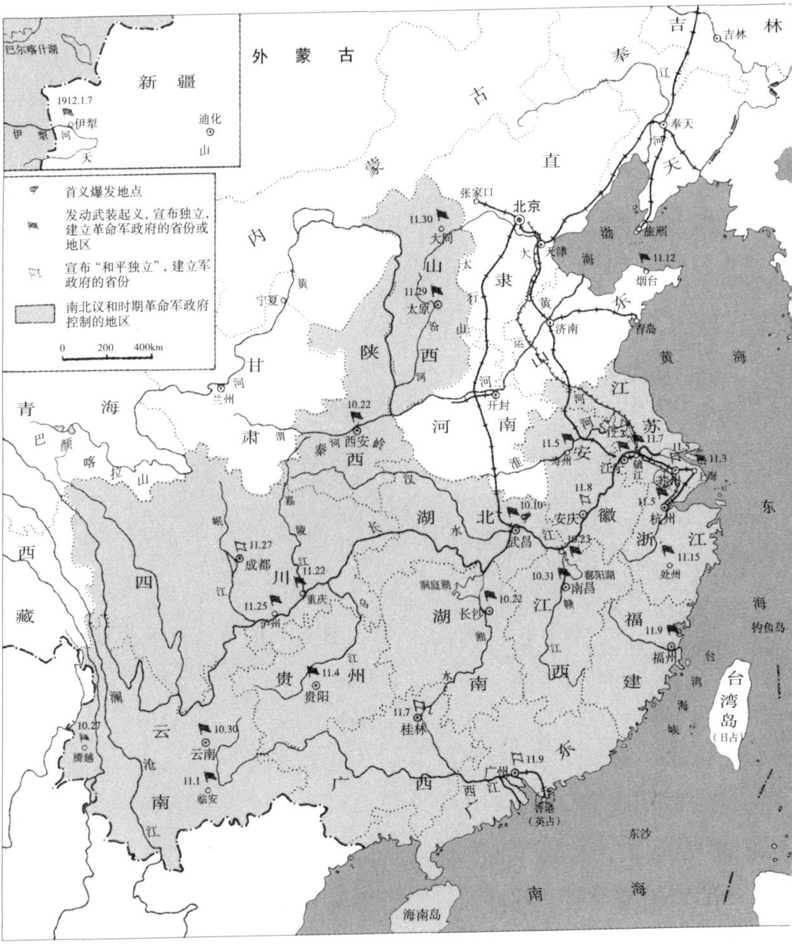

52 辛亥革命形势图（1911年）

可是，孙文对这部《临时约法》持批判态度。其实辛亥革命期间制定的暂定法并不只是临时约法，清朝灭亡前的1911年12月就制作了临时政府组织大纲。临时大总统是参考当时美国的总统制而设立的，对议会的决议事项拥有否定权等巨大的权限。当时与清军作战时需要强大的领导，孙文也从革命伊始就主张有必要实行军事政权下的独裁（孙文的革命理论称之为军政期）。

然而，从中国同盟会内部产生纠纷以来，宋教仁就对孙文的独断专行持怀疑态度。宋教仁在逃亡日本期间进入了早稻田大学的留学生部，翻译各国的创制法律方面的著作，勤奋学习到了神经衰弱的地步。他还从和章炳麟的谈话中痛感到，今后的时代已经不是由一部分英雄通过独裁权力推动革命的时代了。

以法国宪法和美国宪法为基础的《临时约法》，是宋教仁辛苦的结晶。强化议会权限，防止临时大总统独裁等内容，不仅针对袁世凯，还含有抑制孙文的独断专行的意图。由于临时约法否定了革命计划，孙文当然感到索然无味。他在《临时约法》中通过的观点只是国民主权这一原则，并放言称“其他的都不是我的意思，我不负有责任”。

袁世凯的“开发独裁”和地方民族主义

那么袁世凯本人对临时约法的束缚，又是怎么想的呢？此人在本书中虽然已出现几次，这里我们不妨再看看他的出身。

袁世凯是河南项城人。他祖父的弟弟袁甲三率领淮军参与了镇压太平天国的军事行动，为袁世凯的成功作了铺垫。袁世凯非常讨厌索然无味的科举考试，早早就投身淮军，1880 年被派到日中两国争议颇大的朝鲜。李鸿章看中了他的才能，任命他为驻朝鲜总理交涉通商事宜的全权代表，相当于总领事一职。

甲午战争后，袁世凯代替下台的李鸿章接管了北洋军队。他一面强化军队的近代化，一面关心政治，参加了康有为等人组织的强学会。戊戌政变时，袁世凯因通报了变法派的政变计划而被称为“叛徒”，然而由于变法派与他的后台李鸿章对立，因此并不能说这是变节。这一行为其实不如说是袁世凯无论是在义和团运动或是辛亥革命中，都表现出了能够在激烈的政治动乱中嗅出哪一方将会胜利的天赋。

后来与袁世凯接触过的外国人，评价他是具有卓越的记忆力和观察力的“充满敏感的好奇心”的人。后来袁世凯一度下台后又东山再起，然而就像屡次下台却如不死鸟般重生的邓小平一样，不言而喻，在激烈的权力斗争中想保持影响力谈何容易，其成功背后隐藏着官场特有的政治生态。可以说袁世凯并不是一个坚持某一理念或主义的政治家，而是一个冷静彻底地加以判断、进而大胆地采取行动的现实主义论者。

袁世凯的权力基础是新建陆军，这支军队既是中央军、也是袁世凯的私人军队。袁世凯本人也具有地方势力的一面，他在担任山东巡抚时期就曾经拒绝清朝政府的命令，未向天津派出支持义和团的援兵。

义和团时期表现出自立现象的地方官员并不仅仅是袁世凯。他在朝鲜时期的老师张謇就曾私下做工作，使湖广总督张之洞、南洋大臣刘坤一等人签署了与列强和平相处的《东南互保协定》，从而回避了义和团战争带来的负面影响。光绪新政至辛亥革命期间，以省为单位的地方民族主义高涨。反对铁路国有化的保路运动表现为中央和地方的对立，中国同盟会也在同乡网的基础上以当地革命团体为平台而建立起来。

53 袁世凯

地方民族主义对刚诞生不久的中华民国政府也产生了巨大的影响。清代一直都有地方官员不能前往自己出生的家乡当官的本籍回避原则，而宣布独立的各省革命政府则驱逐外地出身的官僚，换之以本省出身者。在制定临时约法时，重视以省为单位的地方政权表现为要求实行美国式的联邦政府制。其代表人物是广东省都督、革命派的胡汉民，他认为中央集权体制容易发生篡权夺位，具有漫长专制王朝历史的中国应该构筑稳定民主的地方政权。

从清末到民国初年出现的这些地方势力的抬头，恰恰表现出边境特别是南方各省出现的重建中华的能量，即推动辛亥革命的原动力。

然而地方独立性的提高和权力的加强，使袁世凯感到了危机。他认为，中国必须要由强大的中央政府来统一，地方政权的强大只会给中国造成分裂和混乱。特别是各省的都督应由中央任命，各省通过议会各自选出首脑的话将滋生出许多独立王国。

国内一旦分裂，将进入各省争夺权势的“战国时代”，而给窥视中国权益的列强创造绝好的机会。

这种中央集权或地方分权的论争，长期以来在中国反复表现为“郡县论”“封建论”等形式。袁世凯的理想是由有行动力、有实力的人建立起权威主义体制，抑制政治民主化的同时推进近代化路线的一种“开发独裁”。孙文的革命理论在追求中央集权上的独裁体制这一点上和袁世凯大同小异，可以看出专制统治在中国社会投下了多么沉重的阴影。

对袁世凯而言，最难对付且危险的存在便是宋教仁。袁世凯与宋教仁的相识可以追溯到1907年。当年宋教仁前往中国东北部进行革命运动，得知日本想要吞并位于中国、朝鲜边境的间岛（今日的延边朝鲜族自治州）。他归纳了一本书为《间岛问题》，讲述了间岛的历史和战略重要性，以及对付日本的办法等。

当日本果然向清朝提出间岛问题时，早就注意到这本书的外务部尚书袁世凯请求西太后赦免宋教仁的罪责，并赋予四品官位让他从事外交谈判。虽然宋教仁谢绝了这一职位，然而他的才能给袁世凯留下了深刻的印象。后来孙文为迎接袁世凯至南京派出了使者，宋教仁就是其中一员。袁世凯拿出20万元企图贿赂他，然而宋教仁分文未动地退回，袁世凯意识到宋教仁是不能用钱来打动的。

1912年3月临时约法成立，为迎接10个月后的议会召开，宋教仁开始组织公开政党。8月，国民党在中国同盟会的基础上成立，孙文担任理事长，实质的首领仍是宋教仁。为了与此对抗，袁世凯联合立宪派和旧官僚结成了共和党，却在12月召开的第一届国会选举中以共和党（175个议席）对国民党（392个议席）惨败。梁启超领导的民主党和章炳麟等人的统一党分别获得了24个议席，后来袁世凯联合该两党和共和党结成进步党，却始终未能动摇国民党单独超过半数以上议席的局面。

这场选举使袁世凯陷入困境，他开始认为多个政党的议会政治会成为导致中国分裂和混乱的元凶。因此他下决心，无论使用什么手段，都要除掉威胁到大总统权力的宋教仁。

二次革命与袁世凯政权

孙文访日及日本对辛亥革命的反应

宋教仁遇刺时，孙文并不在中国。他自1913年2月开始以国宾的身份在日本访问，暗杀事件前一天的3月19日正在旧友宫崎滔天的老家做客。辞去临时大总统的孙文正在筹划培养产业关键的铁路建设计划，这次的访日目的之一便是建设费的贷款谈判。孙文到达日本后会见了许多政府要员，其中最一见如故的是缔结日英同盟的关键人物桂太郎。

建立亚洲最早的共和国的孙文和藩阀政治家桂太郎这一组合，在我们看来显得很不谐调。然而两人的会谈曾多次超过了

15 个小时。会谈内容让人惊诧，包括今后日本不侵略中国，两国合作实现亚洲的和平，日本与德国缔结同盟关系，和中国采取相同步调来对抗英国等。同年 10 月桂太郎死去，孙文惋惜道："从此，日本再没有能一同谈论天下的政治家了！"

实际上，桂太郎由于 2 月政变（第一次护宪运动）被赶下首相的宝座，他的发言并不代表政府的立场。辛亥革命爆发后，日本政府刚开始一边拥护清朝一边致力于建立君主立宪制。不久南北势力对峙，日本虽然向革命军提供了武器援助，却始终犹豫是否应该承认南京临时政府。当支持袁世凯的英国掌握了对华交涉的主导权后，日本在 1912 年 7 月缔结了第三次日俄协定，与沙俄分享在内蒙古的权益。

虽然日本政府未对辛亥革命提出明确的方针，但是民间却有一部分人士支持革命，并参与了革命。其代表是出身于日本高知县的萱野长知，他受梅屋庄吉之托带着七万日元的资金前往中国，在汉阳参加了黄兴率领的革命军。头山满也组织了支持革命的团体"有邻会"，作为"二二六"事件黑幕而被处刑的国家主义者北一辉也和宋教仁参加了南京保卫战。孙文评价他们道："虽然日本政府反对革命，民间却给予了同情。"

当然，日本的民间人士并不都是革命的同情者。想在中国大陆扩张日本权益的大陆浪人川岛浪速，在清朝灭亡时协助肃亲王逃到旅顺，又策划将满族故乡的中国东北部和内蒙古从中国独立出来，置于日本势力之下。第一次满蒙独立运动由于计划泄漏而中止，1916年再次被发起。

54 川岛芳子

川岛浪速把肃亲王的第十四个女儿收作养女，她就是被称为“东方玛塔·哈丽”的川岛芳子，曾作为日本特务活跃于1932年的上海事变，在电影《末代皇帝》中也有出现。当时沙俄试图从中国分离出外蒙古（现在的蒙古人民共和国），英国也窥视着西藏。川岛芳子主张日本应与欧洲列强对抗，扩大其在满蒙的势力，进而“保全东亚”，企图将侵略行为合法化。

善后大贷款与二次革命

孙文得知宋教仁被暗杀的消息后急忙赶回国内。1913年3月25日孙文抵达上海后，召开了国民党干部会议商量对策。当时有人主张武力讨伐袁世凯，但会议决定暂时由国民党占据优势的议会来追究袁世凯的责任。

4月，议会召开，袁世凯与国民党发生了激烈冲突。其焦点是英国、法国、德国、沙俄、日本五国银行团的总额2500万英镑的善后大贷款，为保借款顺利进行，盐税收入将作为担保置于外国的支配之下。国民党认为这笔贷款会导致列强的侵略，且会强化袁世凯的个人权力因此表示反对。袁世凯没得到议会的同意就签署了条约，议员们强烈谴责袁世凯的违法行为。

袁世凯也没有保持缄默。他利用贷款得来的财源，开始收买议员脱离国民党。平均每人超过一万元，不接受贿赂的议员则面临着威胁和阻碍。街上的书店里摆满了出自政府官员的中伤孙文的书籍，在苦闷的气氛下很多议员都开始动摇。

紧接着6月，袁世凯解除了广东都督胡汉民、江西都督李烈钧等三位革命派都督的职务，向国民党进行挑衅。此时黄兴仍主张应根据法律来弹劾袁世凯，孙文则坚持要进行武装起义。7月12日，李烈钧接受孙文的指示，设立了讨伐袁世凯司令部，宣布江西独立。之后，江苏、安徽、广东等南方七省分别独立，议会也宣布和袁世凯划清界限，第二次革命爆发。

然而和袁世凯的武力决斗，正中了拥有强大军事力量的袁世凯下怀。袁世凯称孙文等人是破坏国家统一、扰乱地方治安的"乱党""暴徒"加以镇压。这次未能出现孙文期待的、武昌起义时的连锁反应。人们对徒有虚名的议会和贿赂横行感到失望。起义军仅维持两个月就败退，孙文、黄兴等人经由台湾逃往日本。

袁世凯政权与其特质

袁世凯除掉了反对势力后，开始着手建立自己的政治方式下的中央集权体制。他首先瞄准的是就任正式大总统。1913年10月，在袁世凯动员的社会组织包围下，议会被迫"选举"他为正式大总统。11月，袁世凯下令解散国民党，剥夺了剩下的国民党议员资格，使得议会丧失了功能。1914年1月，他又解散了议会，中国历史上第一个民主议会不到一年便宣告夭折。

接下来袁世凯瞄准的是，废除辛亥革命的伟大成果《临时约法》。1914 年 3 月召开了宪法修改大会，5 月公布的中华民国约法大幅度地扩大了总统的权限。取消内阁设立国务卿，由袁世凯的同乡进士、与他结拜兄弟的师爷徐世昌担任。议会原本设立了立法院，但却未能召集。大总统的咨询机构参政院成为事实上的立法机构，它按照袁世凯的意思把大总统的任期改为终身制。

55 辫子将军张勋
56 民国初期，剪掉百姓辫子的革命军士兵

袁世凯又缩小了独立性加强的地方权限，彻底实行中央集权。最初他想废除各省，分成几个小的行政单位，却未能实现。随后又派遣文官巡按使，目的是从军事上限制改称为将军的各省都督的权限。他还定期命令将军们暂居中央，将其兵力定为国军，并加强了中央对地方财政的干预。然而这些措施，都未能完全掌握地方的军人势力。

袁世凯政权下的中国，可说是传统与近代交错的时代。象征这一点的是镇压第二次革命的张勋，他虽是中华民国的武官，却为了表明对清朝的忠心不允许部下剪去长辫，被称作长辫将军。袁世凯在内政上采取了缩紧财政的措施，虽然没有卓越的成果，却热心于普及初等教育，从这一点上不能将他完全视作反动政治家。

毫无疑问，袁世凯为了实现自己强有力的国家理想而不择手段，暗杀、贿赂、恐吓横行。1913 年 7 月袁世凯发布戒严令，对稳健派的地方精英们也不时加以镇压。然而他最致命的错误是向通过革命滋生起来的、使中华世界得以重生的社会能量泼下了冷水。宋教仁等人为实现议会政治，行为难免操之过急，而袁世凯却从这种混沌的情况中感觉到了“亡国”的恐怖。

中华革命党与孙文

1913 年 8 月，孙文逃亡到日本，日本政府表现出冷淡的态度，与半年前的欢迎姿态截然相反。首相山本权兵卫担心与袁世凯和英国的关系恶化，劝说孙文前往美国。孙文却认为只有在日本才能图谋东山再起，向头山满、犬养毅等人求援。他们说服山本，如果现在把孙文控制在日本手中，对日本的对华政策有利无害，从而争取到了入境许可。此后孙文在日本展开了两年零九个月的革命活动。

1914 年 6 月，孙文在东京成立了中华革命党。在二次革命的失败问题上，他不承认是由于自己主张与袁世凯武力对决的错误造成的。他反而认为，宋教仁推行的国民党议会政治，导致许多谋求名利的猎官分子进入党内，从而丧失了革命精神。因此，他要求中华革命党的党员宣誓，“牺牲一身的生命、自由、权力，遵从孙先生重振革命”，也就是要求绝对服从于自己。孙文试图通过成立宣誓对己忠诚的精锐集团，来继续革命。

57 孙中山与宋庆龄　摄于神户

对孙文的这种独裁方针，旧友们表示反对。特别是黄兴，他批评孙文回到了中国同盟会以前的武装起义路线，是“脱离常轨的行动”，今后应吸收超越党派的广大人士。1914 年，黄兴为营造反对袁世凯的舆论，成立了欧事研究会，在东京和上海发行了杂志《甲寅》。其成员中包括后来创建中国共产党的陈独秀和李大钊，翌年的 1915 年，陈独秀创办了闻名的《青年杂志》（第二期改名为《新青年》），点燃了新文化运动的导火线。

然而，拘泥于自己的革命方式的孙文，被称作“会党（秘密结社）中毒”，未能接受这些批评。他甚至批评黄兴的软弱导致了第二次革命的失败，黄兴大怒之下，1914 年与孙文分道扬镳前往美国。李烈钧也认为绝对服从孙文实为耻辱而未加入中华革命党，革命运动彻底分裂。独裁的诱惑这一中国专制王朝的流毒，不仅吞噬了袁世凯，也吞噬了革命派组织。

此时倍感孤立的孙文心有所属，对方是广东出身的实业家宋嘉树的次女宋庆龄。宋嘉树原是孙文的崇拜者之一，长女宋霭龄曾任孙文的秘书。1914 年秋，从美国留学归来的宋庆龄到日本看望姐姐，孙文对边弹钢琴边唱歌的她一见钟情。周围的人都反对年纪相差二十七岁的两人结合，然而他们的意志坚定，事实上婚后的二人也非常恩爱。

1915 年 10 月，孙文和宋庆龄在东京的梅屋庄吉家中举行了婚礼。日方参加的有宫崎滔天、犬养毅和头山满等人，中方参加的只有孙文的心腹陈其美，未见其他同志的踪影。当时，无人能够预测到，后来宋庆龄作为孙文夫人将致力于挽救中国的危机。

第一次世界大战与“二十一条”要求

第一次世界大战与日本占领青岛

1914 年 6 月 28 日，这次轮到全世界为一发暗枪而震惊。被称为“欧洲火药库”的巴尔干半岛上的城市萨拉热窝，发生了奥匈帝国皇太子夫妇被暗杀的事件。凶手是沙俄援助下的塞尔维亚王国的青年，7 月奥匈帝国对塞尔维亚宣战。这场战争发展为奥匈帝国、德国、意大利参与的同盟国和沙俄、英国、法国主导的协约国之间的冲突。第一次世界大战爆发。

大战爆发的消息传到日本，元老井上馨认为这场战争是上天赐予的机会，乃“大正新时代的天佑”。他向首相大隈重信提出要求，日本应与协约国团结以确立日本在亚洲的权益。政府也以外相加藤高明为中心加强了战争倾向，8月日本以“日英同盟之谊”对德国宣战，攻击目标放在了德国在山东的据点青岛。

虽然英国要求日本进攻远东的德国舰队，但出于对日本的警惕，并不希望其参战。袁世凯政权担心战火波及中国，宣布中立并禁止在中国领土内发生战争行为。然而日本举出在中国领土上交战的日俄战争的例子，胁迫中国承认德国租界以外的山东东部为交战区域（中立除外地）。中国政府被迫承认后，9月，29 000名日军登陆，远远超出了约定的地区继续西进，占领了直到省会济南的山东铁路全线。

11月，日军攻陷青岛，留下了约七千名防守部队继续占领山东。日本对德国的最后通牒宣称“将所有租借地返还支那”，却迟迟不肯放弃除南满铁路外的在中国首次获得的铁路权益。中国对日本的反感情绪高涨，而袁世凯则为了请求日本政府镇压孙文的革命运动而迟迟不动。犬养毅等人以孙文有利用价值为由争取他留在日本的努力成果，以这种讽刺的方式得以实现。

“二十一条”要求与中国

在加藤高明外相的指示下，1915年1月18日，驻中国公使日置益全然不顾正规的外交途径，直接向袁世凯提出了由五项条款构成的秘密要求。这就是历史上臭名昭著的“二十一条”，其内容如下：

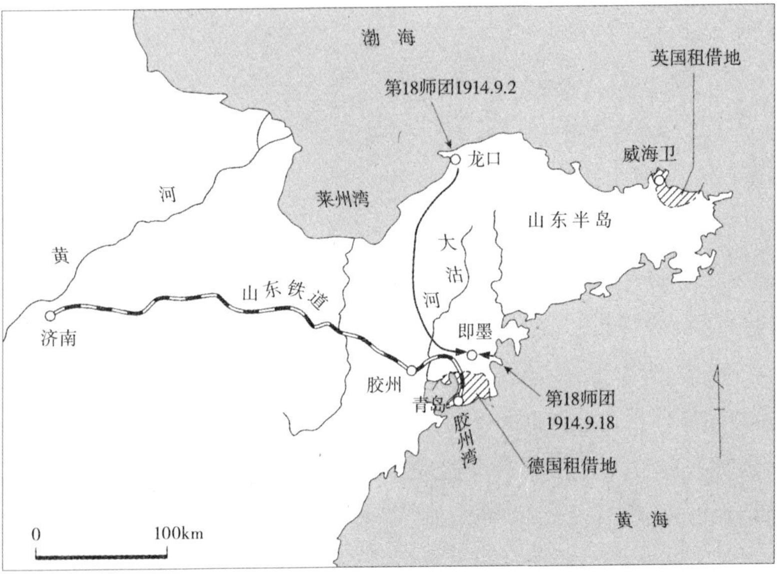

58 日本占领山东（根据中央公论社《日本的近代 4“国际化”进程中的帝国日本》绘制）

第一号　日本继承德国在山东的权益，开放主要城市。

第二号　扩大日本在南满和内蒙古东部的权益。将旅顺、大连和南满铁路的租借期限延长九十九年，承认日本人在这些地区的自由居住和商业活动、房地产的取得权、矿山开采权等。

第三号　将横跨湖南、湖北的钢铁联合企业汉冶萍公司改为中日合资。保全其资产，特别是大冶矿山的开采权，确保向日本八幡制铁所的铁矿石供应。

第四号　保全中国领土，不转让、租借沿海的港湾和岛屿。

第五号 希望条款（1）中央政府聘请日本人为政治、财政、军事顾问。（2）所需地方警察由中日共同提供，或是雇佣多数日本人为警察。（3）兵器由日本供给，或建立中日合资的兵器工厂。（4）将武昌、南昌、杭州等华中各城市与华南潮州连接的铁路修建权赋予日本。（5）福建的铁路、矿山、港湾承认日本的优先权。（6）承认日本人的布教权。

其中第一至第四号是扩大在中国的权益，而第五号则是将中国政府置于日本的监督之下，变为保护国，两者差别甚大。第五号即使按照当时的国际准则来看，内容也荒唐至极，可以看出，加藤高明企图蒙骗列强，提出这并非“要求”而是“希望”的条款，一旦败露后，日本可以以此作为借口。

当时的日本政府，在是重视日中间的合作、还是重视与欧美的协调问题上虽有分歧，却始终坚持其外交政策应以中国必须依赖日本作为基础。加藤本人也对驻日的中国大使说过：“贵国真的相信不借助日本的力量，就可以收回德国的（胶州湾）吗？”出身记者、战后成为日本首相，促进与中国交流的石桥湛山，在提倡“小日本主义”的《东洋经济新报》上基于自由主义、和平主义的观点明确表示反对“二十一条”，除此之外，日本国内舆论基本上都追随了政府的方针。

20世纪初，中国民族主义高涨，颇具代表性的收回利权运动成为辛亥革命成功的重要条件。然而，日本人对这种变化的

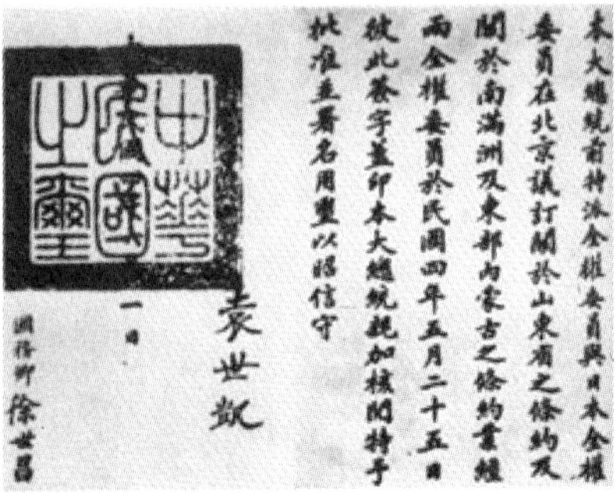

本大總統前特派全權委員與日本全權
委員在北京議訂關於山東省之條約及
關於南滿洲及東部內蒙古之條約暨換
兩全權委員於民國四年五月二十五日
敘此簽字蓋印本大總統親加核閱特予
批准並署名用璽以昭信守
中華民國之璽
袁世凱
國務卿徐世昌

59 袁世凯批准“二十一条”的文书

理解不足，认为中国没有国家和公的观念，中国人只想到自己的切身利益，因此日本保全中国才能实现亚洲的和平，未能脱离僵化的亚洲主义。“二十一条”就是这种僵硬的中国观的产物之一，这使得原本对日本抱有好感、立志参考日本模式进行改革的中国知识分子们，从此走上了与日本决裂的道路。

中国政府对这一无理要求感到愤怒，1915 年 2 月开始谈判，进行了顽强的抵抗。举行了二十五次正式会议，此外还协调了二十余次，在此期间外交部总长陆徵祥等人向全世界转达了第五号的内容，想引起反对舆论。最初列强持观望态度，4 月中旬后美国开始反对日本顽固的做法，英国也做出同样的反应。中国也对第五号贯彻了拒绝的姿态，5 月 4 日，谈判破裂。

5 月 7 日，日本向中国发出最后通牒，如果在 5 月 9 日下午 6 时前不接受除第五条的所有要求外，将采取军事行动。此时，中国山东、南满的驻军，再加上各增加的一个师团，总共有 6 万名日军。日本还下令在华日本人回国，摆出了临战的姿态。而袁世凯自大战爆发以来未能获得列强的援助，不具备与日本作战的力量。他判断无法得到英美两国的有力干涉后，接受了最后通牒，6 月，条约被批准。

反日民族主义的高涨

在此过程中，袁世凯由于国内外高涨的反日民族主义，受到了沉重的打击。日本侵略山东后，东南亚的华侨开始进行抵制日货运动，虽然袁世凯发出禁令，却仍然波及全国。1915年，在日本的中国留学生提出抗议全体回国，国内也掀起了筹集采购与日本作战的武器资金的爱国储蓄运动。

“二十一条”被承认后，5月7日和9日这两天成为国耻纪念日，各地举行了不忘“民族耻辱”的示威和集会。其中也有对高唱建立不受外压的强大国家、建立独裁政权却未能抵抗侵略的袁世凯的失望和批判。

受到民族主义高涨的影响，袁世凯的政治对手开始威胁到他的权力。首先是进步党的梁启超，以及他的弟子、推动第三次革命的主要人物云南省都督蔡锷，在参议院上追究袁世凯在日本占领山东问题上的责任。然后是二次革命逃往海外的黄兴、李烈钧等旧国民党势力，他们一面反对独裁，一面发表声明要采取一切能够救国的行动。

袁世凯受到打击的是原属自己部下、代表北洋军内两大派军阀的武将、江苏省将军冯国璋（直系）和陆军部总长段祺瑞（皖系）。他们二人先后要求袁世凯采取断然的行动。其中段祺瑞要求拒绝最后通牒，袁世凯反驳道：“确实接受是屈辱的，但是除去第5条，中国不至于灭亡。”让人没有想到的是，这些来自对手们的压力，反而使袁世凯加快了走向夺取权力的道路的步伐。

袁世凯最大的政敌孙文，由于身处侵略当事国的日本而备受打击。“二十一条”要求被提出时，孙文认为丧失了重大权利，特别是第5号使中国陷入了与1910年因日本侵占而沦为殖民地的朝鲜同样的境地。孙文想以此制造打倒袁世凯的舆论，指责“二十一条”的要求实际上是袁世凯提出的，目的是争取日本的支持从而获得皇帝的地位。

亡命日本的孙文为了获得对革命的支持，与板垣退助、涩泽荣一等政界财界的要人和军部人士频繁接触。“二十一条”要求的交涉仍在继续的1915年3月，孙文对外务省秘密提交了与日本民间人士签署的《中日盟约》。

《中日盟约》由十一条构成，内容包括为共同作战中国军队使用和日本军队同样的兵器、弹药，中国军队和中国政府主要聘用日本人等，与“二十一条”要求非常相似。孙文在建立中华革命党时，从三民主义中删除了民族主义，依赖外国支持的国际派革命方式，低估了日本帝国主义的野心。

这份《中日盟约》向日方暴露了革命派的窘状，与孙文的意愿相反，这给日本在“二十一条”要求的谈判过程中提供了筹码。被称为卖国贼的袁世凯也转而反击，宋霭龄的丈夫、后来成为南京国民政府干部的孔祥熙痛骂孙文是日本的走狗。这一泥潭除了动摇革命之父的孙文的威信，没有带来任何结果。

袁世凯复辟帝制与日本

袁世凯的野心和不安

袁世凯午睡后习惯饮茶。有一天，小侍从用袁世凯喜爱的翡翠杯给他送去茶水，不小心打碎了杯子。幸亏主人仍在沉睡。小侍从前往老侍从处商量如何才能不受叱责。

袁世凯醒了后，发现茶杯换成了瓷杯。他叫来侍从，问他怎么回事。“什么？碎了？”袁世凯十分不快。小侍从按照老侍从的指示回答道：“是的。我看见了非常奇妙的东西。”“那是什么？”袁世凯追问。“刚才我端茶进来时，床上的不是您，而是五爪金龙。”

“胡说！”袁世凯呵斥道。但他马上就不生气了。袁世凯打开抽屉，取出100大洋纸币赏给小侍从。还说，“刚才看见的东西，不许和任何人说”。

这是袁世凯权力基础的北洋军绘声绘色描述的。不用说，“五爪金龙”指的是皇帝，这个故事讽刺袁世凯做梦都想当皇帝。然而袁世凯即位的这种说法并不是头一次出现。自从清朝灭亡后他的心腹和革命派、清朝的皇族中就反复出现这些说法。刚才也提到，孙文曾指责袁世凯为了获得日本对复辟帝制的支持而接受了“二十一条”要求。

关于袁世凯复辟帝制，很多说法说他原来就抱有野心，或是成为独裁者后独断专行下的产物。但是，这些都是孙文、国

60 段祺瑞

民党等政治势力强调“正确”性，而将袁世凯定位为“窃国大盗”的一种政治见解。历史真相却不尽如此。袁世凯想当皇帝的真正理由来自他对无法实现自己梦想中强大中国的焦躁，以及独裁权力受到威胁的不安。

袁世凯开始明确意识到要当皇帝，是从1914年后半年开始的。这一年的12月，他在北京天坛（现天坛公园）举行了祭天仪式。这项仪式是赋予历代皇帝的特权，意味着袁世凯将成为继位人。袁世凯仅是代表中华民国出席，礼服的颜色也不是皇帝穿着的黄色，而是紫色。

此时，河南一带的白朗率军打出“劫富济贫”的口号，与革命派联合反抗，北洋军进行镇压而削弱了本身的势力。北洋军中段祺瑞成长为第二号人物，他不服从袁世凯的命令，两人围绕人事问题产生了矛盾。于是袁世凯亲自组建由自己指挥的精锐部队“模范团”，开始着手北洋军的改革。他还在陆军部以外另设总司令部，试图控制段祺瑞的势力。

然而这些举措都未能阻挡日本的侵略，袁世凯担心会重蹈由于甲午战争的失败而下台的李鸿章的覆辙。制度改革也未能填补北洋军内部的龟裂，1915年6月，另一个实权人物冯国璋陪同梁启超来到北京，质问袁世凯复辟帝制的意图。

此时袁世凯虽然否定了当皇帝的愿望，却因部下和政敌的反对行动陷入不安之中。就像太平天国东王的杨秀清担心其他人反对自己独裁而试图获得与洪秀全同等地位来确立权威一样，袁世凯也想通过成为最高权力者——皇帝，来确立稳固地位，打消这些不安。

古德诺与帝制运动

就这样，袁世凯开始走上复辟帝制的道路，而美国的行政学者F·J·古德诺则给了他强有力的支持。

1913年，古德诺被聘为总统府法律顾问。他认为中国民众意识低下、不适合采取共和制，中国最高权力者的换代会引起巨大的政治混乱，危及国家的独立。不如采用立宪君主制确定权力世袭的秩序，防患于未然。在他看来，专制君主传统顽固的中国，不采取彻底的外国统治和领导，是无法实现近代化的。因此，“帝制比共和制更适合中国”。

古德诺的拥护帝制论在某种意义上存在深刻的亚洲歧视，而使列强的殖民地统治合法化。当时的中国，一些人对象征古代鼎盛时期的皇帝心存怀念，因此在他们看来，外国人特别是共和制发祥地的美国人也提出这一论调，是有科学依据的。就连认为皇帝即便复活也无法再赢得民众的梁启超也感叹道：“很遗憾我没有蓝色的眼睛、红色的胡须”，承认了古德诺的巨大影响力。

1915年8月，杨度受袁世凯指示成立了推进帝制的组织筹安会，开始举行推举袁世凯为皇帝的活动。杨度本人是从革命派转变为立宪派的，筹安会的成员多为像北京大学教授刘师培这样的原革命派的无政府主义者以及引进进化论的严复等政权内的非主流派。他们认为共和制国家并未取得最后的成功，中国现在需要“英明”的启蒙君主，而袁世凯便是合适的人选。

9月，袁世凯的部下中家产最殷实的梁士诒成立了要求改变国体的全国请愿联合会，参议院也决定召开国民会议。10月，花钱请来的请愿者们来到北京，在国民会议上以全票推选袁世凯为皇帝。12月12日，袁世凯一度辞职后再次严肃地接受“天命”，宣布把新王朝的国名定为仅有一字之差的“中华帝国”，年号为象征宏大宪政的“洪宪”。

日本的动向与坂西利八郎

日本的动向对袁世凯的帝制运动产生了很大的影响。当时日本外相加藤高明由于“二十一条”的幼稚外交行为而引咎辞职，9月，首相大隈重信发表声明称，只要不损害日本的权益，将不介入中国的帝制问题中。袁世凯认为这是支持帝制的信号，确信自己当了皇帝后建立强大的中国是压制日本野心的捷径。“二十一条”的屈辱成为袁世凯此后的噩梦。

但是，如同答应孙文日中合作的桂太郎的发言不能代表日本政府的意志一样，大隈重信的声明也不是政府的统一意见。10月，石井菊次郎就任外相后，态度迅速转变，认为帝制会给中国国内造成混乱。于是日本在协约国邀请英国、沙俄、法国拖延帝制的实行。

没有退路的袁世凯11月答复称帝制的实施将会延期。他想通过让中国作为协约国的一员参战，来重新获得英国、沙俄、法国的支持。英国向日本提出中国参战的问题，日本认为中国出席和谈会议会威胁到“二十一条”中获得的权利而加以拒绝。12月，袁世凯决定即位，日本公使日置益和各国公使同时抗议，明确表示反对帝制。

61 坂西利八郎

日本人坂西利八郎是袁世凯的心腹之一。他出身于和歌山的士族家庭，陆军士官学校毕业后被派往中国，1904年担任直隶总督袁世凯的军事顾问。情报上校的坂西蓄有发辫，起了中国名为班志超。他精通汉语，可以不用翻译和袁世凯直接对话。袁世凯为了实现军队近代化对坂西寄予了很大的信任。

不言而喻，坂西利八郎是日本军人，他的一切行动以日本的利益优先。典型的表现之一是他在“二十一条”谈判中主张的“支那吞并论”，呼吁趁列强忙于各自的战争之际吞并中国。坂西之所以倡导这种极端论调，是由于陆军和外务省意见不一，对最后阶段中撤回第5条的不满。另外，袁世凯的法律顾问中著名的陆军大学教授有贺长雄，也是经由坂西推荐的。

帝制运动开始后，坂西利八郎便劝告袁世凯打消即位的念头。他非常了解日本原本就讨厌亲美的袁世凯，即使日本舆论赞成复辟帝制，日本也不会容忍袁世凯当上皇帝。他还从久居北京的经验中，认为袁世凯的长子袁克定不具备皇太子的资质，杨度、梁士诒等人也不过是偷窥总理之位的二流人物。

坂西利八郎极力地劝说袁世凯和他的心腹们，“这不利于袁本人，也不利于子孙后代们，只会加速袁氏的灭亡”，但却无人理会。袁世凯没落成为定局的1916年4月，坂西试图让袁世凯暂时下野，以图东山再起。这是出自坂西的好意，也许是来自忠君之道的进谏君主之过的武士道精神。然而，这一行动让日本人把坂西视作帝制的支持派，被贴上了“袁世凯的间谍”的标签。

护国运动和军阀混战拉开帷幕

护国运动与袁世凯之死

袁世凯周围反对其即位皇帝的，不仅仅是坂西利八郎一人。袁世凯的老师张謇，以及结拜兄弟的国务总理徐世昌都不赞成复辟帝制，前者离开了政府，后者则以生病为由“告老还乡”。与袁世凯结怨的段祺瑞控诉其怠慢，冯国璋则与逃离上海的梁启超保持联系，反复声明反对帝制。

帝制反对派中蔡锷的行动受到了瞩目。他在第二次革命后入阁北京政府，被寄予厚望。然而，对袁世凯感到失望的他于1915年11月悄悄离开北京，来到以前曾担任都督并培养了众多部下的云南。12月，蔡锷和同在日本一所士官学校学习的云南省将军唐继尧、二次革命时担任江西都督的李烈钧成立云南护国军，举旗反对袁世凯。护国运动爆发。

62 蔡锷

他们宣布云南独立，称袁世凯为“国贼”，呼吁打倒袁并召集国会、扩大地方政府的权限。蔡锷率领三千名士兵进入四川，受到保路运动中活跃的哥老会的援助，和两万余名北洋军作战，不分胜负。各地将军们起初还犹豫不决，后来受到鼓舞，1916 年 3 月，出身边境的广西省将军陆荣廷宣布独立，贵州、广东、浙江先后独立。冯国璋和张勋等数名将军也一同要求取消帝制。

袁世凯受到孤立，3 月 22 日不得不宣布废除中华帝国。从 12 月宣布即位后仅过了 83 天。虽然他企图延长政治寿命，但事态却不允许其再保有大总统之位。5 月，独立的西南各省的将军们成立了临时政府军务院，根据袁世凯废除的临时约法拥立副总统黎元洪为大总统。这一幕如同五年前武昌起义时的场景再次上演。南来之风再次刮了过来。

1916 年 6 月 6 日，袁世凯在失意中病死。享年五十七岁。被迫废除帝制的当晚，他失魂落魄地嚷嚷道：“完了！全都完了！昨晚李鸿章死时看到了巨星陨落，现在轮到我了。”这是社会激荡时期大独裁者之死，并不意味着作为他的权力基础的北洋军灭亡。其部下围绕着遗产展开了激烈的争夺。

护国革命中，孙文几乎没有发挥任何影响。1916 年 4 月，孙文和之后成为首相的陆军参谋本部次长田中义一接触，请求军部的支援。曾任中华革命党东北军司令官的居正以日军占领下的青岛为根据地发动起义，却未能占领省会济南。蔡锷等护国军也接受了日本的援助，得以从南北两面夹击袁世凯。日本看穿了袁世凯没有前途，认为他是保证日本在中国的优先权的障碍而决定将其铲除。

段祺瑞政权与西原借款

袁世凯死后，副总统黎元洪就任大总统一职。他恢复临时约法、召集议会等，试图将中国变回到袁世凯独裁以前的状态。缺乏野心的黎元洪作为协调者很称职，然而他不具备足够的军事实力，也不具备弥补这方面的才能。取代他掌握实权的是以北洋军为后盾的国务总理段祺瑞（皖系），与之对抗的是副总统冯国璋（直系）以及西南各地推动护国运动的诸军阀们，还有在袁世凯失势过程中新壮大起来的东北的张作霖（奉系）。于是，在北京政府内的权力斗争便形成了以段祺瑞为中心，黎元洪、冯国璋和各地军阀等人相互对峙的态势。

彻底摧毁袁世凯的日本首相大隈重信于 1916 年 10 月，因与元老们对立而不得不下野。

接下来担任首相的是朝鲜总督寺内正毅。寺内内阁在日本国内被称做超然内阁，以出兵西伯利亚和米暴动事件而闻名。他致力于解决的重要课题之一便是对华政策的转变。

63 西原龟三

自提出“二十一条”后，日中关系恶化，特别是大隈内阁采取排斥袁世凯政策，默认大陆浪人川岛浪速于1916年与军部勾结，再次策划东北三省和内蒙古东部独立的第二次满蒙独立运动等举动。寺内正毅在议会上批判了大隈的对华政策，打出了以“诚意”和“亲善”为核心的“王道主义”，作为对华政策的基本方针。而且他还试图通过经济援助来确保日本在中国的权益，其主要负责人是西原龟三。

西原龟三参加了对沙俄持强硬态度的对俄同志会，他在朝鲜作为实业家成功后，得到了朝鲜总督寺内正毅的信任。此外他还与朝鲜银行总裁胜田主计关系很好，在胜田担任寺内内阁的财政大臣后，西原便成为胜田的私人秘书。被称作“朝鲜帮”的西原、胜田、寺内三人选择了国务总理段祺瑞作为其对华政策的伙伴。

西原龟三基于在朝鲜的经验，计划通过控制铁道和银行来扩大日本货币的通用范围，进而扩大日本在中国经济方面的影响力。他还得到了在北洋军阀中拥有众多人脉的坂西利八郎的帮助，于1917年1月与段祺瑞之间签订了五百万日元的交通银行借款。

以“公正不偏”作为对华政策方针的寺内正毅，当初对支持特定政治势力干涉内政的行为是持消极态度的。但后来西原以对北洋派的援助乃“帝国百年大计”为由说服了寺内。

结果，1917年7月寺内正毅在内阁会议上决定“给予段祺瑞内阁相当友好的援助，以期时局平稳”的支援段祺瑞的方针。此后一直到1918年因米暴动而辞职，寺内将日本在第一次世界大战经济好转期间积蓄的一亿四千五百万日元的外汇，几乎无担保全部借给了段祺瑞。这便是所谓的西原借款，实际是对段祺瑞的政治借款。这些资金几乎全部被段祺瑞用来加强军备，他垮台后，该笔资金便也无法收回了。

日本的所谓“援段政策”，对中国政局造成了很大影响。其焦点是中国的参战问题。1917年4月美国参加第一次世界大战后，便动员中国也参战。西原龟三为了保持对段祺瑞的影响力，提出可延期支付义和团赔偿金和提高关税等条件，热心地规劝中国参战。段祺瑞也考虑可借协约国的支援来强化自己的政权，打算参战。

然而，黎元洪大总统和议会，还有段祺瑞的政敌军阀们反对有利于强化段祺瑞政权的参战计划。当时在上海的孙文也批评段祺瑞的参战乃出于利己私欲。1917年3月，段祺瑞宣布与德国断交，并逼迫议会批准中国参战。5月，黎元洪罢免了段祺瑞后，逃到天津的段祺瑞让属下督军宣布独立，将黎元洪逼入绝境。无奈之下黎元洪召辫子将军张勋进京意图改变时局，却产生了意想不到的结果。随之而来的是清朝的复辟，即末代皇帝的复活。

清朝复辟事件与护法战争

宣统皇帝溥仪退位后，受到国民政府的优待住在紫禁城。每日他都能听到住在中南海的袁世凯在用膳时军乐队的演奏，深刻体味到失去王位皇帝的悲哀。袁世凯的帝制计划发生时，溥仪九岁。起初宫中都期待着清朝可以挽回政权，但袁世凯的真正意图明了之后，怕被新皇帝杀掉的恐惧则蔓延开来。最后袁世凯因护国运动死去，溥仪周边的人们都庆贺，称其为“不知天高地厚”之死。

对溥仪而言，复辟行动从张勋入京到“满洲国”成立就“没有停止过一天”。1917年6月的某日早晨，身边的侍从们说“今天暂停学习”，原来是张勋到访。张勋劝告道“唯陛下复位，万民方可救”，催促溥仪复位。但溥仪对张勋的粗俗言语甚是失望，直盯着他那夹杂着白发的辫子。

张勋进入北京后解散了议会，逼迫黎元洪辞去大总统之职，并于7月宣布废除共和体制及清朝复辟，一时间紫禁城内清朝遗臣们“如从棺材中逃出来”般遍地都是。对我们来讲张勋复辟是不符合时代的疯狂闹剧，那时朝廷还将参加护国运动的广西省军阀陆荣廷也视为复辟派。袁世凯的智囊徐世昌也参加了意图复辟的会议，据说段祺瑞和冯国璋也派部下参加。此外日本的一部分势力也支持清朝复辟，各种势力都想从政治上利用清朝皇室。

可实际上他们对清朝复活表示出的理解，不过是建立在自己掌握政治主导权的基础上。果然，段祺瑞反对张勋的独断专行，

64 溥仪

立即组织了讨伐军。十二天后张勋便失败倒台，逃往荷兰使馆。从而以皖系为主诞生了第二次段祺瑞内阁，由直系的冯国璋担任代理大总统，可议会却没有恢复。没有了反对派的段祺瑞于8月决定中国参战，接受日本支援，同时试图用武力统一全国。

孙文在1917年7月从上海来到广州，与130多名国会议员为了保护临时约法之精神，恢复议会而成立了临时政府。对段祺瑞的武力统一抱有强烈危机感的云南唐继尧、广西陆荣廷等也加入其行列，并于9月成立了广东军政府。孙文依靠他们的武力对段祺瑞发动了护法战争（护法意为保护临时约法），与段祺瑞相比，军事上处于弱势的军阀们步伐不统一，未能取得战果。当时除了南方的革命政府、北方的段祺瑞政府外，还有各地割据的大小军事势力，中国由此突然进入了所谓军阀混战的时代。日渐加深的“民国”的混乱，究竟要由谁来拯救呢？

第六章

青年的季节
——五四运动与马克思主义

《新青年》和北京大学

中国建国后把五四运动到中华人民共和国成立这段时期称为新民主主义时期，其开端就是北京大学学生为首的反日示威运动。

那么成为现代中国原点的五四运动，实际上是一场什么样的运动呢？下面我们先来看看作为其舞台的北京大学的动静。

北京大学的改革和蔡元培

北京大学的前身是1898年建立的京师大学堂。1901年前往日本考察教育的吴汝纶和被中国聘为总教习的东京帝国大学教授服部宇之吉，为了把这所作为戊戌变法的唯一成果的学校变成近代大学而呕心沥血。1912年，京师大学堂改名北京大学，由因引进进化论而闻名的

65 蔡元培

严复担任校长。然而科举时代流行中国的“读书当官”这一观念束缚了人们，北京大学也成为培养官员的重要场所。

大大地改变北京大学氛围的是出身绍兴的进士、曾组织过光复会的蔡元培。他在1912年1月担任临时政府的教育总长，制定了《大学令》等，奠定了近代中国的教育制度。7月由于与袁世凯产生矛盾而辞职。二次革命后蔡元培西渡法国，参与了一边工作一边学习的留学制度勤工俭学运动。参加这一运动的还有后来成为共产党领导人的周恩来、邓小平等，在接受工人运动和马克思主义上取得了重大成果。

袁世凯死后的1916年12月，大总统黎元洪任命蔡元培为北京大学校长。周围人都反对他前往被视作保守势力堡垒的北京，蔡元培则表示，“我不入地狱，谁入地狱”。蔡元培就任校长后，号召大学的使命乃自由从事学术研究，而不是当官赚钱的手段。而且大学生应成为人们的榜样，应彻底远离麻将、酒和妓女。

蔡元培提出的改革中，最重要的是教授队伍的重编。特别轰动社会的是，他聘用后来成为中国共产党首位总书记的陈独秀作为文学部长。

陈独秀是革命派的留日学生，辛亥革命后在故乡安徽省政府担任秘书长。二次革命后逃往上海，参与杂志《甲寅》的编辑，

1915 年 9 月，自行出版了《青年杂志》(第二号起改为《新青年》)。在创刊号的论文《敬告青年》中，陈独秀提出了作为时代精神的民主与科学，主张只有自强自立的青年才能挽救濒临灭亡的中国。他还呼吁和传统思想特别是儒教诀别，严厉批评“儒教才是支撑中国两千年专制政治的精神支柱”。

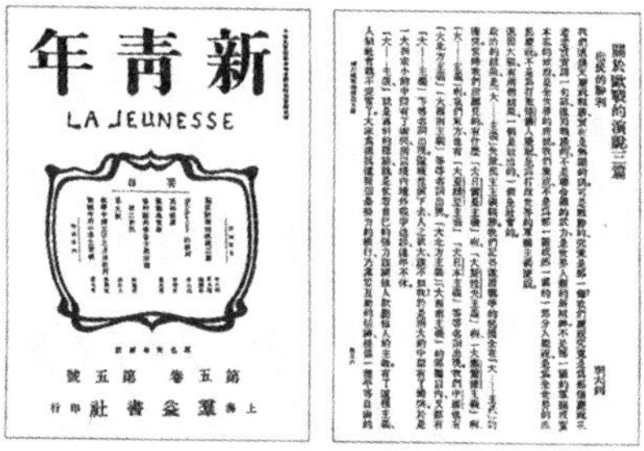
新青年
LA JEUNESSE
第五卷第五號
上海羣益書社印行

66《新青年》杂志封面与李大钊的文章

当时袁世凯将孔子崇拜引入学校教育中，主张儒教国教化的康有为也支持张勋复辟清朝。陈独秀对儒教的批评不仅停留在思想、文化问题上，还带有政治色彩。蔡元培每天前往陈独秀居住的酒店，经过耐心地说服，陈终于同意加入北大。《新青年》的编辑部也迁移到北京，北京大学成为新文化运动的发源地。

随着陈独秀就任文学部长，在《新青年》上发表文章的精锐学者们陆续集中到北京大学。其中有留美时倾倒于挪威国民作家易卜生、提倡口语体的白话文学的胡适。李大钊留学早稻田大学时开展了反对“二十一条”的运动，他在作品《青春》中提出只有青年觉醒，才能使“青春的中国苏醒”，此时他也被聘为北京大学图书馆的主任和经济学科的教授。

蔡元培的方针并没有局限在政治立场和主义上，而是广招有才能的学者。其代表人物是帮助袁世凯复辟帝制的刘师培，他在中国古典文学方面造诣颇深。1920 年代末推动有特色的乡村建设运动、“文革”后被重新视作现代新儒家的梁漱溟，由于其有关印度哲学的论文受到好评，二十四岁就被聘为北京大学的讲师。他反对新文化运动认为西洋思想就是批评传统的观念，在《东西文化及其哲学》一书中尝试对儒学再发现，并强调中国文化的优越性。

制定国语和关于妇女解放的讨论

于是，北京大学在蔡元培的改革下，古今中外的思想在此交汇，呈现出百家争鸣的盛况。有一天，具有大学机关报性质的《北京大学日刊》刊登了一则意见。作者是当时任北京大学图书馆助理员的年轻时的毛泽东。他提出了不少社会问题，其中意味深长的要数“国语（白话文）问题”和“女子问题”。

首先是国语问题。地理面积相当于整个欧洲的中国各地方言存在巨大的差异，被称为五大方言的北方话、吴话（上海话）、福建话（台湾等地为闽南话）、广东话和客家话发音各不相同，可以说相互之间完全听不懂。连接它们的是作为书面体的文言文，大学的课程也采取朗读文章资料的方式。然而，提倡白话文学后，学校教育中如何朗读口语体的文章成为很大的问题。

这时被提出作为国语候补的是以江南方言为基础、在官方场合较为通用的“官话”和北京中产阶级之间使用的北京话。它们都是北方话的一部分，然而蔡元培和章炳麟等江南出身的革命派知识分子多支持官话。他们认为中国的文化中心在江南，受到蒙古语、满语等北方民族语言影响的北京话并非纯正的“中原之音”。

而主张采用北京话的人们则认为，官话只不过是荟萃了众多的方言，缺乏作为语言的系统性。这场争论还留有辛亥革命时期临时政府（南京）和袁世凯（北京）势力抗衡的影子。也可以说，中国的中心是放在文化、经济中心的江南，还是军事要地、政治之城的北京，这背后其实存在着明代以来江南知识分子与专制权力的对抗关系这一宏大的背景。最终这场争议一直贯穿于整个中华民国时期，中华人民共和国成立后决定将北京话定为普通话。也就是说，政治压倒了文化和经济。

年轻的毛泽东还提出了女子问题。上面也提到，清朝末年留学日本的中国留学生对日本的女学生阔步上街行走感到震惊，将她们与因缠足而足不出户的中国妇女进行比较。除了太平天国出于妇女从事户外劳动这一客家习惯而禁止缠足外，近代中国最早提倡废除缠足的是基督教的传教士。中国国内开始正式提倡废除缠足的是从 1898 年的戊戌变法开始，各地成立的象征自然足部的天足会。曾经被视作三寸金莲的缠足，成为象征中国落后的“国耻”。

其次，从女子教育上来看，1880 年代后，外国人传教士在宁波等地成立女子学校，20 世纪后出现了不少女日本留学生。1907 年清朝也开始实施女子的初等教育和师范教育，辛亥革命后，蔡元培决定小学实施男女共学。当然，“女子学而无用”的社会观念根深蒂固，1915年女子小学生的比例仅占全体学生的百分之四。但1919年却出现了一项成果，一名叫邓春兰的女学生，寄信给蔡元培要求到北京大学上学。

当时蔡元培顶住了保守派和政府的压力，认为只要有学力就可以入学。1920年春，邓春兰等九名同学果然被批准为旁听生，9月的升学考试全体合格。女子新生的出现对男学生也是一大新闻，登有名单的《北京大学日刊》立即被抢购一空。在最高学府中的男女同班这一问题上，中国比日本领先了一步。

然而，她们即使接受了高等教育，在进入社会后却仍然受到了限制。清朝末期，除了上面介绍过的秋瑾之外，还有不少参加革命运动、制造炸药和从事间谍活动、支援后方的妇女运动家。1911年，还成立了要求妇女参政的女子参政同盟会。然而，临时约法未承认妇女的参政权，袁世凯开始独裁后，妇女参政问题更是被搁置一旁。

传统的家族制度阻挡了那些对新文化运动产生共鸣的青年男女面前的道路。其中成为焦点的是结婚问题，毛泽东本人也拒绝了父亲指定的婚事离家出走，与后来革命运动中牺牲的杨开慧恋爱而深感烦恼。广东的纺纱厂女工们也成立了“拒婚同盟”，却未能形成社会大势。胡适引进的易卜生作品《玩偶之家》之所以受到好评，就是因为抱有同样苦恼的人们从抵抗家庭束缚的女主人公娜拉身上找到了共鸣。然而就像鲁迅在《娜拉走后怎样》中所述，等待挣脱旧制度牢笼的年轻人的，仍是布满荆棘的道路。

对于占绝大多数的农村妇女们而言，摆脱旧制度更是难上加难。清朝末年出生于山东、被欧洲人家雇佣的宁老太太回忆说，她摆脱缠足外出的缘由是饥肠辘辘，她甚至差点要砸砖头来吃。她通过乞讨、帮工而自立的原因，是因为她丈夫鸦片成瘾，为使儿子不被卖掉，她不得不离婚。她说自己的乞讨生活“无需顾及体面，心情放松”。然而只要生病，生活就失去了任何保障。

鲁迅和文学革命

鲁迅的日本时代与办事员生活

这里我们来看看被称为中国近代文学之父的鲁迅。鲁迅本名周树人，是出身绍兴的留日学生。前面已经提到过他在弘文学院时期就对参拜孔子感到不快，后又与同乡蔡元培、秋瑾等一道参加了光复会。

鲁迅投身文艺活动，起因是 1906 年他在仙台医学专门学校留学时发生的一件事情。

当时鲁迅正在上微生物学的课。授课多用幻灯，时间有富余的时候便放映日俄战争等时事问题。某一天的幻灯放映的是被日军作为间谍逮捕、被处刑的中国人。周围站立了很多围观死刑的中国人，个个体格健壮，却都面无表情。鲁迅深感刺激并认定，

67 鲁迅

医学不能拯救中国人，不改造他们的精神世界，只会是供人欣赏的材料或观众，从而立志从事文艺事业。

这段故事在鲁迅的作品《藤野先生》中也出现过，但是现在的看法认为并不尽其实。当然，每周批改鲁迅讲义的医学部教授藤野严九郎是真实的人物，鲁迅终生都很尊敬他。鲁迅期末考试合格后，不及格的日本同学中伤说“藤野先生告诉了考试题目”，他愤怒地反驳道“因为中国是弱国，中国人难道就是低能儿吗”，并因此离开了仙台。

鲁迅来到东京后一面在外国语学校上学，一面秘密参加革命运动。有一天，他被命令暗杀要人，由于询问将来自己的母亲由谁照顾，被批评为“那怎么行”而受到排斥。鲁迅特别尊重维持生计的母亲鲁瑞，连笔名都取自鲁姓。如果当时他作为暗杀分子而死，就不会有小说家鲁迅的诞生了。

1909 年，鲁迅回国，回到家乡绍兴担任教师，当地作风保守，鲁迅未能发挥留学时期的知识。特别为难的是血气方刚的学生们要剪掉辫子。由于留日时剪去了辫子，回国后像《阿 Q 正传》中的老钱的长子一样，受到周围的“冷笑和恶骂”而感受到各种压力的鲁迅，不想让学生也遭受同样的痛苦。然而，他们却批评鲁迅“表里不一”，最终数名学生还是剪掉了辫子。

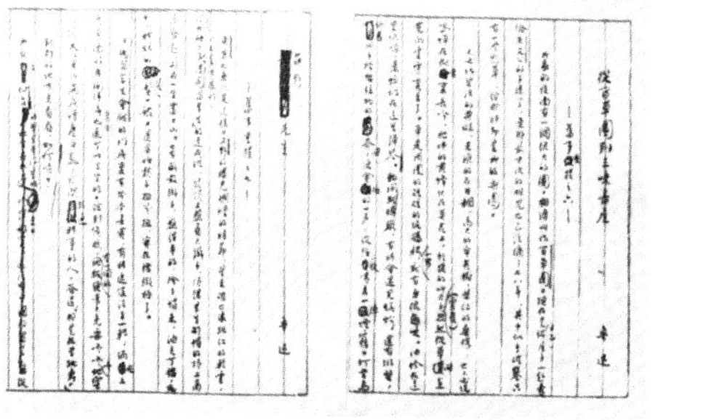
68 鲁迅手稿

1911年武昌起义爆发，绍兴也被卷入其中。城里竖起了军政府的白旗，其实仍是旧势力掌握实权，没有任何变化。鲁迅对此深感失望，1912年应蔡元培的邀请前往北京。在这里他开始了作为教育部社会教育司科长，即办事员的生活。

搬到北京的鲁迅起初住在绍兴会馆，后来搬到了市内西部的八道湾。生活虽然比较稳定，但是随着宋教仁被刺，袁世凯推行独裁，教育部也笼罩着沉重的气氛。这时，鲁迅外出到北京的名胜之一琉璃厂去专心收集拓本。用他自己的话说，是“麻醉自己的灵魂”，即一面寻求因失去革命成果而产生落寞感的安慰，同时装作沉迷于兴趣之中借以逃脱特务机构的嫌疑。

文学革命与《狂人日记》

1916年10月的《新青年》，刊登了胡适和陈独秀的书简，指出今日的文学极其腐败，只顾形式毫无内容。翌年的1917年1月，胡适发表了《文学改良刍议》，提议用白话文写作的八条方案，2月陈独秀发表《文学革命论》，回应要打倒贵族文学，建立平民文学。文学革命开始。

有一天，提倡废除汉字的学者、友人钱玄同到鲁迅家中做客。

他劝鲁迅在《新青年》上写点什么。当时对文学革命并不甚关心的鲁迅问道，“假如一间铁屋子，是绝无窗户而万难破毁的，里面有许多熟睡的人们，不久都要闷死了，然而是从昏睡入死灭，并不感到就死的悲哀。现在你大嚷起来，惊起了较为清醒的几个人，使这不幸的少数者来受无可挽救的临终的苦楚，你倒以为对得起他们么？”钱玄同回答道，“几个人既然起来，你不能说决没有毁坏这铁屋的希望”。

毫无疑问，“铁屋”就是指当时闭塞的中国社会，曾经对革命满腔热情的鲁迅体会过“窒息的痛苦”。然而真的没有改变社会的“希望”吗？应该再努力尝试一次，把在压抑下“昏睡”而死的人们唤醒。鲁迅自己长期以来也在思考这个问题，1918 年 6 月，他发表了作品《狂人日记》。

这部作品是用患有受害妄想症的病人的日记形式来写的，主人公“俺”幻想周围人都要吃了自己。他感到不安，彻夜查找资料，从满篇的“仁义道德”的字里行间，都浮现出“吃人”的字眼。他特别害怕的是亲生哥哥，五岁的可爱的小妹妹就被他吃了。不只是哥哥，自己也在不知不觉中，沾染上中国数千年来吃人的行为。最后以主人公呼吁救救还没吃过人的儿童而告终。

这部作品把儒教社会比喻为“吃人”的社会，栩栩如生地描绘出人们一边害怕“被吃”，一边伺机攻击对方的样子。实际上，当时的报纸登出的报道中，有人赞扬儿子或妻子割下自己的肉给母亲或丈夫吃的这一儒教价值观。鲁迅在对中国社会的这种压抑体制进行尖锐批评后，对胡适等人提倡的文学革命进行了实践。

接着，鲁迅又在1919年发表了《孔乙己》和《药》。孔乙己是科举落榜的贫困书生，总是到酒馆讨一碗酒喝，受到其他客人的奚落。有一天，孔乙己到举人家中偷盗，受到私刑被打断了腿。他用两只手撑着来到酒馆，店主不但不同情他的不幸遭遇，还嘲笑他受到了报应。后来孔乙己就再也没出现在酒馆。文章以他一定是死了来结尾。

《药》的主人公老栓唯一的儿子得了肺结核。某天，他听信迷信，把死人的血抹在馒头上给病人吃就能治好病。于是一心想给儿子治病的老栓，天亮前到革命家被处死的刑场，向刽子手买来蘸血的馒头。后来，儿子死了，他妻子去扫墓，被杀害的革命家的母亲也在自己儿子的墓前说话。周围一片寂静。

这两篇作品的共同点是，揭露了科举制度的腐朽和革命派遭受的镇压，以及社会的扭曲践踏着人们这些社会事实，还有面对这些牺牲者的痛苦而无动于衷的人们。特别是以被处死的革命家秋瑾为原型，鲁迅因勇敢的她却在周围“热烈的拍手”声中被处死而感到自责。然而这一想法不但没有引起主人公的共鸣，最后也没能挽救生病的儿子。

孔乙己的原型是住在附近的没落知识分子，“窃书不能算偷”这一台词也来自他本人的话。孔乙己的偷盗并不是重罪，人们对受到虐待的孔乙己的反应过于残酷，甚至幸灾乐祸。鲁迅对此描述道，“暴君治下的臣民，大抵比暴君更暴”。其实，鲁迅的父亲也是由于科举的营私舞弊沦为没落的知识分子，在失意中死去。少年鲁迅得以看到乘虚而入、窥视财产的亲戚们“真正的嘴脸”。鲁迅认为，无论牌子怎么变，“吃人”社会的体制以及支撑体制的人们的内心不改变的话，中国便没有未来。

《阿 Q 正传》和中国社会

1921 年鲁迅在北京大学授课期间，尖锐地揭露了中国社会的阴暗面，发表了杰作《阿 Q 正传》。这部作品极其有名，我们先简单看看它的内容。

阿 Q 是未庄底层的雇农。鲁迅的说法是他无名无姓因此起名为阿 Q，也有人说 Q 是意味着幽灵的“鬼”的意思。阿 Q 被赵财主等村民们视做傻瓜，本人也傻呵呵的。因为他有着无论受到多大的委屈，都能马上变得自我满足的“精神胜利法”。

有一天阿 Q 因调戏尼姑后被骂“断子绝孙”而受刺激：死了谁给自己供饭……突然开始想女人的阿 Q 逼赵财主家的佣人吴妈和自己睡觉，被赶走，失去了未庄的工作。不久从城里回来的阿 Q，势力让人吃惊。可人们发现他和盗贼同伙时，又看不起他。

辛亥革命爆发后，阿 Q 从村民的慌乱中感到“革命也好罢”。于是在喝醉后四处大喊“造反了！造反了！”，幻想自己加入了身穿白色铠甲的革命党，向欺负他的人们复仇，并拿到自己想要的东西。可是第二天早上醒来后，革命成功的荣誉却被钱家的少主人“假洋鬼子”夺去。阿 Q 不但未能参加革命党，还作为赵财主家强盗事件的犯人被抓了起来。

阿Q被关在牢房里，等待他的是枪毙示众的死刑。阿Q被带到官人们面前，第一次拿笔的他好不容易划了一个圆圈，第二天他被押上囚车上街示众时才意识到自己的命运。从围观处刑的群众中，阿Q发现了比自己以前遇见的狼还要狠毒的眼神。这些眼神吞噬了阿Q的灵魂，他甚至没喊出“救命”的声音，全身就已经粉碎。

充满悲剧色彩的阿Q是体现中国人国民性的代表人物，开始连载时，人们甚至怀疑自己是否就是阿Q的原型。阿Q认为“他是第一个能够自轻自贱的人”，把被称为“我是虫豸”的屈辱变成“得胜”，对这种卑屈和吊儿郎当，鲁迅批评它们是“中国精神文明冠于全球的一个证据”。这里可以看出，这是鲁迅自己对既不承认鸦片战争以来的军事失败、又沦为半殖民地的“不孝之子”的祖国，既痛恨又爱惜的感情体现。

而阿Q对革命的一知半解，以及欢喜地观看他受刑的群众，体现了中国社会问题的根深蒂固。事实上，参加太平天国和与之呼应的参与叛乱的人，很少有因平时积累的不满爆发而采取夺权行动的下层民众。而且，这种“死人一喊，活人就高兴”的光景，在电影《芙蓉镇》中也出现过，在“文革”期间也很常见，类似的事例不胜枚举。

作为小说舞台的未庄，革命只不过是一个可怜男人被枪毙而已。打倒清王朝这一革命大义，被缩小到权势者们毁坏了寺庙里的“皇帝万岁万万岁”的龙牌这一行为。台湾的评论家柏杨也指出，无论多么出色的理想和主义一旦深入中国文化中去，便会变质成为截然不同的东西。鲁迅在深刻的痛苦下提出的对中国社会的理解，直到今天仍给人们打出了尖锐的问号。

巴黎和会与五四运动

两个巴黎和会

新文化运动时中国国内的政治情况，依旧表现为南北之间的对立。北京政府的实权派、国务总理段祺瑞（皖系）想接受日本援助来实现武力统一。然而他的政敌、总统冯国璋（直系）则主张南北和平，并破坏了段祺瑞的军事作战。段祺瑞觉得受限制，于1918年10月，通过名存实亡的新国会，将冯国璋拉下总统之座，取而代之的是袁世凯的旧谋臣徐世昌。起初，段祺瑞试图笼络徐世昌，而老谋深算的徐世昌则为了自身的需要而反对内战。

南方的广东军政府方面，实权派的广西派陆荣廷等人排挤主张北伐的孙文，1918年5月废除总统制迫使孙文辞职，孙文盛怒道“南北军阀乃一丘之貉”而前往上海。梁启超、张謇等稳健派也提倡和平，列强们也希望内战早日结束。11月，南北实现停战，1919年2月，上海召开了南北议和会议。

此时，第一次世界大战也接近尾声。1918年11月，德国投降，国联成员之一的中国也举行了战胜纪念仪式。由于这是鸦片战争失败以来的首次胜利，国内上下喜气洋洋，数千名学生参加了天安门前广场（比现在的天安门广场要小很多）上举行的集会。多数中国人抱更大期待的是美国总统威尔逊的十四条，它讴歌民族自决的原则和公平解决殖民地问题。

威尔逊的十四条，是为了对抗1917年沙俄革命后建立的苏维埃政府呼吁在无吞并、无赔偿、民族自主的原则上签订议和条约这一举动，主要以东欧为对象而提出的。然而，亚洲人民听到后认为大战后的新世界一定能废除帝国主义“强权”的压制，心存希望。中国也认为只要主张基于民族自主“公理”上的权利，就能废除以“二十一条”为首的耻辱的不平等条约。

1918年12月，中国全权代表团背负着国内的期望，前往巴黎参加和平会谈。北京政府外交总长陆徵祥担任代表，团员有被称为“中国青年一代”的北京政府驻美公使顾维钧、广东军政府驻美代表王正廷等，以及信奉威尔逊的年轻亲美派的精英们。

1919年1月，巴黎和会召开，顾维钧和王正廷立刻主张把德国在山东的权益返还中国，与要求继承其权利的日本代表对立。争论的焦点集中在“二十一条”要求的有效性上，顾维钧等人主张中国参战使“二十一条”失效。而日方则拿出了段祺瑞政府交通总长曹汝霖等人在西原借款交涉期间秘密与日方签订的有关山东问题的公文函件。其中记载中国对日本继承德国权益一事“欣然应允”，日本因此申辩“二十一条”有效。

之后山东问题暂时被搁置，在是否公开公文函件问题上日中

69 顾维钧　中国外交家，字少川，江苏嘉定（今属上海市）人。在巴黎和会上顾维钧脱颖而出

各不相让。然而主导会议的英国、法国在大战期间与日本另外签订了秘密协定，美国见此情况后也倾向于支持日本。4月，山东问题被再次提出，德国旧权益的归还问题却受到了忽视。中国代表眼看情况不妙，于是提出了由英国、法国、美国、日本、意大利“五大国”来进行共同管理的代替方案，试图遏制日本的殖民脚步。然而最终却仍旧失败，4月30日，会议决定德国原在山东的权益被日本继承。

另一场和平会议即上海的南北议和会议，围绕段祺瑞重新编制的参战军问题，交涉停滞不前。参战军是指预备参加世界大战的部队，而组织这支队伍的实际目的在于发动内战。这支军队的军费来自西原借款，士兵由日本人上校训练，实乃日本援段政策下的产物。广东军政府要求解散参战军作为实现和平的条件，3月，段祺瑞拒绝该要求，会议中断。4月，段祺瑞与日本签署的密约被曝光，人们对待段祺瑞和日本的情绪进一步恶化。

五四运动开始

4月24日，梁启超从巴黎发回电报，最早向国内传达了中国外交失利的消息。他指出英国、美国接受了日本的要求，呼吁开展拒绝签署和平条约的运动。4月30日，电报到达北京，人们期待的“公理”被迫在日本的“强权”面前屈服，感受到冲击和失望。报纸上宣传的“青岛亡矣！山东亡矣！”“国亡无日，愿合四万万民众誓死图之！”，口号更使得这种失望情绪逐渐变为愤怒。

70 五四运动　在天安门广场集会的学生

1919年5月1日，各所大学的代表在北京大学等学校集合，就如何对待亡国危机交换了意见。3日晚，陈独秀支持的《国民》杂志社和胡适支持的《新潮》杂志社的成员们作为发起人，召开了北京大学的学生大会。大会的参加者超过了一千名，他们约定支持拒绝签署和平条约并且在第二日于天安门广场集合进行示威游行。甚至有人在激愤之下咬破手指，在衣服上写下“还我青岛”的血书。

5月4日下午1点，天安门广场聚集了三千多名学生。他们高举“中国被宣判死刑”“保我主权”“取消“二十一条””“严惩卖国贼曹汝霖等人”等标语，散发用白话文书写的传单向南出发。

他们的目标是各国公使馆所在地的东交民巷，要求和英国、法国、意大利、美国四国的公使见面。英国等三国大使馆以周日为由推辞，数名代表和美国大使馆的书记官会面，递上请愿书要求支持中国的主张。

这时学生们被警察拦住，在公使馆区域外冒着酷暑等了将近两个小时。一部分学生开始高喊“我们去外交部！去曹汝霖的家！”，很多人不顾组长的反对前往曹汝霖的住处赵家楼。但是，曹汝霖的住宅被两百多名警察重重保护起来，学生们只能向豪华的屋子里投掷国旗和标语，并打算结束行动。

此时发生了一件意想不到的事情，之前煽动游行队伍的一部分学生毁坏窗户进入院中，从里面把门打开。学生们大举入内，开始寻找曹汝霖，在公文书中写下“欣然应允”的是章宗祥本人，他们逮捕了在曹家避难的驻日本公使章宗祥并对其进行殴打。曹汝霖的家被放火。警察起初对学生们的士气感到害怕，后来由北京的警察总监亲自指挥，调整战局，甚至动用军队，逮捕了三十二名学生。

运动的扩大与拒绝签署条约

5月4日，学生们在北京大学商量对策，要求释放被捕的学生，并同时罢课。北京大学校长蔡元培虽发言说“这次你们有点过头了”，但同时为了救出被捕的学生又四处奔走。刚开始，政府内部还高唱包括解散大学在内的强硬镇压论，而山东选出的很多议员则改为支持学生们。孤立下的政府要求蔡元培以学生不参加5月7日国耻纪念日的国民大会、重新开始上课为条件答应释放被捕的学生。翌日，被捕学生在欢呼声中乘车回到北京大学。

虽然北京的国民大会事实上被禁止了，其他城市仍然按照计划举行了国耻纪念日的集会和示威游行。特别是山东省省会济南，三万人集会要求“严惩国贼”曹汝霖等人。然而，段祺瑞始终保持高压状态的姿势，把蔡元培看做事件的幕后操纵者并打算罢免他。另外，谣言四起，例如派出刺客暗杀段祺瑞、军队进驻北京并烧毁北京大学等。眼看形势急迫的蔡元培于 5 月 8 日亲自提出辞职，悄悄离开了北京。

学生们认为是政府逼走了蔡元培，更加愤怒，他们除要求慰问蔡元培外，宣布要再次罢课。北京大学的教职员和其他大学也持相同观点，5 月 13 日，北京的校长们都提出辞职以示抗议。总统徐世昌则于 14 日对蔡元培发出慰留令以示妥协。

这时学生们又展开了新的活动方式。被称作“救国十人团”等的由学生组成的演讲团就是手段之一，他们插上旗帜，用画和地图向人们说明山东问题。另外，对日本的抗议行动扩大为抵制日货运动，愤怒的群众召开了“烧毁日货大会”，人们把手头上的日本货纷纷投到火中烧毁。

在某个集会上对堆积如山的日本货进行烧毁，一名中学生突然痛哭着把自己的自行车扔向火中，这也是日本生产的。少年时的宣统帝溥仪也非常喜爱自行车，这在当时是非常奢侈的物品。牧师出身、在北京回民街道创建了女学校崇贞学园的日本记者清水安三目睹了这一场景，从而得知“二十一条”以来日本的行动如何激怒了中国民众，他写道“像被针扎了一样受到刺激”。

5月19日，学生们开始罢课，政府接受了日本公使提出的停止街头演讲的请求。学生们接受后，政府又禁止抵制日货，并事实上在北京实施戒严令，要求重新开课。对此不满的学生们改变了战术，打扮成小贩开展购买国货运动，还劝说市内的警察这些“亲爱的同胞们”，让他们理解运动的意义。

6月3日，当局下达的重新开课的期限已过，学生们做好受到大镇压的准备，再次聚集街头演说。警察不断地逮捕学生，被捕人数3日达到170名，4日达到800名，拘留所不够，甚至把北京大学也作为临时拘留所。但是，4日600名女学生首次进行游行示威，走上街头的学生人数增加，警察也束手无策。政府只好停止镇压，释放被捕的学生。

北京学生大量遭到逮捕的消息传出后，运动扩大到全国各地和国外。其中拥有100万人口的大城市上海的运动影响尤大，不仅是学生街头演讲和抵制日货，商店也一律关门罢市。随着第一次世界大战后经济的增长出现了工人阶级（无产阶级）举行的罢工，外国资本家的工厂被迫停业。5月，福建学生前往英属马来亚呼吁抵制日货，7月，运动席卷了马来全国并扩大到荷属东印度和泰国。

起初，美英等国认为该运动是针对日本的，采取静观事态的态度，甚至觉得该运动“秩序良好”而持好感。然而，上海的城市功能陷入瘫痪，影响到列强各国的殖民地，租界当局开始对运动进行禁止或镇压。再加上各地的地方长官、国内的银行家们，也催促北京政府早日处理学生和市民提出的罢免曹汝霖的要求。

陷入困境的北京政府，终于在6月10日宣布罢免曹汝霖等人的职务。这是由新文化运动中成长起来的学生们主导的，广大城市居民抛弃“阿Q”精神，作为主体参加的运动成果。这一消息传到巴黎的中国代表团，他们受到了鼓舞，6月28日不顾政府的指示拒绝在《凡尔赛条约》上签字。日本代表们大吃一惊，批评中方的行动是顾维钧等人的“冲动武断”，然而此时顾维钧的手里，已经收到了7000封来自中国国内要求拒绝签约的电报。中国的民族主义再次成为巨大的浪潮改写了历史，7月10日，徐世昌亲自颁布总统令，追认了代表团的行动。

日本留学生的动态和吉野作造

在日本的中国留学生中，早早就出现了与五四运动相连的动态。1918年5月，日本为了出兵西伯利亚签订了日中军事秘密协定后，1200名留学生提出抗议并回国，呼吁反日运动。一年后的1919年5月7日，500名留学生高呼“取消条约”、“打倒军国主义”，在东京的中国公使馆召开国耻纪念日集会，与前来阻止的日本警察发生冲突，三十六人被捕。

这时，大正民主主义的代表人物、政治学家吉野作造为了救出被捕的中国留学生而四处奔走。他从1906年起住在天津，担任了三年袁世凯长子袁克定的家庭教师。1915年日本提出“二十一条”后，吉野作造认为它是“日本生存下去不可或缺的

71 吉野作造

东西”而予以支持。但他认为日本人应对日后的中国持有“同情与尊敬”的态度，对欠缺这一点的日本大陆政策吉野作造持怀疑态度，并加深了对中国、朝鲜和台湾的关注。

1916年，吉野作造在《中央公论》上发表文章，提出民主主义，认为在天皇制下也可以实现民主主义。他认为日本和中国都是资本主义的后进国，一定要引进民主主义。吉野还在1918年成立黎明会，对学生进行启蒙。因此，五四运动一爆发，吉野就意识到中国学生提出的民族自主的要求，才是民主主义在东亚生根发芽的“活的精神”。于是，他请求外务省保护被捕的留学生，并为了释放留学生而四处奔走。

吉野作造投向五四运动的眼光充满了同情，除此之外，广为人知的是他对1919年朝鲜爆发的“三一独立运动”寄予的同情。吉野批评日本军人总督统治朝鲜，主张废除对朝鲜人的歧视和实现朝鲜的言论自由。他还将大学工资、著作权收入以及演讲费等中相当一部分，拿出来资助中国、朝鲜留学生的生活。

吉野作造的活动为中国的知识分子所知晓，陈独秀和李大钊关注黎明会并把它作为新文化运动的模范，1920年5月，北京大学的学生团还前往日本互相交流。当时的日本虽然对抵制日货感到麻烦，却无法从正面接受中国人的要求，也许可以说这是一种孤立的现象。但是我们不能忘记的是，代表日本和中国的知识分子，正在共同尝试跨越国家和民族的差别从而摸索普遍的价值。这一努力诞生了一项成果，就是中国对马克思主义的接纳。

接纳马克思主义和成立中国共产党

中国对马克思主义的接纳

苏联解体后，中国成为世界上最大的社会主义国家，至今仍掌握巨大权力的中国共产党在 1921 年召开了第一次党大会（第一届全国代表大会）。中国共产党的诞生，无疑受到了俄国革命、1919 年共产国际成立的巨大影响。然而，最近围绕作为成立共产党前提、接受马克思主义这一问题，出现了与以往不同的意见，即认为中国的马克思主义是经过日本传入中国的。

以往的研究认为，中国开始正式地接纳马克思主义，源自 1917 年夏李大钊写的《我的马克思主义观》一文。但实际上，五四运动之前在北京的日报《晨报》的文化版面中，就开始翻译、介绍河上肇等人写的日本马克思主义文献。担任翻译工作的是李大钊留学日本时的朋友，《晨报》的主笔陈溥贤。

1918 年底，陈溥贤被派到东京担任特派员，负责采访日本关于巴黎和会的动态。他对吉野作造黎明会的成立非常关注，

72 李大钊

详细地向国内介绍了“大逆事件”后“寒冬时代”暖风缓缓吹来的日本社会主义运动。陈溥贤之所以关注日本的社会主义，是因为他认为日中两国要解决山东问题等悬案，达到“真正的亲善”，首先必须把日本改造成不是由军部或资本家，而是由工人来当家做主的社会。李大钊的马克思主义正是基于陈溥贤的翻译之上，刚才提到的北京大学学生团访日，也是吉野作造努力搭建与李大钊之间的桥梁的辛苦结晶。

同时，李大钊也独自和日本的社会主义势力建立了关系。1920 年 12 月，堺利彦、大杉荣等人在东京成立了日本社会主义同盟，李大钊也立即参加。北京常驻的报社记者丸山幸一郎把他介绍给日方人士，之后李大钊从日本获取最新的信息，同时他的关注点也从学说研究扩大到妇女解放问题、工人问题等方面。1921 年 11 月，李大钊在北京大学成立了马克思学说研究会，他灵活运用河上肇的著作理论，阐发了通过“宇宙精神”基础上的民众伦理的觉醒来进行社会变革的独特的马克思主义理论，否定了生产力决定一切的经济一元论，给学生们产生了巨大的影响。

在清末的日本留学潮中也提到过，日本位于东亚世界的边缘，其在接纳欧洲文化基础上产生的新思潮，成为中华世界的重生中不可缺少的能量。在洪秀全接纳基督教、新文化运动中提倡民主主义和科学之后，对中国的近现代史产生巨大影响的马克思主义的引进，也是来自这一边境的新风潮。

当时关注马克思主义的，不仅仅是后来的共产党员。对孙文的三民主义感到共鸣的革命家们，也把马克思主义作为在中国国内难以被理解的民生主义的补充而进行介绍和普及。国民党一边倒的理论家、后来激烈批判共产党的戴季陶就是其中一人，据说成为共产党员必读文献的《共产党宣言》的中文版，就来自戴季陶千辛万苦弄到手的日文版的中文翻译。

73 陈独秀

与日本有密切联系的中国的对马克思主义的接纳起到决定性作用的是陈独秀和《新青年》的变化。1919 年，苏维埃政府发布第一次加拉罕宣言，宣布无条件返还沙俄帝国从中国获取的权益，1920 年 3 月，这条消息传到中国本土，对凡尔赛条约内容感到幻想破灭的中国人惊奇地称它为“空前义举”。从此，中国国民对之前并不熟悉的俄国革命和布尔什维克的关注迅速提高。

1919 年 6 月，离开北京大学前往上海的陈独秀没有错过这一变化。1920 年 9 月，改版后的杂志《新青年》登载了陈独秀的《谈政治》，标志着向马克思主义的转变。主张文学革命的他本来对政治批评持消极态度，但五四运动中他亲自走到街头散发《北京市民宣言》的传单被捕。由此他认识到“无论谈不谈政治，政治总是尾随我们”，投身政治革命非常重要。新文化运动虽然严厉地批评了儒教等中国的传统文化，但苦于无力创造取代它的新的价值观。作为率先指示中国前进道路的向导，陈独秀克服了五四运动期间的混沌思想，对马克思主义寄予了期望。

《新青年》事实上转变为马克思主义的理论性杂志，对支撑俄国革命的马克思列宁主义进行了介绍。信息来源也从言论严格管制的日本，转变为欧美特别是俄国移民们亡命的美国。这一结果使中国的马克思主义从一开始就具有显著的国际性。而且它从形式上与第一次世界大战前的国际社会主义运动组织（第二国际）分离，因此必然受到共产国际的强大影响。

当然，领导新文化运动的知识分子中，极少有人对马克思主义提出异议。信奉美国模式近代化的胡适，曾不愉快地表示，“《新青年》差不多变成了《苏维埃俄罗斯》（美国发行的介绍俄国革命的杂志）的汉译本了”。鲁迅也对主张“无产阶级专政”的布尔什维克专政体制感到怀疑，与白桦派的文学家武者小路实笃主张的“新农村”运动产生共鸣，表示信奉否定国家的无政府主义而离开了《新青年》。

共产国际与中国的共产主义运动

在革命伊始苦于列强干预战争的苏维埃政府，逐渐把眼光投向了东方。1920 年 7 月的共产国际第二次大会上，通过了“关于民族与殖民地论题”的决议，决定了积极支持殖民地民族运动的方针。同年，俄国共产党派维经斯基前往中国，完成在中国聚集社会主义者的使命。

1920年4月，维经斯基以记者身份来到北京，首先通过北京大学客座讲师鲍立维等人的介绍与李大钊会面。当时中国正值加拉罕宣言的消息刚传入，布尔什维克受到了热烈的欢迎，但此时还不能马上探讨成立中国共产党一事。他开始实质性活动是在拿着李大钊的介绍信前往上海与陈独秀见面、5月在法国租界成立共产国际临时机关之后的事情。

当时的上海除了陈独秀之外，还有戴季陶等很多关注马克思主义的政治家以及记者们。还有中国历史上第一次策划五月一日国际劳动节活动的国民党系的工人团体中华总工会以及五四运动中大显身手的学生运动组织全国学生联合会等。布尔什维克积极地向他们开展工作，1920年6月，以陈独秀为中心成立了最早的共产党组织——社会共产党（中国公认的中国共产党史中称作上海共产主义小组）。8月，广泛聚集拥护社会主义的青年团体——社会主义青年团诞生，中国共产党成立的信号已经出现了。

然而，1920年底，陈独秀接受将广西军阀陆荣廷赶出广州、接纳孙文的“开明派”将军陈炯明的邀请，离开上海成为广东军政府教育委员会委员长。翌年1月，维经斯基回国，社会共产党由于资金不足而被迫中止活动。

顺便一提的是，虽然中国公认的中国共产党史中没有出现在历史的正面舞台上，当时名为共产党的并不仅是陈独秀创建的小组。中华总工会和全国学生联合会的领导们成立的大同党就是其中之一，与共产国际派遣的朝鲜人活动家成立了“假共产党”。

这里的“大同”毫无疑问是指洪秀全、康有为等人追求的中国自古以来的乌托邦，可见对马克思主义理论下的共产主义社会的理解最先也局限于传统思想的框架之中。但是，他们派往共产国际第三次大会的代表直到会期也未能到场，而中国共产党最终也没有得到承认。

中国共产党成立与第一次全国代表大会

如前所述，中国共产党的早期历史经过了迂回曲折，在上海、北京、广州、武汉、长沙、济南等地开始准备成立。北京的领袖是李大钊，通常被认作是母体组织的马克思学说研究会尚未开展活动，成员也仅有八名。广州的共产党起初以无政府主义者为中心，陈独秀到广州赴任后两者之间发生了激烈的争论，无政府主义者退出后仅剩下九名成员。

长沙的领袖是毛泽东。他从北京回来后在学校任教，1917年7月，他在杂志《湘江评论》上发表文章《民众的大联合》，呼吁作为大联合的基础首先要成立农民、工人、学生、妇女等各种人群的“小联合”。湖南的学生团体开展运动要求打倒皖系督军张敬尧，毛泽东作为主要成员前往北京请愿，然而其结果仅是军人势力的更替。

1920年6月，毛泽东在上海与陈独秀会面。在北京已经和李大钊接触的毛泽东，此时被陈独秀的话语“深深打动”。他回到湖南后致力于地方自治运动，还成立引进进步图书的文化书社和俄国研究会，努力接纳马克思主义。陈独秀也对毛泽东的才能高度评价，在11月的信中催促他早日成立共产主义小组和社会主义青年团。

于是毛泽东和几名关系亲密的同志成立了共产主义小组。他还对自己的母校、曾担其任语文教师的湖南第一师范学校的学生开展工作，1921年1月成立了由十六名“真正的同志”组成的湖南社会主义青年团。这些人都来自毛泽东的个人关系网，毛泽东的弟弟毛泽覃也是成员之一。中国共产党的成立是以各地的革新知识分子为媒介，由很多条支线共同推动的。

根据最新的研究成果，中国共产党事实上是在陈独秀前往广州前的1920年11月成立的。陈独秀等人发表了《中国共产党宣言》，发行了杂志《共产党》。还派遣代表参加翌年的第三届共产国际大会，得到了承认。

1921年6月，共产国际的新代表马林等人一到上海，就要求立刻召开共产党大会。因此在陈独秀、李大钊这两名中心人物未能出席的情况下，中国共产党第一届全国代表大会便在上海法国租界召开了。中国认为该会在7月1日开幕，至今仍把这一天作为中国共产党的创始纪念日，实际上会议是在7月23日召开的。

此时的党员共有五十三名，参加会议的地方代表为十二名。其实开始有十三名代表参加，由于7月30日晚遭到租界警察的搜捕，会议改在浙江嘉兴的南湖的一艘游船中召开，有一人最后一天未能出席，便未被视作代表。参加人员的平均年龄为二十八岁上下，最年轻的刘仁静（北京代表）仅有十九岁。他们都身穿西服皮鞋或是长袍，一看就是知识分子。

参加这次会议的十二人中，活到1949年中华人民共和国成立的有六人，10月1日在天安门城楼上迎接开国庆典的只有毛泽东和董必武两人。而看看李大钊和陈独秀之后的命运，李大钊于1927年4月被奉系的张作霖逮捕后杀害。成为中国共产党首任书记的陈独秀，则在1927年被视作“右倾机会主义者”被赶下最高地位，1929年被开除党籍。

后来被国民党逮捕经历了狱中生活的陈独秀，在日中战争爆发的1937年被释放。此时，陈独秀严厉批评斯大林体制下的苏联和纳粹德国、意大利一样都是法西斯国家，是一党独裁的政治体制。他还坚持从建立共和制的辛亥革命到抗日战争这段历史是“民主革命时期”，五四运动的意义并没有丧失。

且不论陈独秀的观点是否正确，扬帆出发的中国共产党逐渐成长为左右世界的力量，无疑还需要漫长的时间和经验。这期间他们为失败所付出的牺牲也是巨大的。

第七章

革命尚未成功
——第一次国共合作与北伐

华盛顿体制与孙中山的革命方针

孙中山的“大亚洲主义”演讲

1924年11月，中华民国国父孙中山访问日本神户。孙中山时年五十九岁，为筹备国民会议，自广州北上，途经日本。日本被他称作第二故乡，但这次访问竟成为他最后一次访日，当时的他已身患癌症。

11月28日，孙中山站在神户高等女校的讲坛上，面对三千多名听众，进行了一个半小时的演讲，即“大亚洲主义”演讲。在这次演讲中，孙中山指出，亚洲受到欧洲侵略渐渐衰落，而日本对不平等条约的废除则为亚洲带来复兴，日本取得日俄战争的胜利，使亚洲各民族重获勇气，兴起独立运动。孙中山认为，欧

74 在神户高等女校做“大亚洲主义”演讲的孙中山

洲文化是用科学与武力使人屈服的霸道文化，而亚洲文化是以仁义和道德感化对手的王道文化，王道文化好过霸道文化。

孙中山还呼吁亚洲各国应以王道文化为基础，为寻求民族解放，必须在大亚洲主义之下团结起来。最后作为结语，孙中山讲，“你们日本民族既得到了欧美的霸道的文化，又有亚洲王道文化的本质，从今以后对于世界文化的前途，究竟是做西方霸道的鹰犬，或是做东方王道的干城，就在你们日本国民去详审慎择”。

孙中山的演讲深深打动了现场听众，获得了雷鸣般的掌声。然而，日本后来仍然选择了霸道的文化，最终走上自我破灭之路。孙中山的演讲仿佛穿透了悠长的岁月，对如今深知这段历史的日本人提出了尖锐的质问。但是，这次演讲至今仍然能感动人心的最大原因是，曾一度看似已落后于时代的老革命家，在离世之前，散发出他最后的光芒，显示出了他揭示历史必然趋势的魄力。本章着重叙述的国民党与共产党携手的第一次国共合作以及以此为基础展开的国民革命正是孙中山北伐夙愿——按本书观点称之为南来之风——的实现。

华盛顿条约与军阀混战

1921年11月至1922年2月，华盛顿会议召开，目的是重建第一次世界大战后的远东与太平洋地区的国际秩序。对日本来说，华盛顿会议首先是五大国的缩减海军军备会议。会议规定五国主力舰总吨位的限额为美英各50万吨、日本30万吨、法意各16.7万吨，即五国按比例为5∶5∶3∶1.67∶1.67。另外，美、英、日、法签订了四国条约，规定四国相互尊重彼此在太平洋区域内岛屿属地和领地的权利。四国条约签订后，长期以来作为日本外交中心的日英同盟终止了。

中国虽然是战胜国，但在凡尔赛和约签订之时却未受到平等对待。因此，北京政府把华盛顿会议看做是废除不平等条约的机会。大会开幕后，中国代表顾维钧提出中国要求收回关税自主权，提高关税税率，并且以违反美国主张的门户开放政策为由，要求废除“二十一条”。

1922年2月，五大国及比利时、荷兰、葡萄牙、中国签订了九国公约。九国公约规定尊重中国之主权与独立及领土与行政之完整，维持各国在中国全境之商务实业机会均等之原则。根据九国公约，日本与美国1917年缔结的承认日本在中国特殊利益的兰辛—石井协议被废除。但是，中方最初提出的收回关税自主权问题仍未能解决，提高关税税率的主张也遭日本反对。另外，山东问题亦未能如中方意愿交由各国共同协商，而是依然在中日两国之间进行直接交涉。

中日交涉的结果是，规定胶州湾德国旧租借界地交还中国，将胶州湾德国旧租借地全部开放为商埠，准许外国人在该区域内自由居住并经营工商及其他合法职业；中国以借款形式赎回山东铁路，还款期限为十五年；山东矿山由中日共同经营。关于"二十一条"问题的争论焦点是，是否认可第二条规定的旅顺、大连的租借期限并南满、安奉两铁路管理期限均延展至九十九年为限。中国最初与俄罗斯签订的租借期限是1923年3月，据此中国要求收回旅顺和大连，开展了收回旅大运动。另外，北京政府也与日本就废除条约进行了交涉，但遭到日本政府拒绝，最终未能实现。

华盛顿会议之后，中国出现了一个特殊现象，即列强开始分别支持中国特定的政治势力，比如日本采取援段政策，拥护段祺瑞一派，这就引发了中国的军阀混战。五四运动使得皖系军阀段祺瑞失去人心，取而代之的是英美支持的直系军阀曹锟和吴佩孚。1920年7月，直系与日本支持的奉系军阀张作霖联合对皖系发动战争，即直皖战争。皖系失败，被驱逐出北京政府。但随后，直系与奉系之间也产生了争夺主导权的矛盾，1922年4月第一次直奉战争爆发。第一次直奉战争以奉系失败告终，张作霖退回东北三省，北京政府由直系控制。

当时，中国各地连连爆发内战。各路军阀势力可以说是一种相当于通过从社会征收军费以获得利润的企业。各势力都需要不断增强自身兵力，以便在与对手竞争时处于优势。但同时又不希望与对手进行决战，消耗自身资本。另外，当时的军官虽多为毕业于士官学校的新型精英，但士兵却是贫农出身的雇佣兵，故乡都有双亲要赡养，每月需寄饷钱回乡。

对于一个在乡务农的青年来说，参军便意味着“有吃、有穿、有钱”。他们并不认为当兵是多么危险的职业，一次突击，即可领到三个月的饷钱。不少人在战场上为了不伤及对手而放空枪，或者索性缴械逃跑。逃兵大多成为土匪，或再加入别的军队。

与担负保卫国家大任的现代军队相比较，这种私人军队的组织相当涣散，因此也使得日本人愈发认为“中国军队不堪一击”。而中国共产党则批判这些武装势力是地方上独裁的“土皇帝”，是充当帝国主义代理人的半封建半殖民地式军阀。但另一方面，中国社会自古有“好男不当兵”之传统，而军阀的兴起则使得军人这一职业终于获得了相应的市民权。军事优先的风潮在中国社会蔓延，一直影响到国民政府和中华人民共和国。

陈炯明的联省自治与马林

五四运动爆发的1919年，孙中山正在上海避难。以往的研究认为，此时的孙中山被团结起来的民众力量所震撼，因而放弃以中华革命党等秘密组织为中心的革命形式，决心建立以人民为基础的革命政党。实际上，孙中山并没有马上就对五四运动产生兴趣。因为，对他来说，当时更为重要的是要夺回被广西军阀陆荣廷所篡取的广东军政府的领导权。

1920年10月，盘踞在福建南部的陈炯明（广东海丰人）打出“粤人治粤”旗号，率部进攻广州。陈军赶走了陆荣廷，迎接孙中山入穗。陈炯明是被称为“社会主义将军”的开明军人，全力支援过1922年1月的香港海员反英罢工运动。当上广东省长后，陈炯明曾邀请中共创始人陈独秀担任广东省教育委员会委员长。陈炯明在广东建立地方自治制度，并试图把广东模式推广到全国，开展了以成立联邦制国家为目标的联省自治运动。

但是，孙中山并不赞成这种地方自治运动。他主张通过北伐统一全国，建立一个中央集权的统一国家。1921年12月，陈炯明在广东公布了以自治为重心的广东省宪法草案。但孙中山对此不以为然，强令广东军政府北伐。愤怒的陈炯明于1922年6月进攻总统府。孙中山被迫离开广州，再次逃亡上海。孙中山年轻的妻子宋庆龄也不幸流产。

陈炯明的造反半年后以失败告终。在孙中山号召下，各路军事势力进攻广州。1923年3月，孙中山重返广州，就任广东军政府陆海军大元帅。然而，孙中山虽然屡遭挫折，有“失败之英雄”之称，但与陈炯明的决裂也给他带来了沉重的精神打击。陈炯明既是孙中山的同乡，也是他常年交往的革命同志。再加上广东军政府没有被华盛顿会议承认为中国合法政府，因而也未能派代表参会，这更加深了革命家孙中山的孤独感。

此时，发表《加拉罕宣言》令中国人感到惊喜的苏联以及共产国际的代表马林，向已逐渐被时代所遗忘的孙中山伸出了援助之手。1921年12月，来中国参加中国共产党第一次全国代表大会的马林在桂林与孙中山进行了历史性的会谈。

在此之前，孙中山一直对马克思主义持怀疑态度。孙中山的民生主义认为资本家与工人的矛盾是应该去调节的，他不赞同阶级斗争（或民众运动）是推动历史发展的动力这一马克思主义理论。但是，听了马林对列宁实施的新经济政策的介绍，孙中山发现这与自己发展实业的计划有很多相同部分，对此他感到“非常兴奋”。另外，马林游说孙中山说，华盛顿体制是压制中国和苏联的体制，因此两国必须联手合作，对此孙中山亦颇受打动。

第一次国共合作与蒋介石

第一次国共合作的实现

马林劝说孙中山与苏联合作，是基于共产国际援助殖民地民族运动的方针。他看到陈炯明对香港海员罢工的支援，深受感动，因此他把孙中山新成立的中国国民党（与辛亥革命爆发后成立的国民党不同）视为民族布尔乔亚的代表，寄予了很大期望。但当他在1922年4月提出国共合作的设想时，却遭到以陈独秀为首的共产党干部的强烈反对。

陈独秀等人与同为进步知识分子的国民党人有密切往来关系，对孙中山专制和向列强妥协的一面深有了解。同时，他们也考虑到共产党开展的工人运动刚刚起步，还不具备条件与试图通过北伐武力统一全国的国民党进行合作。更重要的是，他们认为双方的立场不对等，担心共产党员加入国民党形式的国共合作，会危及共产党的存在意义。但是，马林关于国共合作的主张得到了共产国际的认可。1922 年 8 月，在杭州西湖召开的中共中央特别会议上，重返中国的马林对反对国共合作的意见予以了压制，陈独秀等人也不得不服从共产主义运动大本营的共产国际的决定。

1922 年 8 月，孙中山在上海会见了马林、李大钊、陈独秀等人。当时的孙中山由于陈炯明的叛变，损失惨重。因此，苏联政府提出的予以军事援助的承诺，对他来说是一次起死回生的机遇。随后李大钊率先以个人身份加入国民党，陈独秀也着手帮助国民党进行党内改革。1923 年 1 月，孙中山与苏联政府代表越飞联名发表《孙文越飞宣言》，明确表示了接受苏联援助以完成中国统一与独立的方针。

这样，中共与苏联政府及共产国际方面开始着手准备国共合作。1923 年 10 月，鲍罗廷作为国民党苏联顾问被派往广东。但另一方面，与苏联合作是孙中山的独断决定，国民党内还存在不少反对意见。

特别是针对鲍罗廷的“耕地农有”的主张，国民党内不少人担心这种包括土地再分配在内的激进政策，有破坏国民党根基之危险。最终，在孙中山与鲍罗廷的协商之下，国共合作在成立农民协会及减轻佃农田租百分之二十五的基础上被推动起来。

但是，孙中山的儿子、国民党青年党员的领袖孙科却始终要求取缔共产党的活动。而孙中山的强硬做法也在国民党内引发了严重的意见分歧，他去世后，这些矛盾彻底爆发。

1924 年 1 月，中国国民党第一次全国代表大会在广州召开。会上，国民党提出了反对帝国主义侵略、打倒军阀统治、改善平民生活的新三民主义。另外，国民党的行动目标也由恢复临时约法和国会改为成立国民政府，会议倡议在“联苏、容共”的方针下开展国民革命。国民党一大的重要成果之一是实现了国民党的改组，李大钊等三名共产党员入选了新成立的中央执行委员会。当时，也有人提出反对共产党员在保留原有党籍的条件下以个人身份加入国民党，但由于国民党干部廖仲恺（孙中山去世后即遭暗杀）在会上极力游说国共合作的必要性，这一政策最终得以通过。

国民党改组标志着国共合作的开始，同时也使得国民党蜕变为近代政党。这次改组过程中，对俄国革命的布尔什维主义组织论的接受，对其后的中国历史产生了重大影响。其最大特点是政治与军事的一体化，由一群抱有坚定革命信念的人建立起严格的中央集权组织，制定明确的计划，武装夺取权力。改组后，不仅国民党由广东地方政权发展为全国政权，刚刚成立的中国共产党也得以迅速壮大。

对布尔什维主义的接受打开了辛亥革命后一直持续的混沌局面，但同时也为两大年轻政党带来了深刻的问题。即作为维护权力的手段而采取的一党独裁的政治体制、中央集权形式的组织所导致的官僚主义性格以及坚持革命信念所产生的排他性。从其后的历史来看，这些弊害由于日本的侵略和美苏的对立而被进一步扩大，造成国共两党备受压迫的特质。可以说国共两党是布尔什维主义的双生儿，尽管曾两度合作，但为争夺权力爆发的内战是他们的历史性宿命。

黄埔军校与蒋介石

对中国国民党来说，接受布尔什维克主义的另一个成果是以苏联红军为模式建立了党直属的军队。这支军队的军官在以实现国民革命为目标的思想教育的浸染下，具有高昂的战斗意志和对党的忠诚心，这与以往的军阀势力完全不同。另外，国民党还开办了军官教育机构黄埔军校，作为该校校长发挥过重要作用的人物便是自称为“中国拿破仑”的蒋介石。

蒋介石是浙江奉化人，比毛泽东年长六岁。他从救国救亡的热血青年成长为后来的军事专家。1907 年，留学日本的蒋介石从振武学堂（清政府为清朝留学生考入日本陆军士官学校而在东京开设的预备校）毕业，在新潟县的日本陆军炮兵连队作为士官候补生服役了一年。

蒋介石在日本加入了中国同盟会。辛亥革命爆发后，他随即回国，在上海等地参加了军事作战。孙中山成立中华革命党后，蒋介石亦加入该党，并为广东军政府的成立做出相当贡献。但

75 蒋介石

是，因为他参与了1910年代上海证券交易所的股票交易，因此以往对他的评价，大多倾向于批评他是腐败的政治家。不过从蒋介石与上海黑社会青帮头目杜月笙等人关系密切这点来看，可以肯定地说，他是一位黑白通吃的政治家。

辛亥革命后，政治形势混乱，蒋介石曾两度提出希望赴欧美留学。但孙中山看重他的能力，以“革命阵营的损失”为由，不同意他去留学。随后，在与陈炯明军的苦战之中，蒋介石痛感军事研究对于建设一支强大军队的必要性。1923年，孙中山派遣访苏团赴苏联访问，蒋介石自告奋勇，成为访苏团代表。

在苏联，在得知斯大林派以及中国共产党派遣的留学生对孙中山的评价很低，蒋介石大受打击。他本人在共产国际委员会上做有关三民主义的演讲时也受到嘲笑，因此他对共产党并没有好感和信任。不过，在视察苏联红军后，蒋介石洞察到苏联红军强大的秘密在于采取了专心于军事指挥的指挥官和负责政治思想教育的党代表两者并行、职权分明的军事体制。1924年，黄埔军校成立，蒋介石担任黄埔军校校长。他亲自负责军事教育，由极力主张国共合作的廖仲恺担任国民党党代表，两人合作共同致力于军官教育事业。

在黄埔军校中，国民党的军事优先路线与共产党的民众运动路线两者并行，可以说黄埔军校作为国共合作的试验田发挥了

76 黄埔军校

重要作用。以政治部主任周恩来为首，有大批共产党员负责政治教育的工作。学校的基本构想以苏联为模式，但蒋介石及高级教官多有留学日本经验，因此日常生活中的纪律和习惯等，多学习日本陆军。蒋介石认为革命献身的精神和强有力的组织是革命成功的必须条件，他制定了《革命军连坐法》等严格的军法军规，规定临战逃脱者一律枪毙。

另一方面，担任黄埔军官校长也为蒋介石带来了巨大的政治资本。在科举时代的中国，考官是中举者必须一生敬仰的恩师。因此，从黄埔毕业的青年军官也都视蒋介石为师。蒋介石本人则非常欣赏中国的传统文化，推崇身为儒学家，同时又是湘军领袖的曾国藩。蒋介石在给学生的训话时，常把军队比作一个大家庭，把自己比作学生的家长。

值得一提的是，蒋介石还曾与近 20 人的同志和部下结义为兄弟，在他掌握权力的过程中，非常注意建立自己的人际网络。比如，继陆荣廷后成为桂系新领袖的李宗仁就是在蒋介石的拉拢下，与其结拜为把兄弟。李宗仁对上级长官突然提出这一“旧式”要求感到不解，但是蒋介石安抚他说：“你不必客气，我们革命和中国旧传统并不冲突。”

说起中国的结义兄弟，最著名的是刘备、关羽、张飞的桃园三结义。结交黑社会头目的蒋介石深知传统习俗在中国社会的重要性。可以说，他在苏联红军的组织原理中糅入了中国传统的“情义”理念，从而使得过度强硬的组织具有了一定的温情。这无疑是对布尔什维主义这一外来文化所做的中国化的接受过程。

77 宋氏三姐妹　宋霭龄（中）宋庆龄（左）宋美龄（右）

作为蒋介石另一项政治资本，不得不提的是他与宋氏三姐妹中三妹宋美龄的婚姻。这也是一项借助中国传统所转化的政治资本。1927 年 9 月，蒋介石在北伐期间到日本进行了一个多月的访问。在神户，他向宋美龄的母亲提出了与宋美龄结婚的愿望。当时的蒋介石四十一岁，虽然宋美龄比他小了十岁，但宋家的长女宋霭龄却极力促成这桩婚事。

与冲破层层反对而结合的孙中山、宋庆龄夫妇相比，蒋宋的婚礼盛大而浪漫。但是，这桩婚事更为重要的是它所带来的巨大的政治效果。自此，蒋介石与孙中山结为姻亲，使他成为孙中山继承人具有了正当性，对日后他当上中华民国领袖起到了至关重要的作用。

孙中山的北上和逝世

反观北京政局，1924 年 9 月，第二次直奉战争爆发。在日本援助下蓄积实力的奉系张作霖联合皖系和孙中山的广东军政府，结成三角同盟，对直系发起战争。直奉两军在东北三省与华北交界的山海关交战，起初，直系军队占据优势，10 月，直系人称“基督将军”的冯玉祥倒戈，致使战局逆转，直系曹锟被囚于北京，吴佩孚出逃。

实际上冯玉祥的倒戈与日本军部有关。当时，日本政府采取外相币原喜重郎的协调外交路线，主张不干涉内政。但是，据说担任张作霖军事顾问的日本军人曾秘密劝说张作霖，以重金收买冯玉祥。还有一种说法是，袁世凯的顾问坂西利八郎得知曹锟向美国申请援助后，通过奉天特务机关长土肥原贤二和留学日本陆军士官学校的中国同盟会会员黄郛，劝说冯玉祥起事。

这场战争也给住在紫禁城中的宣统皇帝溥仪带来了灾难。冯玉祥军进驻北京后，废止了对清皇室的优待条件。被派往接收宫城的军队，限令清室在三小时内迁出紫禁城。溥仪当时十八岁，非常厌倦紫禁城的生活。冯军司令官质问他：“今后你是称皇帝呢？还是以平民自居呢？”他回答说：“我对于取消皇帝尊号是完全同意并且很愉快，因为我对宫廷那种不自由的生活早已感到厌烦。”据说周围士兵闻此齐声鼓掌。

但是，被突然逐出紫禁城的溥仪，很难找到一块安全的落脚之地。起初，他寄居在父亲醇亲王载沣的宅邸，不久便在清末驻神户总领事、后来成为“满洲国国务总理大臣”的郑孝胥的介绍之下，移居到北京的日本公使馆。1925 年 2 月，溥仪进入天津日本租界，并在租界生活了七年。其间，他与日本的关系不断加深。迎接溥仪到天津的正是当时的天津总领事、战后成为日本首相的吉田茂。

在对直系战争中取胜的张作霖和冯玉祥推举段祺瑞执掌北京政府。同时，冯玉祥又督促孙中山尽快北上，以牵制张作霖。1924 年 11 月，孙中山发表北上宣言，申明国民革命之目的在建成独立自由之国家，不仅在推翻军阀，尤在推翻军阀所赖以生存之帝国主义。孙中山还主张要从国民各阶层团体中选出代表，召开国民会议，废除不平等条约。

但是，孙中山在经由上海北上时，受到英国阻碍，只得选择转经日本。上文所述的感动听众的“大亚洲主义”演讲，就是他北上途中在神户所做。孙中山于 12 月 4 日到达天津，原本计划直接赶赴北京，由于胰腺癌致使胃痛，只得延期至 12 月底。抵京后的孙中山进入协和医院接受手术，但为时已晚。

1925 年 3 月 12 日上午 9 时 30 分，孙中山在宋庆龄的守护下，于北京安然逝世。他未能看到武力统一中国和北上召开国民会议的实现。就如他留下的遗言“余致力国民革命，凡四十年……现在革命尚未成功，凡我同志，务须依照余所著《建国方略》、《建国大纲》、《三民主义》及《第一次全国代表大会宣言》，继续努力，以求贯彻”。作为革命家，孙中山的一生挫折无数。当然，本书也多次指出，孙中山是一介凡人，他身上有如因高傲所致的独裁专制的一面，绝非毫无缺陷的圣人君子。

然而，孙中山逝世后，不少保守派政治家对此喜出望外。鲁迅曾撰文尖刻地讽刺这些攻击孙中山的人，“战士（指孙中山）战死了的时候，苍蝇们所首先发见的是他的缺点和伤痕，嘬着，营营地叫着，以为得意，以为比死了的战士更英雄。但是战士已经战死了，不再来挥去他们。于是乎苍蝇们即更其营营地叫，自以为倒是不朽的声音，因为它们的完全，远在战士之上。的确的，谁也没有发见过苍蝇们的缺点和创伤。然而，有缺点的战士终竟是战士，完美的苍蝇也终竟不过是苍蝇”。

不论有多少缺点，尽管不够完美，但是孙中山无疑是将中国历史向前推动的伟人。孙中山的革命理想虽然在他有生之年未得实现，但不可否认，他是中国近代史上不可或缺的人物。他罹患重疾，面临生死关头，却亲赴敌区北京。本来，华北地区人民对他的革命主张并不了解，但随着对他病情的报导，国民革命的理想也得以在华北人民中广泛宣传。可以说，孙中山以死化作改变中国的“南来之风”，他耗尽了最后的力气完成“一个人的北伐”，而他的后继者们以此作为动力，继续为实现他的遗志而努力。

《无花的蔷薇》与北伐开始

鲁迅与三一八惨案

其时，鲁迅迎来了他人生的重大转折点。《阿Q正传》发表后的1923年，鲁迅与共同居住的弟弟周作人一家决裂。翌年，搬到北京市内的西三条胡同（现为北京鲁迅博物馆）。二人关系恶化的原因之一是，作为大家庭的家长维持全家生计的鲁迅与周作人的日本妻子羽太信子之间的矛盾。据说由于信子无法放弃日本人的生活方式，喜好奢侈，致使每月亏空，家用拮据。

1925年3月，在北京女子师范大学担任兼职教师的鲁迅收到一封女学生的来信。写信人署名许广平，是鲁迅班上表现活跃的学生干部。当时的女师大校长属于保守派，对学生运动采取压制政策，以孙中山“共产共妻”（保守派对左倾化的国民党的污蔑）为由，不许学生参加孙的葬礼。许广平等学生领袖带领学生多次要求更换校长，均遭当局反对。在这样的压迫下，许广平感到彷徨和苦痛，急欲“在黑暗中寻找指引”，于是开始给老师鲁迅写信求教并倾诉胸中的苦闷。

收到信后的鲁迅回了一封长信，鼓励许广平，自此二人开始写信笔谈。随后，许广平因参加学潮被开除，8月，北京政府决定解散女师大。鲁迅发表声明支持学生，并担任由女师大师生成立的校务维持委员会委员，继续处理学校事务，为被逐出校园的学生开课。北京当局下令免去鲁迅在教育部的职务，但这并未使他屈从压力。学生们开始经常出入鲁迅家，被警察追捕的学生也藏在鲁迅家里。

1925年5月，上海的日商纱厂发生劳资冲突，中国工人被射杀。这一事件引发了大规模的反帝罢工运动，即五卅运动。各界反对帝国主义和封建军阀的声音此起彼伏。在女师大事件中，鲁迅表现出了彻底反抗的态度，这不仅是出于对许广平等充满才气的学生的同情，也体现了他对中国政治局势的深度关怀。最终，政府不得不妥协，同意女师大复校，鲁迅也被教育部复职。但是，新的悲剧已经在等待着学生们。次年，北京发生了“三一八”惨案。

当时的北京政府是由奉系张作霖、段祺瑞与冯玉祥组成的联合政权。1925年11月，奉系将军郭松龄倒戈反奉。冯玉祥也为了联合革命派，自称国民军，与张作霖开战，并于1926年3月击败张军。但是，欲借助张作霖维护其在东北权益的日本，出兵干预郭松龄，致使郭松龄兵败。日本还派两艘军舰进入大沽口，炮击国民军，并与英美等八国公使向北京政府发出最后通牒，提出停止天津一带军事行动，并限令48小时内撤出军队等干涉中国内政的要求。

愤怒的北京学生和市民于1926年3月18日在天安门广场前

78 鲁迅与许广平、海婴

举行抗议集会，决议向北京政府请愿，要求政府驳复八国通牒。当日早晨，许广平抄写完鲁迅的书稿，正要出门参加集会。鲁迅叫住她说："为什么这样匆促？我还有些东西等着要抄呢。"许广平深知鲁迅的脾气，是要用最短的时间做好工作的，只得留在家继续完成抄写书稿的工作。鲁迅则在书斋深处埋头撰写《无花的蔷薇之二》。

十时半左右，突然有人慌慌张张跑进鲁迅家，说请愿队伍在国务院门前遭到军警枪击，死伤众多。许广平闻讯后立刻跑回学校，随后学生干部、也是鲁迅学生的刘和珍等人的尸体被抬回。冲突中，军警以大刀和棍棒殴打学生，根据当局公布的数字，死者 47 名，伤者 150 余名。率领游行队伍的李大钊头部受伤后，仍然指挥队伍撤退。

得知消息的鲁迅在《无花的蔷薇之二》中写道："现在，听说北京城中，已经施行大杀戮了。当我写出上面这些无聊的文字的时候，正是许多青年受弹饮刃的时候。呜呼，人和人的魂灵，是不相通的。"

为美化屠杀行径，北京政府把请愿学生贴上"暴徒"的标签。一些迎合政府的保守知识分子批评事件的责任在李大钊和学生领袖。这是鲁迅所不能容忍的，他饱含激愤地写下："墨写的谎说，决掩不住血写的事实。”

但是，紧张的形势不允许鲁迅当一个局外人。北京政府惧怕事件发展为革命运动，向李大钊等5名请愿运动领袖发出逮捕令，鲁迅等50名进步知识分子也被列入黑名单。预感到危机的鲁迅暂到日本医生经营的医院避难。4月，张作霖进入北京，鲁迅又躲到德国和法国医院。5月，鲁迅一度返家，但北平已然没有安居之地，鲁迅只得与许广平等避赴南方。

蒋介石的崛起与中山舰事件

1925年7月，中国国民党在广州成立国民政府。围绕孙中山继承人的问题，党内出现了群雄角逐的局面。廖仲恺是最具实力的人选之一，但在8月，廖仲恺因欲控制广东军事势力而遭暗杀。孙中山的亲信胡汉民成为最大嫌疑人，为此胡无法在广东立足，只得出走苏联。随后，汪精卫被选为国民政府主席，但他并不具备强有力的支柱。而此时党内迅速崛起的是在10月击败陈炯明、为夺取广东政权做出贡献的蒋介石。

既往学说多认为，蒋介石从始至终都反对中国共产党，中国学者的研究中评价他为“新右派”。战败到台湾后的蒋介石在他的著书也中表示自己最初就站在“反苏反共”的立场上。但是，这些说法都是后世为了顺应自身需要所虚构的情节，并非历史的真相。实际上，蒋介石一边扩大自己的实力，一边誓师北伐，他是需要并极力维系国共合作的人物。

对当时的国民党来说，如何从三民主义的观点解释马克思主义，是掌握国共合作主动权的关键问题。孙中山说："本党既服从民生主义，则所谓'社会主义'、'共产主义'与'集产主义'，均包括其中。"而正因为这一暧昧的说法，在他去世后掀起了争论。最初提出异议的是理论家戴季陶，他基于孙中山否定阶级斗争的观点，要求重新明确国民党的原则。一些反对共产党的国民党人立即起来呼应戴季陶，他们于1925年11月，在暂厝孙中山遗体的北京西山碧云寺集会，通过了取消共产党员的国民党党籍、解雇鲍罗廷等十项决议。这派反共团体被称为西山会议派。

国共两党逐渐激化的矛盾也出现在国共合作的试验田黄埔军校。1925年2月，共产党员出身的学生们成立了青年军人联合会。为了与之对抗，国民党员出身的学生们于4月创办孙文主义学会，并于12月举行了声援西山会议的游行。另外，廖仲恺死后，蒋介石与苏联军事顾问团之间失去了沟通渠道，蒋介石立即北伐的主张甚至遭到苏联顾问团团长季山嘉的反对。而廖仲恺死后当上党代表的汪精卫表现出倾向于苏联一方，更令蒋介石感到自己在军内的领导权受到了威胁。

1926年3月20日，国民革命军主力舰中山舰未经蒋介石许可开进黄埔港，并要求回航广州。这一可疑行动更加深了蒋介石的疑惧，他马上下令广州戒严，占领了中山舰，逮捕了舰上的五十多名共产党员，同时包围苏联军事顾问团寓所，并解除了广州和香港共产党领导的工人纠察队的武装。这就是所谓的"中山

79 汪精卫

舰事件”。

这一事件最初是蒋介石怀疑中山舰的动向为共产党叛乱，因而采取的突然行动。但是国共合作破裂后却出现了多种说法。比如蒋介石采取行动的原因是共产党企图把蒋介石绑架到苏联，或说事件是蒋介石为镇压共产党采取的有计划的行动。结果，中山舰事件至今仍然是中国近代史上的一大谜。不过，无论真相如何，事件导致的两个结果是明确的。其一是，蒋介石取代了国民政府主席汪精卫在党内的地位；其二是，蒋介石掌握嫡系部队，同时其他妨碍国共合作的势力均被排挤。

首先来看第一点，蒋介石未经汪精卫许可擅自动用军队，实际上是挑战汪权威的行动。汪精卫虽然非常愤怒，但蒋又散布谣言说汪精卫与季山嘉欲攻击自己，汪精卫被迫称病辞职。苏联为了避免与蒋的冲突，送汪精卫去法国静养。逼走汪精卫后，蒋介石推举自己的亲信也是浙江同乡的张静江当上中央委员会主席，而自己则掌握了实际的党政军大权。

第二点，蒋介石不分国共，对凡反对国共合作的各派势力都实施了强压政策。首先被开刀的是孙科等国民党广州市党部内的反共派，其中心人物吴铁城受到监禁处分。另外，5月，青年军人联合会与孙文主义学会发生斗殴事件，蒋介石以此为借口解散了两个组织，并把原组织成员吸收进自己任会长的黄埔同学会。

1926年5月，蒋介石在国民党会议上提出整理党务案，要求共产党须将其加入国民党之党员名单交国民党中央保存，双重党籍者不得担任国民党中央各部部长等。鲍罗廷起初反对，但不得不和蒋介石妥协。结果，毛泽东辞去了代理宣传部长职，其他原在国民党中央任职的共产党人也都只好纷纷辞职。对此，蒋介石解释说是为了统一指挥权。但实则把这些要职全部换成了自己的亲信，如组织部秘书陈果夫（蒋介石之师陈其美的外甥）等人。

这样，在党内确立领袖地位的蒋介石，开始联络西北的冯玉祥、广西的李宗仁及湖南的唐生智（佛教徒，部下亦多信佛），准备北伐。鼓舞军队士气的《国民革命歌》传唱一时，“打倒列强，打倒列强，除军阀，除军阀。国民革命成功，国民革命成功……”。1926年5月，先遣部队向湖南进发。7月1日，当上国民革命军总司令、大权在握的蒋介石发表了《北伐宣言》。孙中山的遗愿终于被付诸实践了。

北伐战争与湖南农民运动

鲁迅的广州之行与北伐军的胜利

1926年8月，被北京政府通缉的鲁迅离开北京。他先与许广平到上海，随即又独自转赴厦门，在女师大同僚林语堂的邀请

80 武昌入城的北伐军

下，担任厦门大学文学部教授。鲁迅一边在厦门大学潜心研究古典文学，一边与许广平以通信方式保持这段师生恋情。从鲁迅的信中也可以看出他对国民革命的高度关注。

比如，写于10月10日双十节（中华民国建国日）的信中，鲁迅赞赏厦门庆祝的气氛热烈，而说北京“沉沉如死”。在10月15日的信中，记录了厦门报纸报道北伐军占领武昌、九江的消息，并说“即使要打折扣，情形很好总是真的”。辛亥革命受挫后，鲁迅极少对政治表现出热情，但北伐开始后，他非常关注北伐战局。

此时，北伐军的进攻已如破竹之势。先锋部队越过广东与湖南交界的岭南山脉，与李宗仁、唐生智部汇合，组成西路军（约十万兵力），在民众支持下于7月占领长沙。攻入湖北的西路军以当年太平军的气势，向武汉挺进，完胜了兵力、装备均远占优势的吴佩孚军（二十五万兵力）。吴佩孚虽枪毙临阵脱逃的军官以杀鸡儆猴，但仍未能阻止军队的溃败。10月，武昌守军投降，随后在北伐军的追击之下，吴佩孚的主力部队几乎被全歼。

而江西方面，蒋介石亲自率中路军与孙传芳军展开决战。起初，双方互有进退，僵持不下。11月，中路军终于占领了省府南昌。蒋介石下马，向群众挥舞着帽子步行进入南昌城。福建方面，东路军一路北上，1927年2月攻占浙江杭州。东路、中路两军更于3月，拿下了孙传芳的根据地南京。北伐军在一年之内就基本控制了中国南方地区。

而鲁迅与许广平的关系也有了新的进展。1926年11月，郭沫若及中共广东支部，要求校方聘请鲁迅到中山大学任文学系主任。因为许广平在广东，鲁迅接受了中山大学的邀请。他在1927年1月的信中这样写道："我先前偶一想到爱，总立刻自己惭愧，怕不配，因而也不敢爱某一个人，但看清了他们的言行思想的内幕，便使我自信我决不是必须自己贬抑到那么样的人了，我可以爱。"

在这之前，鲁迅认为自己是旧世界的人。他在《狂人日记》中发出"救救孩子"的疾呼，把希望寄托于年轻一代。但是随着国民革命的进展，与深深的寂寞共同沉睡的鲁迅的魂魄再次被唤起，他重新开始积极地与"现时"接触。3月，鲁迅到达广州，被作为"革命战士"受到了热烈欢迎，演讲的邀请不断。许广平也被聘为中山大学助手，为鲁迅作广东话翻译等，两人开始了共同的生活。

但不久之后，鲁迅就感受到了"革命发源地"广州的火药味。他觉得骇然，"原来往日所闻，全是谣言，这地方，却正是军人和商人所主宰的国土"。许广平也被校长等人告诫，要她注意与共产党人的关系。随着北伐的节节胜利，围绕革命的方向，国民党内部以及国共两党之间的暗斗逐渐激化。鲁迅的直觉不久就变成了不幸的现实。

北伐开始后，汪精卫的回归问题成为国民政府的一个重要政治课题。对蒋介石权力膨胀感到不满的国民党人希望迎接汪精卫回国，以制衡以蒋介石为首的浙江派。中共方面，陈独秀等人也反对北伐，认为北伐不符合人民利益，主张对“中间派”蒋介石采取严厉态度。但此时，中共与苏联的意见没有得到统一，共产国际代表维经斯基站在了与蒋介石合作的立场。

而对于蒋介石来说，他当然不希望被他排挤走的汪精卫复职。因此，他一方面电请汪精卫回国，又不让汪担任有实权之职。最终，蒋在这场权力争夺中取得了胜利。

随着北伐的开展，国民政府的迁移也成为焦点问题。反对蒋介石独裁的国民党人把国民政府迁到武汉，试图以此强化党的权力。而针对武汉国民政府，蒋介石在前线总司令部所在地南昌又成立了一个国民政府。这在某种意义上意味着本来应由党直接领导的国民革命军，却要求与党组织拥有同等权限。为此感到震惊的反蒋派国民党人试图削减国民革命军总司令的权力，但已具有坚固财政基础的蒋介石拒绝受到限制。

这样，蒋介石的独裁体制逐步形成。当然，必须看到的是，这一体制并非他一个人建立起来的。孙中山的北伐计划本身就具有军事优先的一面。另外，从孙中山与主张地方自治的陈炯明的矛盾中也可以看出，北伐计划中包含了建立专制性统一国家的构想。可以说，蒋介石在实现孙中山遗愿的同时，也继承了孙中山留下的负面遗产。

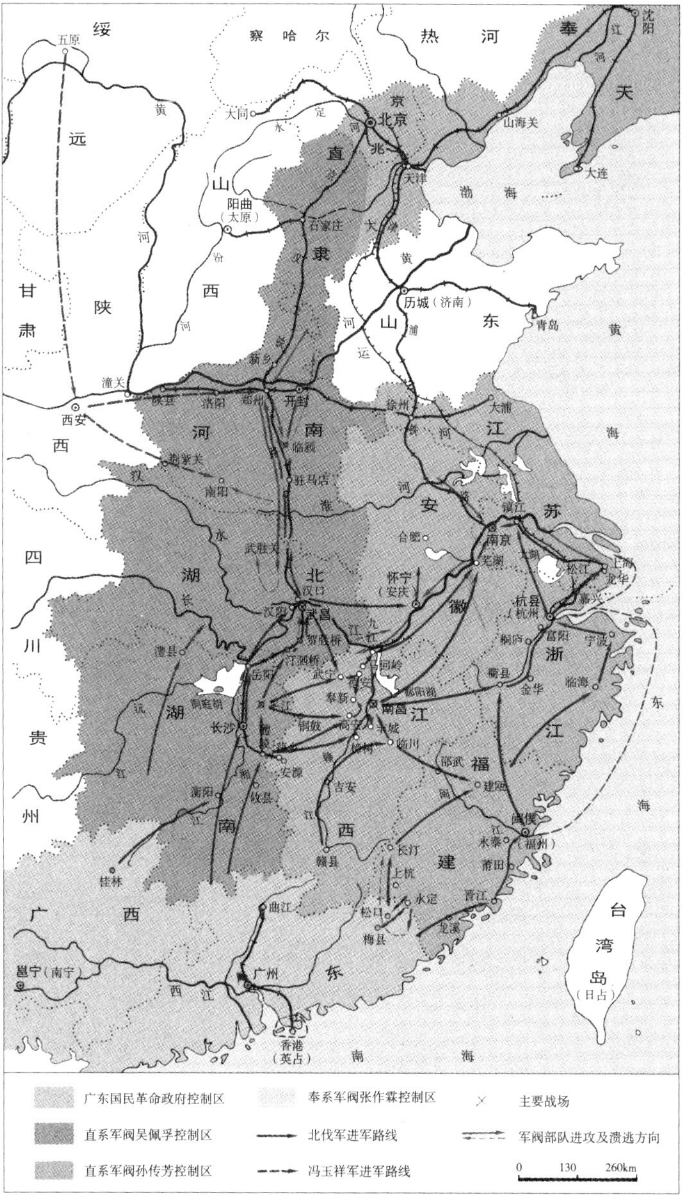

81 北伐前夕政治形势及国民革命军北伐进军路线图

与此同时，共产党的态度也发生了变化。到达武昌的鲍罗廷，联合西路军的唐生智，明确了反蒋姿态。蒋介石则派人到苏联劝说斯大林等继续维持与蒋合作的路线。而为了巩固自己的统治地位，蒋介石又将一直支持江西国民党组织的中共党员排挤出国民党外。也就是说共产党与蒋介石的意见分歧，被蒋介石巧妙利用，而中共方面没有能够采取有效的对策。

另一方面，毛泽东在辞去国民政府代理宣传部长后，转为担任国共合作下成立的农民运动讲习所的所长。当时，中国共产党的工作重心主要在城市里的工人运动。而出身湖南湘潭农村的毛泽东，从农村人口占绝大多数的中国的现状出发，主张国民革命必须首先是农民革命，只有解决农民问题，获得农民支持，国民革命才能成功。青年时代的毛泽东，反抗富农出身的父亲，投身于新文化运动。他认为，不消灭农村的封建势力就无法彻底打垮军阀和帝国主义的统治。

北伐开始后，在国民革命军占领区，毛泽东的弟子们深入农村，开展农民运动。在湖南，两百多名党员在各地设立农民协会，发展了超过两百万人的会员。他们在农村实行孙中山在国共合作时期认可的减租减息政策，冲击一切封建宗法制度，如破除祭祖、祭神等传统习惯，颠覆族权、父权为代表的传统社会秩序。他们还建立农民武装，组织农民自卫军。部分地区的农会成员还参与县政。到湖南考察农民运动的毛泽东写出了经典之作《湖南农民运动考察报告》。

在报告中，毛泽东承认农民运动中存在过分的行为。比如把没有多少土地的人也定为“土豪”，把穿长衫的人都称为“劣绅”等等。另外，报告也记录了国民党和部分共产党员对农会的批评。比如批评农会动不动捉“土豪劣绅”戴高帽游乡，甚至任意处刑，是“矫枉过正”的行为。

82 青年时代的毛泽东

针对这些批评，毛泽东在报告中进行了反驳。他说：“革命不是请客吃饭，不是做文章，不是绘画绣花，不能那样雅致，那样从容不迫，文质彬彬，那样温良恭俭让。革命是暴动，是一个阶级推翻一个阶级的暴烈的行动。”“现在农民起来枪毙几个土豪劣绅，造成一点小小的镇压反革命派的恐怖现象，有什么理由说不应该？”

从今天的角度来看，毛泽东的主张很容易受到批判。他在报告中说湖南军人唐生智支持对土豪劣绅的肃清。但其实是因为最先被杀的都是反对唐生智的人。另外，农民协会在乡村独裁，任意实施逮捕和处刑，最后发展到连共产党都无法控制，甚至省级官员被枪毙的事件都有发生。与国民革命军进驻大城市不同，农村地区很难切实感觉到革命到来的氛围。而太平天国的《天朝田亩制度》中包含的平均主义的乌托邦理想则很容易打动底层农民。

把毛泽东的行为与蒋介石做一比较，可以看出他们有一个共同点。即，无论是蒋的倚重军队也好，还是毛的重视群众运动也好，他们都认为武力是解决问题的关键。而崇尚武力并不仅仅是他们两人的特征。戴季陶在《日本论》中也主张："我们看见日本民族种种历史上的思想，看见日本维新的思想根据，使我们愈加了解'武力'和'战争'这一个事实是建国的最要紧的手段。不经过很多的恶战苦斗，费过很大的牺牲，民族的平等、国家的独立是决计得不到的。"

这些事实既反映出他们是那个时代的代言人，同时也揭示了在中国社会的底层积压着一股近似野蛮的能量，就如同义和团运动中所爆发出来的那样。国民革命取得胜利正是借助了这种能量。而这股蠢蠢欲动的能量，与打倒帝国主义的民族主义潮流一齐喷发，引起了激烈的连锁反应。这就是南京事件与四一二政变。

四一二政变与国共合作破裂

南京事件与蒋介石

1927年3月24日，北伐军攻占南京。在到领事馆避难的日本侨民中，却丝毫没有紧张气氛。因为当时北伐军的口碑相当好，所以侨民们认为北伐军不会像孙传芳部那样有抢劫行为。但是，次日早晨，北伐军以搜捕战犯为名，闯入领事馆，开枪威胁馆内人员，并与部分南京市民开始进行抢劫。南京的英、美两国领事馆也同样遭到袭击。于是英美军舰向南京市内开炮，造成人员伤亡，此即南京事件。

而类似事件也在中国各地频频发生。1927年1月，在湖北汉口的英租界，由中国人被杀事件引发大规模反英运动。刚刚成立的武汉国民政府借机收回了汉口和九江租界。但是，国民革命的口号本来就是打倒帝国主义。而北伐军的胜利，更点燃了中国人的民族主义热情。袭击领事馆、外国人寓所及基督教会的事件时有发生。

此时，日本没有像英美两国那样采取报复性攻击。日本外相币原喜重郎认为，与北京政府相比，蒋介石更有能力统治东北三省以外的中国。因此，日本政府仅要求中方惩罚参与暴行的士兵和对受害者进行赔偿，以及要求蒋介石压制共产党势力、保障各国在上海的利益与安全。但是，日本军部则批评政府的态度是软弱外交，上海的日本人团体也主张应向武汉政府表示强硬抗议。结果，首相若槻礼次郎被迫辞职，主张强硬外交的田中义一内阁上台。

另一方面，美国认为南京事件是让蒋介石与苏联分手的机会。国务卿凯洛格发表“新对华计划”，表示美国将向蒋介石提供财政援助，镇压共产党活动，美国还将督促蒋介石与张作霖停战，以实现南北共同取缔共产党。对此，蒋介石发表声明，表示要坚持国共合作。同时，他也向共产党发出不得破坏“国民革命伟业”的警告。对于蒋介石来说，他无法忽视列强要求他与共产党和苏联诀别的压力。

中共领导的上海武装起义与四一二政变

国民革命军继续北上期间，中共为反对统治上海的军阀孙传芳，在上海发动了数次武装起义。特别是1927年3月，在东路军白崇禧（新桂系）率部迫近上海之时，21日，中共在青帮首领杜月笙的协助下，策动了八十万人参加的总罢工。工人武装组织纠察队攻打并占领了警察局和守备队兵营，次日在上海成立了自治政府。

3月26日，蒋介石抵达上海。资本家组织上海总商会要求蒋介石尽快稳定局面。其中最为积极的是代表浙江财阀的宋氏家族的长女宋霭龄。宋霭龄承诺为蒋介石个人提供财政援助，同时希望蒋介石阻止工人收回上海租界的运动，以免妨碍中外贸易。事实上，中共领导的上海总工会主张上海由工人自治，正计划举行大规模罢工和进攻租界等活动，并组织了反蒋运动。

3月28日，国民党召开中央监察委员会，对中共的“过激”行为进行了批判。会议主席是辞去北京大学校长一职的国民党元老蔡元培。受克鲁泡特金的无政府主义影响，蔡元培提倡互助论，主张非暴力，反对马克思主义的阶级斗争论。会上，国民党批评共产党破坏国民革命，蔡元培对此表示赞成，并亲自作了报告，同意拘捕和监视共产党员。

这样，蒋介石在受到各方压力及接到各种要求之下，终于决定与共产党彻底决裂。他命令白崇禧对上海实施戒严令，同时与杜月笙秘密接触，断绝青帮对中共的支援。4月9日，蒋介石把亲共军队调去南京，自己也离开上海到南京，镇压中共的污名就丢给了白崇禧和杜月笙。

83 杜月笙

但中共方面却没有认识到形势的紧迫。其主要原因在于，4 月 1 日，在法国休养的汪精卫经由海参崴返回上海，在与蒋介石协商后，汪精卫与陈独秀发表了联合宣言，强调国共继续合作。但是，汪在 4 月 6 日即出发赴武汉，没有能够阻止国民党对共产党的镇压。使得气氛紧张的反而是 6 日在北京发生的事件。张作霖攻进北京的苏联大使馆和共产党支部，逮捕了李大钊等共产党员，取缔共产党的局势进一步恶化了。

1927 年 4 月 12 日清晨，白崇禧下令解除工人纠察队武装。而实际上，前一日的夜里，上海总工会主席就被杜月笙暗杀。国民党的策略是先由青帮袭击纠察队，然后国民革命军出动，以仲裁为名解除工人武装。但最后演变为青帮与国民革命军共同袭击纠察队，一百二十名工人在枪战中被杀，手枪、机关枪等三千余支武器被收缴。

13 日，上海总工会组织总罢工。下午，工人、学生开始游行，要求收回工人武装等。游行队伍行至宝山路时与国民革命军发生冲突，国民革命军向游行队伍开枪，死伤者不计其数。目睹这场血案的上海知识界人士向蔡元培等人发出抗议信，并在报纸公开发表。但是，4 月 15 日，蔡元培等人在中央监察委员会会议上对白崇禧排除“反革命分子（共产党）”的决定表示赞同。北京的周作人（鲁迅之弟）指出，对四一二清党运动，蔡元培等人难逃其责。

事件发生后，共产国际在4月14日发表了声讨蒋介石的宣言。18日，以汪精卫为代表的武汉国民政府宣布开除蒋介石的国民党党籍，并向他发出逮捕令。但是武汉政府不具备与蒋进行军事对抗的实力。蒋介石方面同样于18日在南京成立由胡汉民任主席的南京国民政府。双方在继续进行北伐的同时，形成了宁汉对峙的局面。而中共方面则试图重建上海的共产党组织，但4月25日以后国民党又开始了对共产党员的大清洗运动，共产党组织受到严重破坏。

国共合作的破裂与鲁迅

4月15日，上海发生的政变也波及广州。当日清晨，许广平家的佣人来报信，说中山大学校园内贴满了大字报，内容牵涉到鲁迅，叫他快逃走。震惊的许广平察看外面的情况，果然看到路上都是待命军队。广州市内被封锁，共产党团体和工会等遭到袭击，遇害者众多。中山大学也有四十余名共产党员被捕。

下午，中山大学召开系主任紧急会议，鲁迅冒雨赶往学校，并在会上呼吁营救被捕学生。但是中大副校长朱家骅说："这里是'党校'，凡在这里做事的人，都应服从党国的决定，不能再有异议"，拒绝了这一要求。愤怒的鲁迅拍案而起，质问在场教授："请问，被抓去的学生都犯了什么罪？"但无一人响应。当晚，回到家中的鲁迅愤而绝食。

随后，对共产党的镇压活动愈演愈烈。4月18日，鲁迅的好友，中山大学的共产党人毕磊被捕。鲁迅在文中写道："据我的推测，他一定早已不在这世上了，这看去很是瘦小精干的湖南的青年。"6月，中山大学以"共产分子"为名，开除和辞掉数十名学生和员工。鲁迅也主动提出辞职，9月与许广平同赴上海。

此时，武汉国民政府也发生了重大变化。与占据东南沿海富庶之地的南京国民政府相比，武汉国民政府的财政非常拮据。苦于资金的武汉政府，希望减少工人运动，以恢复生产，增加税收。但是，由于中共对工人统率不利，未能收到效果。实际上，只能通过在各地没收与吴佩孚有牵连的人的财产来保证税收。

而造成武汉政府内部产生深刻裂痕的是，围绕军粮发生的军队与农民协会的冲突。1927年5月发生的马日事变就是在此背景下发生的。唐生智下属部队在湖南长沙袭击农民协会，解除了农民自卫军和工人纠察队的武装。

以往的研究认为，这一事变是部分军官对武汉国民政府产生动摇，倒向反共阵营的结果。但实际原因在于农民协会禁止谷米流通，造成军米不足，甚至还发生农民将保护军米的士兵杀死，抢回已售出的军米等事件。另外，在打击"土豪劣绅"的过程中，不少国民革命军官兵的财产也被没收，家属受到迫害。

不过，当时中共的报告中说，屠杀军官家属的是秘密帮会哥老会的成员，他们实际把持着农民协会的内政。而中共领导层中也确实有出身秘密帮会者，如英勇善战的贺龙、彭德怀等。后来，这些人在毛泽东建立江西井冈山革命根据地过程中，发挥了重要作用。但在马日事变时，对这些以往饱受压抑的人在参加革命同时所爆发出来的负面能量，中共还没有能力控制。

这样，武汉国民政府事实上已经陷入了自我瓦解的境地。1927 年 6 月，共产国际代表罗易要求陈独秀等人执行共产国际的指示，要求中共继续留在武汉政府，同时开展土地革命，组织工农武装。但这一指示完全脱离中国实际，鲍罗廷也认为无法实施。于是，共产国际又于 7 月发出新的指示，要求中共不退出国民党，但必须退出武汉政府。在共产国际的压力下，中共只得宣布退出武汉国民政府，中共党员纷纷辞去在武汉政府的职务。而汪精卫等人已然对国共合作感到疲倦之极，中共的退出恰好为分共制造了机会。

1927 年 8 月 1 日，退出武汉政府的共产党员联合一部分国民革命军，以国民党革命委员会的名义，在江西南昌举行起义。南昌起义是中共独立领导的行动，起义前并没有考虑胜算，而仅仅是为了显示共产党员贯彻国民革命的气概。结果，起义以中共军队大败告终，武汉国民政府以此为借口开始大规模镇压共产党。9 月，武汉政府与蒋介石的南京国民政府合并，即宁汉合流。

至此，维持了近四年的第一次国共合作破裂，承继孙中山遗志的国民革命也在途中受挫。对终止国共合作一直持保留态度的蒋介石，最终选择与共产党决裂，这使他获得了国内外各界势力的支持，帮助他迅速完成了北伐。但是，这种迟疑使得革命形势不明朗，造成了许多人的无谓牺牲。

第八章

内忧与外患之中
——南京国民政府与九一八事变

重兴北伐与出兵山东

皇姑屯事件与日本

1928年6月4日凌晨，北洋政府陆海军大元帅张作霖正乘坐在开往奉天（现在的沈阳）的特别列车上。他因无法抵挡蒋介石率领的国民革命军向北京的进军，再加上时任日本首相的田中义一的劝告，决定退回东三省，徐图再起。蒋介石北伐的目的也在于占领北京，他向张作霖发出信号，表示不会越过华北与东北之间的山海关继续追击。

5点23分左右，列车通过了奉天附近的皇姑屯车站，来到京奉、南满两铁路交叉点附近。正在列车要通过高架桥下的瞬间，随着一声巨响，发生了爆炸，并开始燃烧。被救出来的时候，

84 张作霖

85 皇姑屯事件现场　被炸列车的惨状

张作霖已经奄奄一息，约 15 小时之后死去。这就是被日本称为“满洲某重大事件”的皇姑屯事件。

这一恐怖袭击行为是关东军参谋河本大作等人策划的，这一点在今天已经是常识。爆炸现场还留着两具中国人的遗体，虽然被伪装成国民党的特工，但一眼就能看出来他们是鸦片烟鬼。此外，附着在桥身的炸药只有日军才使用，爆炸力强大，而连接引爆开关的导线则引向关东军的铁道监视所。时任奉天总领事的林久治郎激动地对恰好在场的国会议员们说：“太恶劣了！是陆军那帮家伙干的，这下子可麻烦了。”

一开始，河本大作计划在杀掉张作霖之后采取进一步行动，但中方秘不发丧，其间开始建立张学良的后继体制，因此河本大作没有开展计划。田中义一得知日本军人参与事件之后，为了恢复国内外对日本的信任，进行了调查，并一度将事件真相报告给了日本天皇。但是，田中最终屈服于军方压力，于 1929 年 6 月向天皇上奏时态度骤变，称打算发表日本与事件无关的声明，触怒了天皇，后来被迫辞职。

从中日关系史来看，皇姑屯事件成了九一八事变的前哨战，而站在国民革命史的角度上，它事实上催生了东北易帜，也就是促使张学良倒向了南京政府。那么这一事件为什么会发生，对两国历史又产生了什么样的影响呢？下面，我们从南京国民政府与蒋介石的活动来探讨。

蒋介石的下野和访日

以中华人民共和国成立为起点，探讨中国共产党胜利原因的革命史观认为，成立于1927年4月的南京国民政府是反共政变的产物，不是正面评价的对象。但在近年，为了阐明中国国民党是如何失败的，国民党政府对于中国成为现代国家、提高国际社会地位方面起到了何种作用，南京国民政府正在成为关注的焦点。

刚刚成立的南京国民党政府面临着两个政治问题。其一是作为继张作霖的北京政府和汪精卫领导的武汉国民政府之后出现的第三个政府，有必要宣示政权的正统性。因此在4月18日的成立典礼上，国民政府主席胡汉民等人频频强调迁都南京是孙中山的“遗志”。他们还在宣言中指责共产党员的“破坏活动”拖了国民革命的后腿，导致了国共合作的失败，试图把上海的资产阶级这些对国民党的激进感到不安的新兴势力，转化为支持政权的基础。

其二则是蒋介石的进退问题。蒋介石建设国民革命军、指挥

86 蒋介石与宋美龄的婚礼
（1927 年 12 月）

北伐的功绩固然是谁也不能否认的，但在当时的国民党内，对于一名军人掌握独裁权力、文官统治不再有效也有强烈的不满。特别是对中山舰事件后，被蒋介石逼迫而称病辞职的汪精卫来说，蒋的下野是宁汉合流所不能妥协的底线。南京方面为了促成国民党的再统一，也予以支持，在 8 月份蒋介石指挥的徐州战役失败之后，四一二政变的执行者、新桂系的白崇禧也规劝蒋介石辞去总司令之职。

最后，蒋介石自己宣布辞职，武汉、南京两政府与主张反共的西山会议派于 9 月合并，完成了国民党的统一。当然，事实上蒋介石的辞职只持续了三个月，在重新出山之后反而拥有了更大的影响力。在养精蓄锐的这段时期，蒋介石为了请求宋家准许他与宋美龄结婚而访日，并与日本政界要人进行了会谈。而其中最重要的，则是与田中义一的会谈。

田中于 1927 年 4 月成为首相，并兼任外务大臣。与币原喜重郎的“协调外交”相比，他的外交政策被称为“强硬外交”。据说是在当年 6 月召开的东方会议之后，他为征服满蒙（即东三省及热河省）而向天皇提出了田中奏折，此事颇为有名。如今这份奏折被认为是伪造的，实际上他的对华政策，并没有离开在满蒙权益上与英美列强合作、保护张作霖这一既有的核心框架。

但是，在6月份北伐军进逼山东一带之后，田中义一为保护日本侨民，毫不犹豫地行使了包括第一次出兵山东在内的武力手段。而在东方会议上，以关东军为中心商讨了将满洲从中国分离、抛弃张作霖，并发出自治宣言的计划。同时，会议还明确了支持国民党镇压共产党的方针。蒋介石与田中的会谈得以实现，正是以上述田中外交的方针为前提的。

1927年11月5日，蒋介石来到田中义一家中。正如前面说过的，蒋介石曾经留学日本，并在1926年大正天皇去世时，让部下前往日本领事馆吊唁等等，这些都表明他颇为重视与日本的友好关系。同时他也很赞赏日本的发展，向田中表示中日两国应该在“真正平等”的基础上谋求共存，并以经济为中心开展合作。蒋介石向田中说明中国希望日本不要干涉国民革命军北伐，并施以援手，同时表示“我想明确地知道阁下的见解”。

在蒋介石日记中，此时田中提出“阁下应该把北伐的目标定为南京，以统一长江以南为宗旨。为什么要急于北伐呢？”他担心一旦战火延及华北，日本在满蒙的权益就会受损。听到蒋说“中国革命的目标就是全国统一。我们不能重蹈太平天国失败的覆辙。北伐必须尽快完成，如果中国不能统一，对日本也不利”，田中的脸色为之一变。

蒋介石与田中义一的会谈就这样没有取得成果。在日记中，蒋认为田中“毫无诚意”，认为重兴北伐之后，日本一定会加以阻挠。不管这是不是田中的本意，事实上第二年日本的出兵山东，使蒋介石的这一判断成为现实。

另外在会谈中，蒋介石谈到日本对张作霖的支持，抗议说这导致了近年来中国人反日情绪的高涨。田中义一担任满洲军参谋的时候，曾经救过被当做间谍抓起来的张作霖，这也成为张日后飞黄腾达的起点。但是，田中声称日本没有给张作霖任何援助，进而明言自己“非常讨厌”张作霖，支持的是张的参谋长、亲日派的杨宇霆。这些话到底有多少是发自内心，我们不得而知，但田中的发言，最终以最糟糕的形式变成了现实。

济南事件和佐佐木到一

汪精卫把蒋介石赶下台，但他自己的天下也并没有持续多久。1927 年 12 月，他因部下引起的内讧而引咎辞职，再次被迫出国。其结果是蒋介石重任国民革命军总司令，第二年成为国民政府主席，确立了国民党领袖的地位。

回到总司令职位上的蒋介石，首先进行的就是重兴北伐。1928 年 4 月开始的第二次北伐中，总兵力约为七十万人，分别由蒋介石和李宗仁（新桂系）、冯玉祥（西北军）和阎锡山（晋系）统领各军团。从徐州出发后，蒋介石顺利北上，5 月 2 日进入山东首府济南。

在北伐军的总司令部里，有一个日本人随行其中。他叫佐佐木到一，与本书中提到的柴五郎和坂西利八郎同为对华情报军官。佐佐木充满叛逆精神，被叫做“吵架到一”，曾经在军中受到冷遇。日本所看重的段祺瑞或张作霖等北洋政府要人的军事顾问职务，他没有机会得到，只能屈就于谁都不感兴趣的驻广东武官。

87 佐佐木到一

但是，在广东遇见孙中山之后，佐佐木完全倾倒于这个“完全没有个人野心的人”。他同时认为中国国民党是由一些“人格高洁”的人组成的，对他们充满期待，并对对方追求的国民革命理想产生了共鸣。佐佐木之所以醉心于国民党，是因为他厌恶不断争权夺利的北洋政府军事势力，以及和这些人纠缠不清的日本军人。他发现国民革命军具有高昂的士气和严正的纪律，认为即使北伐会稍稍威胁日本的权益，但支持殖民地状态下追求自立的中国革命，从长远角度来看，也是符合日本利益的。

但是，日军上层并不想听佐佐木的进言。北伐重兴之后，日本政府立即第二次出兵山东，日军先遣队比北伐军更早到达了济南。进入济南城后，佐佐木根据蒋介石的命令，担任与日军之间的联络官，发现日方充满杀机。到了5月3日，他的预感应验了。按照日方的说法，中日两军因一些小纠纷而发生“冲突”，到了第二天，日方死亡二十三人，中方死者则超过了一千人。

得到这个消息，蒋介石认为日本开始以行动阻挠北伐了，于是命令佐佐木到一进行调停。但日本驻军要求中方谢罪，发出了最后通牒，并于5月8日开始了远超保护侨民范围的攻击，杀死国民政府官员和一般市民达三千九百人。在北伐军阵地，佐佐木因偷偷带在身边的太阳旗被发现而受到关押，在蒋介石救佐佐木出来之前，激动的中国士兵对他施以私刑和恐吓。此时包围他的士兵们高喊“打倒日本帝国主义”和“杀了他，杀了他”，而佐佐木本人也做好了赴死的准备。

发生了这些事件，蒋介石还是优先进行北伐。他改变了部队的前进方向，避免与日军全面冲突。5月18日，蒋介石在河南郑州与冯玉祥、白崇禧等人召开作战会议，进行准备，6月1日发起了向北京的总攻击。张作霖意识到已无法抵抗，于是在2日宣布撤往东北，并于3日离开了北京。第二天拂晓他遭遇炸弹袭击，这在本章开头已经说过了。6月11日，新任司令长官阎锡山进入北京，宣布南京国民政府将北京改名北平。

至于被救出来的佐佐木到一，在短期回国之后，再次前往南京。但是，正如他自己所说：“济南事件让我的梦想彻底破灭了，广东时期的我，实在是太年轻了。”当年对于国民革命的共鸣已经消失了。在他看来，国民革命军已经“堕落”，与过去的军事势力一样，它们也“退化”成封建性的私兵集团。他还认为，正是国民党的革命教育，让士兵们产生了排外思想，追求中国自立的革命，最终让中国人变得“傲慢”。因此，与日本国内高呼“膺惩暴戾支那”的强硬派相呼应，佐佐木认为要保护满蒙权益，日本只能被迫行使武力。

佐佐木到一的中国观，与其说是作为军人的，不如说是具有近代日本知识分子共同的缺点。换言之，在对外国文化有一个充分的认识之前，他就把中国社会的某部分理想化了，而在梦想破灭之时，又对中国本身产生了排异反应。后来，佐佐木成为“满洲国”的军政部顾问，致力于“满洲国”军队的建设。但是他失望于日本人仅仅把“满洲国”看做殖民地的态度，又挂冠而去。七七事变之后，佐佐木参加了南京战役，在曾经仰慕的孙中山陵墓（中山陵）之前，又以搜剿败兵的名义指挥了大屠杀。他说：“孙中山的在天之灵，也会难过得流下眼泪吧。”

北伐成功与南京国民政府

张学良的登场与南北统一

关于炸死张作霖，佐佐木声称告诉河本大作这个想法是他本人。他劝河本说应该除掉不听话的张作霖，让张学良来继承并加以控制，从而一次性地解决满洲问题。当然，抛弃张作霖这一思路本身已经在东方会议上提出，除了暗杀之外，并不能说这个想法是佐佐木的原创。但是根据近年研究，河本大作并不一定想对东三省进行军事占领，他计划拥立张学良或蒋介石，以及田中会谈中提到的杨宇霆。从这个意义上说，佐佐木的说法是合乎逻辑的。

在这里，我们先来看看本书最后谈到的西安事变的核心人物——张学良吧。张学良生于1901年，比末代皇帝溥仪大五岁。在NHK的采访中，张学良沉浸在回忆之中，说他出生的日子，

88 张学良

正是父亲张作霖首次作战获胜的时候。但是，他没有谈到父亲过去是如何在清廷与革命党之间、沙俄与日本之间纵横捭阖，不断扩张自己势力的。孩提时候，张学良通过 YMCA（基督教青年会）接触到基督教，曾经希望成为一名医生，但最终在父亲的强迫之下，成为一名军人。

给予青年时代的张学良重大影响的，是他的教官郭松龄。郭松龄是革命党出身，为了改革东三省，他投身张作霖麾下。1925 年 11 月，郭松龄为了推翻张作霖发动了政变。但政变失败，他被捕之后惨遭杀害。此时指挥镇压部队的张学良接到了郭松龄的信，信中告诫他不能为向父亲尽孝而忘了为国尽忠，希望他成为受百姓爱戴的“新世界的伟人”。

但是，张学良面对的现实是严峻的。1928 年 4 月，他在河南败于重兴北伐的国民革命军，看到战乱之中逃命的难民，他受到极大的震动。此外，身为中国人却互相杀戮，也让他痛感内战的愚蠢，于是他开始思考是否应将东北军改编为北方革命军，参与到北伐之中？根据他后来对李顿调查团的陈述，张学良曾因主张停止内战而与父亲多次发生冲突。

6 月 4 日的皇姑屯事件，对张学良来说不啻晴天霹雳。6 月 18 日，秘密返回奉天的张学良在公布父亲死讯的同时，就任东三省保安总司令，没有给关东军乘虚而入的机会。到了 7 月 1 日，他又向进入北京的蒋介石发电报，表明希望通过归入南京国民政府，来对国家统一作出贡献。也就是说，日本对张作霖的暗杀，加速了东北军内部的新老交替，反而导致国民革命的影响扩展到东北三省。

对于张学良的方针，日方做出了强烈反应。田中义一派与张作霖亲密的原驻华大使林权助，希望说服张学良不要加入南京政府，但张学良坚持认为中国的统一与中日友好关系之间没有抵触。会谈中，林权助等人严厉警告张学良说："如果一定要实现南北统一，那就等于无视日本权益。希望你认识到这是对日本的反抗。"对此，张学良回答说，"我是中国人，所以我的想法自然以中国为出发点。日本政府通过威胁来阻挠中国实现统一，我感到非常难以理解"，进行了反击。

1928 年 12 月 29 日这一天，东北全境都飘扬着南京政府的青天白日旗。与革命同时吹起的南来之风，终于在这一刻到达了中国的最北方。之前处于分裂状态的中国，终于在此时回到了至少是形式上的统一状态。当然，未必是实质上的统一，南京国民政府在其后也面临着国内外的严峻挑战。但是，以继承孙中山遗志为起点的北方，毕竟获得了一个成果。

关税自主与日本

国民革命的另一个目的，就是把中国从列强支配收回到中国人的手中。如上所述，在北伐的过程中，人们的民族主义情绪高涨，这种情绪，通过在收回汉口九江英租界及南京事件过程中对武力的行使而展现出来的。但是，为了构建稳定的政权，南京政府有必要获得各国的承认。与承认问题连带出现的，则是关税自主问题。

关税自主问题的执行人，是曾作为广东军政府代表参加过巴黎和会的、中华民国的新外交部长王正廷。他于刚刚就任外长后的 1928 年 6 月发表声明，宣布在占领北京、北伐告一段落的今天，正是废除鸦片战争以来不平等条约，以平等和相互尊重的原则为基础缔结新条约的时候。

对声明首先做出反应的是美国。7 月份先签订了《中美关税条约》，美国是世界上第一个承认了中国的关税自主权的国家。这也说明，一直以北洋政府为合法政府的美国开始转向。在 11 月，美国正式承认了南京政府。以英国为首的各大国也纷纷效仿，到 1928 年末，国际社会已经承认南京国民政府是代表中国的合法政府。

美国积极开展对华外交，其背景在于国际战略上的企图，即排除苏联对中国的影响，培养一个“民主的”资本主义国家。因此，在解决 1927 年 3 月南京事件的协定上，美国也仅仅要求道歉和赔偿损失，避免刺激中国国内激昂的民族情绪。

南京政府虽然已经与中国共产党决裂，但在一开始还没有决定对苏联的态度。主要原因在于孙中山致苏俄的遗嘱，其中谈到中苏两国一定会在争取世界被压迫民族自由的大战中取得胜利，希望国民党和苏联“通力合作”。南京政府把实现孙中山遗志当做政权正统性的根基，因此不能对遗嘱视而不见。

在这个意义上，对于美国的反共政策来说，蒋介石是一个绝好的人物。共产国际和中国共产党指责他是个人独裁的新军阀，甚至经常把他比作墨索里尼。此外，蒋介石曾经说过苏联政府没有把中国当成平等、对等的民族，已经蜕化为“红色帝国主义”，对苏联有着强烈的不信任感。对蒋介石加以关注，希望美国支持蒋的，除了上海经济界的领袖宋氏家族之外，还有十月革命之后逃难到中国的犹太资本家。换言之，美国承认南京政府，条件就是以蒋介石为反共堡垒。可以说，决定第二次世界大战之后世界局势的冷战体制，其实在二十世纪二十年代的中国已经开始了。

但是，日本承认南京政府，则大幅拖延到 1929 年 6 月，这与美国为首的各大国采取的灵活外交态度恰成鲜明对比。至于承认关税自主权的《中日关税协定》，则更迟至 1930 年 5 月才签订。在这一时期，因为存在最惠国待遇，中国与其他国家签订的新协定也没有发挥作用。

日本未能认识到国民革命的进展所带来的高涨的民族情绪，在外交上采取高压态度，强行维护自身权益。这种情况，再加上两次出兵山东及皇姑屯事件，一度导致中国国内的亲日派无法开展活动。此前中国的民族主义情绪主要针对英美，但此后急剧地转向了日本。这其实也意味着田中外交的失败。

而中国的关税自主问题之所以能够比较顺利地取得了成果，

也是因为南京政府急于缔结新协定，在关税税率方面采取了灵活态度。事实上，南京的财政情况因大规模的军事行动而非常窘迫，因此即使暂时放弃大幅度提高税率，也要确保眼前的税收。南京政府的财政问题，对统一之后的政局也产生了负面影响——因裁军问题，蒋介石与其他实力派之间出现了对立。

中原大战和广州国民政府

北伐结束后的国民革命军，已经膨胀到了两百万人，其中很多都是参与北伐的各地军事力量所保有的兵力，每年所需军费达到六亿六千万元。然而，南京政府并没有足够财源来应付这种支出。宋氏家族之一的财政部长宋子文（宋庆龄弟、宋美龄兄）曾警告说，中央政府的财政收入仅仅依赖于江苏、浙江、安徽三省，实际财政收入只有约三亿元。

北伐结束后，蒋介石立刻开始了裁军。1921 年 1 月，蒋召开了全国编遣军队会议，决定将全国陆军削减为六十五个师，约八十万人，同时将每年的军费控制在财政收入的 40%。他还以自己统领的第一集团军为核心改编军队，鼓吹军政统一，试图从地方实力派那里收回军权。当然，实力派们不会简单放手，他们与蒋介石之间再次爆发了内战。

随着北伐的进展，部队在武汉与北京之间展开，补给线漫长的新桂系（李宗仁、白崇禧）成了蒋介石的第一个目标。1929 年 3 月，蒋介石首先开始攻击武汉，并劝诱隶属于北平的白崇禧的原湖南官兵“打倒桂系回故乡”，促使他们倒戈。桂系军队被分割，一触即溃，6月份李、白下野，逃往香港，史称“蒋桂战争”。

89 李宗仁

接下来与蒋介石对决的是西北军的冯玉祥。1929年5月和10月爆发的蒋冯战争，均因阎锡山支持蒋介石，最终导致冯玉祥战败。留到最后的阎锡山于1930年4月组织反蒋联盟，以李宗仁和冯玉祥为副总司令，爆发了中原大战。战斗从5月份开始，极其惨烈，投入的一百万兵力中，死伤者达到三十万人。在最激烈的时候，冯军每天打出炮弹达两万发，如此激战，据说在中日战争中都没出现过。

一开始，战局对蒋介石不利。但决定战争大势的，其实是另一个实力派张学良的动向。张于9月发表拥蒋声明，驻军京津，导致了反蒋联盟的总崩溃。冯玉祥和阎锡山放弃了部队指挥权，宣布引退，他们的部队则被蒋介石和张学良吞并，算是实现了裁军目的。

虽然内战再次爆发，但在北伐告一段落的1928年10月，南京政府还是宣布结束军政，开始训政。军政和训政是孙中山设计的政治路线图中的时期划分，军政是指进行国内武力统一的时期，训政指的是达成宪政之前，政府代替政治上不成熟的民众掌握全权，指导、教育民众的时期。蒋介石为了在训政期确立自己的支配地位，于1929年3月召开了第三次全国代表大会。

90 冯玉祥

在大会中，蒋介石首先要解决的是国民党组织的改革。正如国共合作时期，任命毛泽东为农民运动讲习所所长那样，国民党也有把群众运动当做基础的一面。但如今国共分裂，进入训政期，群众不再被定位为运动的主体，而成为教育的对象，党的领导作用也必须得到加强。负责这项工作的，是蒋介石的心腹、浙江派的陈果夫（中央组织部代部长），以及其弟、担任国民革命军总司令部秘书长的陈立夫。

陈氏兄弟进行的党组织改革，首先在于排除共产党的影响。他们在上海结成的秘密组织中央俱乐部（Central Club，也就是所谓的CC），作为蒋介石的特务机关为人所畏惧。接下来的目标是加强党中央的领导权，参加第三次全国代表大会的代表，有80%是由中央指定的。但最后发现大会代表的派系构成是胡汉民派八十人，蒋介石派七十人，汪精卫派三十五人，蒋派未能成为最大派系。然而陈果夫通过把听自己话的人推到各机关当领导的手段，努力扩大其在国民党内的势力。

蒋介石的这些举动，遭到党内外各势力的批判和反对。站在最前沿的，就是武汉政府体系的汪精卫派诸人，他们指责党中央的独裁倾向和腐败现象为“堕落的革命”。他们还拒绝承认第三次全国代表大会，要求国民党改组，并在1930年9月在北京建立以阎锡山为中心的新国民政府，试图构建反蒋大同盟。可惜，新政府由于阎锡山的军事失败而崩离析了。

91 胡汉民

接下来与蒋介石对立的是胡汉民。在中原大战决定大势的 1930 年 10 月，蒋介石提议召开国民会议，并制定训政期的基本法。作为立法院院长的胡汉民，对蒋介石的独断专行非常不满，认为蒋介石想采用总统制，企图总揽全权，因此而加以反对。但蒋介石把胡汉民软禁起来，并免除了胡的职务，强行通过明确鼓吹一党独裁的中央集权体制的《训政时期约法》。胡汉民派对这种专断做法感到愤慨，1931 年 5 月与汪精卫、孙科、李宗仁和白崇禧等实力派齐集广州，建立了广州国民政府。紧接着，他们要求蒋介石立刻下台，并发起了军事行动。

站在另一角度，对国民党的体制本身进行尖锐批评的，则是文学革命的旗手、自由派的胡适。对于宣传“以党治国”口号的国民党训政体制，他批判说这是压制言论自由的独裁政治。他还指出政府的权限与国民的权利之间没有明确法律规定，国家权力和党首脑不受法律约束，要求改善这一现状。但是，胡适站在民主思想的角度提出了这些问题，却被国民党戴上了一顶“反革命”的帽子而遭到回绝。

毛泽东的山区革命和“围剿”

伟大的农民领袖毛泽东

现在我们换一个角度，来看看中国近现代史上另一位主人公。国共合作瓦解之后，中国共产党在南昌起义中又一次失利。在1928年陈独秀被解除总书记职务之后，新领导层决定在秋天的收获季节发动湖南、江西等四省的起义。但是，农民们因农协瓦解而产生了动摇情绪，无法支持秋收起义，因此起义一个接一个地失败了。

当时情况十分紧迫，正在筹备9月份进攻长沙的毛泽东，曾一度被自警团抓住，好不容易才得以逃脱。起义的工农革命军遭到叛徒出卖，最终大败，五千兵力骤减至一千五百人。党中央命令继续进攻城市，但毛泽东不予理睬，决定退到国民党军防备薄弱的江西、湖南一带的山区。正如“逼上梁山”（《水浒传》中的英雄们被逼投身水泊梁山）那样，毛泽东试图在统治权力鞭长莫及的山区建设革命根据地。

毛泽东这个人，身上有着不可思议的领袖气质。起义军流落到江西永新县的三湾时，兵力又减少到一千人以下。逃兵一个接一个，剩下的士兵们也都士气低落，互相之间交头接耳：“你走不走？”“你准备上哪儿去？”

毛泽东把垂头丧气的士兵们集合在一起，说：“同志们！敌人只是在我们后面放冷枪，没什么了不起，大家都是娘生的，敌人他有两只脚，我们也有两只脚……贺龙同志两把菜刀起家，现在当军长……我们现在不止两把菜刀，我们有两营人，还怕干不起来吗？”听到这里，士兵们想起单身造反、最终统领起义军的贺龙的事迹，士气再度高涨。毛泽东还说，“（我们）好比是一块小石头，蒋介石好比是一口大水缸，可我们这块小石头总有一天要打烂蒋介石那口大水缸”，用简单易懂的比喻来鼓舞战士。

正如红卫兵对自己的狂热崇拜那样，取得天下之后，毛泽东要求别人对自己绝对忠诚。毛泽东之所以能吸引对方崇拜，在于他所具有的“触摸灵魂”式的能量，这也是事实。催生出毛泽东个人魅力的最大秘密，就在于他“土生土长”的农村知识分子形象，说白了，就在于他的农民身份。

在当时的知识分子之中，毛泽东可以说是一个异类，因为他没有出国留学的经历。我们看看中国共产党的领袖们，就会发现毛泽东的战友们之中，朱德留德、周恩来和邓小平留法，国民党之中，蒋介石和汪精卫也曾留日。留学时的经验，对他们理想中的社会改革模式及外交政策都产生过巨大影响。与他们相反，毛泽东除了1949年访苏之外，一直留在国内。另外，他的博览群书在中国的政治家之中也很少有，国学造诣深厚。

毛泽东执着于文化传统，使他的话语中带有根植于中国大地的厚重感，以及来自于地层下的、源源不断的活力。对于忽视中国国情、乱发指令的共产国际，以及拘泥于马克思主义教条的党中央，当时的中国共产党感到不胜困扰。而毛泽东能够精心选择人人皆知的故事，充满自信地表述，散发出一种让人们感到安心的内在力量。

井冈山革命根据地的建设和梁漱溟

1927年10月，工农革命军由三湾出发，目标是井冈山。井冈山位于江西和湖南的交界，海拔一千八百米左右，周围是天然屏障，积极参加过太平天国运动的下层汉族移民——客家人，就曾居住在此地。洪秀全等人曾进入广西的紫荆山，创建了拜上帝会，如今毛泽东也同样在深山之中开始了创建根据地的活动。

但是，井冈山上已经有了被称作“山大王”的先到之客。他们是由曾加入过共产党的袁文才率领的数百人的绿林好汉（哥老会成员），得到了本地人的支持。此时革命军内有人主张除掉袁文才，但毛泽东认为，能高举“劫富济贫”口号的地下社团，是可以改造成革命军队的。接下来他向对方赠送了最需要的枪支，还多次与他们推心置腹地交谈，袁文才等人终于为毛泽东所倾倒，加入了革命军。

上面也曾谈过，国民革命时期的中国共产党曾接受过上海青帮领袖杜月笙的资助，农民协会中也有很多成员来自地下社团。但是，当时的共产党无法抑制这些人爆发出来的负面力量，也无法抓住他们的心，结果导致了他们在四一二政变中的背叛。毛泽东在因秋收起义的失败而努力加强军事力量的同时，也痛感到有必要面对包括这些绿林人士在内的中国底层社会。但是，毛泽东的这些意见没有被党的领导层重视，在他离开井冈山之后，袁文才就遭到了清洗。

92 袁文才

毛泽东接下来的工作，是建立符合革命军的纪律体系。他原来就认为，军队不应单纯从事军事行动，也应该开展群众运动。但在中国，存在“好男不当兵”的社会风气，因此有必要使士兵具备严格的纪律，从而赢得群众的信赖。1928 年 1 月，在井冈山脚下的遂川县，毛泽东让士兵们开展了宣传活动。他们提出了“三大纪律六项注意”。

首先是三大纪律。包括：第一、行动听指挥；第二、打土豪要归公；第三、不拿老百姓一个红薯（后来改为不拿群众一针一线）。贯彻命令是决定部队命运的关键，而没收财产的归公，对不允许发大财的共产党军队来说，则是生死攸关的问题。此外，井冈山的生活很贫困，人民吃不饱饭，哪怕是一个红薯也是很宝贵的。

接下来的六项注意，则是考虑到了普通老百姓的内容：说话和气；买卖公平；借东西要还；损坏东西要赔；睡觉时使用过的门板，一定要回复原位；铺草也要捆好。其后又加上了不搜敌兵腰包等内容，经过整理成为八项注意，就是后来的人民解放军的军纪。

当然，革命集团制定军纪，这并不是第一次。太平天国的东

93 毛泽东与参加井冈山斗争的部分同志合影（1938 年于延安）

王杨秀清也曾规定“右脚踏入民家门口者，斩右脚”，通过严罚统率会众。蒋介石则制定了《革命军连坐法》，规定对于战时临阵退却之官兵，一律枪毙，希冀培养为了革命而欣然赴死的官兵。

但是，与其通过恐惧来让人服从，毛泽东更倾向于通过具体的指示来诱导士兵的积极性。他还禁止军官体罚战士，允许士兵在会议上发言。出身教师的毛泽东，懂得如何让人具有主动性，作为革命教育的领袖，他比前几位更高一筹。

为了显示革命根据地的存在意义，毛泽东发动了土地革命。在国民革命时期，毛泽东已经经历过湖南的农民运动，认识到贫苦农民对获得土地的需求是如何迫切。同时，如果不能满足农民的愿望，革命军也就无法得到他们的支持。因此从 1928 年 3 月开始，毛泽东把干部们派往周围各地，动员农民开展了“诉苦会”和斗争集会。此外，他们还没收了以地主为中心的土地，并将它们根据家庭数量分配给了农民。

土地革命中的这些经验，其后为中华人民共和国所继承。其实在当时，试图解决农村问题的，不仅仅是毛泽东一个人。梁漱溟就是其中之一，他年仅二十四岁就进入北大执教，阐述

94 梁漱溟

以儒家思想为主干的中国文化再构成。梁漱溟从 1928 年开始，开展了基于农本主义的乡村建设运动。虽然他对社会主义表示了某种程度的理解，但不像毛泽东那样认为中国存在阶级矛盾。他认为城市知识分子应该到农村去，成为“乡间人”，开展全人格的社会教育，则农村可以在中国传统文化的基础上获得复兴。他还站在反对暴力革命的立场上，认为“共产党杀人放火，其为害亦与土匪差不多”。

1938 年 1 月，梁漱溟到延安拜访了毛泽东，两人对于中国的未来进行了探讨。据说，从富有幽默感、斩钉截铁地论断抗日战争必将胜利的毛泽东身上，梁漱溟感受到了巨大的魅力。但关于阶级斗争的是与非，两人意见不同。毛泽东认为，如今的中国需要彻底的革命，梁漱溟的改良主义无法改变中国。对此，梁漱溟反驳说，毛泽东过于重视阶级问题，因而忽略了中国社会固有的特性。对于毛泽东为了在与国民政府的作战中生存，从而研究出的以农村革命根据地为基础的武装斗争道路，梁漱溟也无法接受。

反围剿和
中华苏维埃共和国

1928 年 4 月，朱德率领南昌起义后的残余部队进入井冈山，与毛泽东会师。工农革命军的兵力增加到六千人，改称红四军，根据指挥者的名字，又叫做朱毛红军。这年年末，彭德怀率领的红五军也来到井冈山会师。从 1929 年 1 月开始，红四军的势力范围逐渐扩大到江西南部和福建西部。其他地区也在进行着根据地建设，邓小平在桂西少数民族地区创建了右江革命根据地。

1930 年 7 月，蒋介石开始关注上述共产党的活动。随着农村根据地的扩大，共产党中央变得更自信，趁着国民政府忙于中原大战，再次下令对南昌、长沙等大城市发起进攻。此时毛泽东的红一军团负责进攻长沙，使用奇招，驱赶牛群来冲破守军设下的电网障碍。但是，远离根据地的战斗无法得到民众支持，结果红军再次失利。毛泽东单独下令停止攻击，撤回赣南，一边补充兵力，一边准备迎击国民政府军。

蒋介石于 1930 年 10 月回到南京，把“肃清共匪”当做今后任务之一。但是一开始，他低估了红军的实力，在 12 月开始的第一次围剿中，仅投入了以地方军阀为核心的四万余兵力。与此相对，毛泽东率领三四万人诱敌深入，然后进行分割歼灭。仅经过一星期的战斗，政府军就损失一万五千人，师长被俘，全军溃败。

政府军战败的消息传到南京，蒋介石大惊，于 1931 年 2 月又发动了第二次围剿。蒋介石任命留日时期的盟友、军政部长何应钦为总司令，出动了十一万兵力。而毛泽东则展开了“敌进我退、敌退我追”的灵活的游击战术，集中打击政府军中力量薄弱的部队。到了5月，政府军损失二万人而败退，围剿再次失败。

连吃败仗的蒋介石终于认识到，红军是“内忧”，也是国内最大的强敌。6月份，他亲任总司令，率领十三万人，并加上空军，实施大规模的扫荡作战。政府军在两次围剿中惨败，所以毛泽东未料到第三次围剿开始得如此之快。红军准备不足，陷入苦战，一度几乎丢失了所有的根据地而被包围。

但是在8月份，红军从很小的缝隙中突出包围圈，通过几次战斗，给予政府军以重创。对于熟悉地形、善于发动群众的红军，蒋介石认为只有集中兵力，限制其行动自由，徐图歼灭。但正在此时，广州国民政府为打倒蒋介石，发起了军事行动，蒋介石不得不分兵阻止其北上。到了9月19日，蒋介石为视察前线而来到南昌，却得知前一天晚上发生了惊人事件——“外患”，也就是日军发动的九一八事变。

次日蒋介石急忙回到南京，对苏区的扫荡事实上停止了。解除压力之后的革命根据地反而更加扩大，在1931年11月的十月革命纪念日，成立了以瑞金为首都的中华苏维埃共和国。新政权宣布为“工人和农民的民主专政的国家”，毛泽东成为政府主席，并制定了宪法大纲和土地法。共产党中央对根据地的控制也因此得到加强。对于毛泽东以中国社会现状为基础设计的“农村包围城市”这一革命战略，党中央展开批判，认为这是以“狭隘的经验论”为基础的“农民的落后思想”。

“九·一八”事变和末代皇帝

柳条湖事件与日本

1931年9月18日晚10时20分左右，在奉天以北的柳条湖，南满铁路发生了爆炸。柳条湖距张作霖被炸死的地点仅六公里左右。实施爆破的是驻奉天的关东军独立守备步兵大队的军官们，虽然发出巨响，但实际破坏很小（上行和下行线路仅有一米左右受损，外加两根枕木），紧接而至的开往奉天的火车都可以通过。

但是到了10点40分左右，正在奉天总领事馆的森岛守人领事接到了特务机关的电话，称“中国军队对满铁进行了爆破，关东军已经出动”。森岛领事大吃一惊，连忙赶到特务机关，发现本已外出的关东军高级参谋板垣征四郎正在指挥作战。得知出兵命令是板垣擅自发出的，森岛要求通过外交交涉解决问题，但板垣粗暴地说:“已经行使了统率权（天皇对陆海军的指挥权），领事馆还想干涉不成？”此外还有军官拔出战刀，怒吼道：“你这个国贼，还想阻拦吗？”

关东军对柳条湖附近的张学良部队发起进攻，占领了阵地。一开始，接到报告的关东军司令本庄繁认为解除对方武装是比较适当的处理方式，但参谋们主张应该击破奉天附近中国军队。最后决定：集中兵力攻击奉天，同时在与事件无关的南满铁路要地也发起军事行动，并请求驻朝鲜的日军部队增援。制定作

【命运多舛的末代皇帝】

大清帝国最后的皇帝，宣统帝溥仪。由于清末最高权力者慈禧太后的独断，年仅两岁的溥仪被推上皇位，不久便因中华民国的成立而被迫退位。其后，被关东军胁迫至中国东北，当上伪满洲国的傀儡皇帝。日本战败后又过上了流亡和被囚禁的生活。他曲折沉浮的一生揭示了一个被残酷的近代历史所玩弄的贵人的坎坷命运。

图七

图八

图七　少年溥仪

图八　溥仪与婉容

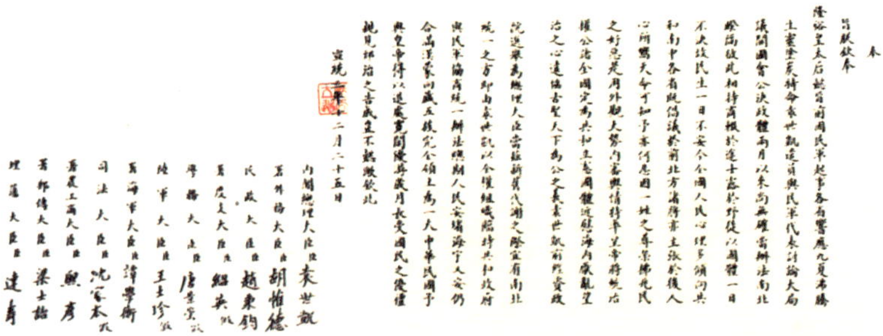

奉

旨朕欽奉

隆裕皇太后懿旨前因民軍起事各省響應九夏沸騰生靈塗炭特命袁世凱遣員與民軍代表討論大局議開國會公決政體兩月以來尚無確當辦法南北暌隔彼此相持商輟於途士露於野徒以國體一日不決故民生一日不安今全國人民心理多傾向共和南中各省既倡議於前北方諸將亦主張於後人心所嚮天命可知予亦何忍因一姓之尊榮拂兆民之好惡是用外觀大勢內審輿情特率皇帝將統治權公諸全國定為共和立憲國體近慰海內厭亂望治之心遠協古聖天下為公之義袁世凱前經資政院選舉為總理大臣當茲新舊代謝之際宜有南北統一之方即由袁世凱以全權組織臨時共和政府與民軍協商統一辦法總期人民安堵海宇乂安仍合滿漢蒙回藏五族完全領土為一大中華民國予與皇帝得以退處寬閒優遊歲月長受國民之優禮親見郅治之告成豈不懿歟欽此

宣統三年十二月二十五日

內閣總理大臣臣袁世凱
署外務大臣臣胡惟德
民政大臣臣趙秉鈞
署度支大臣臣紹英
學務大臣臣唐景崇 假
陸軍大臣臣王士珍 假
署海軍大臣臣譚學衡
司法大臣臣沈家本 假
署農工商大臣臣熙彥
署郵傳大臣臣梁士詒
理藩大臣臣達壽

图九

图十

图九 溥仪退位诏书

图十 伪满洲国皇宫遗址（吉林长春）

战计划的，就是因成为“九·一八”事变的主谋而闻名的石原莞尔。

95 九一八事变　燃烧中的中国兵营

石原莞尔是关东军的作战主任参谋，他根据对日莲宗的信仰和欧洲战史研究，构思了预言性的世界认识论——“世界最终战论”。其内容是日本与美国之间，即将爆发争夺世界领导权的最终战争。因此石原鼓吹日本应占据满蒙并进行开发，为战争做准备。他的思想极大地影响了关东军的参谋们，在日本国内也有很多中层军官认为应以武力解决满蒙问题。

据说一开始，石原计划由装扮成中国军队的日本人袭击日本总领事馆，以此为借口挑起军事行动。但被奉天总领事林久治郎发觉，并报告给了外务大臣币原喜重郎，开始了调查。板垣征四郎随即将日期提前，计划也更改为少数人也能实施的铁道爆破。

事件发生的新闻传到东京，正在第二次组阁的若槻礼次郎于9月1日上午10召开了内阁会议。若槻问陆军大臣南次郎，关东军的行动是否真的是自卫措施。南次郎回答“当然如此”，但接下来的币原外相的报告，则暗示此次事件显然是军部的阴谋。内阁会议最终决定了不扩大方针，南陆相也没有提议派遣增援部队。

从当时的日本殖民地朝鲜向外国（东三省）派兵，需要宣旨传达奉敕命令（天皇的出兵许可）。内阁会议如果不认可出兵所需支出，则奉敕命令不会发出，因此在陆军三长官会议上，提出了迅速将关东军部署“恢复原状”的意见。陆军中央强烈反对这一方针，关东军担心事件会重蹈皇姑屯事件的覆辙。

但到了9月21日，情况突变。驻朝鲜日军部队接到关东军的请求，不等奉敕命令发出，就越过国境，开往奉天。事实上，这一侵犯天皇大权的重大情况，也是板垣征四郎等人的阴谋。他们强行说服坚持不扩大方针的本庄繁，以保护侨民的名义发兵吉林。板垣等人认为，关东军在东北南部的兵力因此而削弱，驻朝鲜军不忍坐视，一定会越境增援。驻朝鲜军司令官林铣十郎果然擅自命令部队开往奉天。日军的逻辑，从此刻开始独自运转了。

驻朝鲜军越境行动的新闻传到东京的时候，正在召开内阁会议。全体阁僚一致同意以柳条湖事件为契机，全面解决满蒙问题。但是，同意派遣驻朝鲜军的，只有南和若槻两人，其余的海军大臣等人均表示反对。但是陆军表示，要迫使内阁认可派遣援军，为此不惜倒阁。到了第二天（22日）的内阁会议上，再没有一个人提出反对意见。阁僚们认为“已经越境了，没有办法”，承认了驻朝鲜军的出动，并同意支出相关经费。此外还决定此次事件按“事变”来处理，日中两国进入了未经宣战的战争。

九一八事变不但是十五年战争的开始，也成为日本走向法西斯化的契机。这是因为若槻内阁的软弱态度，造成了内阁不问军事行动的是非、仅仅予以承认的先例。军队妄自尊大的思想，无视政府的不扩大方针和外交努力，仅通过“事变”这一言辞来掩饰实情，而同样的情况，也将在七七事变中重演。失去制动装置的日本，最终将与莽撞的军部一起坠入深渊。

战争升级和南京国民政府

原本就制订了详细的计划，现在又得到政府的认可，关东军迅速展开了行动。占领奉天之后，关东军在市内实施戒严，特务机关长土肥原贤二则出任了市长。接下来，日军控制了南满铁道的终点长春，在 21 日兵不血刃地占领了吉林。只是由于日军中枢的劝解，关东军才没有出兵攻占苏联拥有利权的中东铁路上的重要城市哈尔滨。

关东军作战行动顺利进展的主要原因，在于张学良的东北军采取了不抵抗、撤退的方针。当时张学良在北平养病，18 日晚招待在外公关人员观看戏剧。接到事件的第一个报告，张学良立刻回到医院内的办公室，对奉天的部下们做出了指示。张曾在 9 月 6 日下达密令，不管日本采取什么行动，都应“隐忍自重”，不可因抵抗而挑起纠纷。这一晚，无非是对上述密令的重复而已。

1931 年 7 月，朝鲜移民已经来到长春附近。围绕着他们发生的纠葛，导致中国人与日本警察直接发生了武力冲突，并发展成为朝鲜的反华侨暴乱，这就是万宝山事件，事件再次导致中国的反日情绪高涨。另外在 6 月，参谋本部人员中村震太郎大尉在大兴安岭收集情报，被中国军队抓获，并作为间谍而处死。中村大尉事件在8月发展为外交问题，中国国内传言日本有可能在近日诉诸强硬手段。

但是，当时的南京政府并没有对抗日本军事行动的力量。蒋介石除了忙于对共产党的围剿，还要应对广州政府的军事行动。这一年夏天，长江中下游发生了大水灾，受灾人口达到二千三百万。而最重要的是蒋介石知道国民政府军与具有现代化装备和编制的关东军之间的战斗力差距。8月，蒋介石致电张学良，要求隐忍，指示他“千万不要逞一朝之愤，置国家民族于不顾”。

晚年的张学良说过这样的话：“九一八事变，我当时的判断是错了。后来人们骂我不抵抗，我不服。但如果说我作为封疆大吏，我没把日本人的意图看明白，那我承认。当时我就没想到日本敢那么样来，因为这么做，对日本没好处。如果我知道日本真的要侵略，那我会拼命去打的。”

从这段话中，可以体会到被叫做“不抵抗将军”的张学良的屈辱感。他说他看错了“日本人的意图”，但其实日本人自己也并没有看清。石原莞尔本来主张满蒙领有论，即军事占领东三省后，日本进行直接统治，但陆军中央表示该计划有困难。因此在事变爆发四天后的9月22日，关东军不得不把目标变更为建立独立国家，表面上还不得不采用更温和的“建立亲日政权”的说法。

而且此时的日本政府采取不扩大方针，币原喜重郎为收拾局面，还进行了外交努力。9月19日，驻华公使重光葵在上海会见宋子文，后者虽然怀疑日本政府对军部的控制能力，但还是提出了由中日两国代表组成委员会的解决方案。该方案虽由于关东军扩大战线没有实现，但日方模棱两可的态度，确实干扰了中方的判断。

南京政府无法捉摸日方的本意，于是根据《巴黎非战公约》（1928年）废弃战争的精神，向国际社会提出申诉。9月21日，刚刚成为理事国的中国代表正式向国联申请，要求派遣观察员，监视日本撤军。

但是，此时的世界各国都埋头于处理世界性的经济危机，英国技穷于印度的独立运动，无暇顾及中国，美国则了解日本政府和军部之间的对立，暂时打算等待币原的外交努力，无意介入。在此之外，各大国对南京事件及收回汉口等租界时涌现出来的中国民族主义也抱有疑虑。从当时的国际社会常识来说，担任国联常任理事国的“文明国家”日本，与处于无休止的政治动乱中的中国之间，它们的主张也是不能在一个层次上讨论的。

但是到了10月，国际舆论发生了变化。这是因为关东军采取了新的行动，使币原的外交努力遭受挫折。首先是10月4日，关东军发表声明，在拒绝与张学良进行谈判的同时，不允许他返回东北。8日，又对奉天撤退后东北军司令部所在地锦州进行了轰炸，导致了市民的死伤。

美国得到消息，非常吃惊，进行了激烈的抗议，指出对远离南满铁路、不设防的城市，不提前通知就进行轰炸，这是在战时也不能原谅的行为。币原喜重郎进行了勉强的辩解，声称此次轰炸不代表日本的态度，是当地驻军单独的军事行动。但是，国际社会对日本政府的信任一落千丈，各国都警告日本必须遵守非战公约。接下来在 24 日的国联理事会上，提出了日本应在 11 月 16 日前撤军的决议案。该案虽因日本反对而被否决，但币原外交已经破产，日本变得更加孤立。

末代皇帝再度粉墨登场

1931年12月，日本和中国的两位政治家被迫辞职。一位是日本首相若槻礼次郎，他的不扩大方针遭到践踏，而且由于黄金出口解禁政策的失败，又失去了经济界的支持。另外在10月，陆军激进派军官发动了未遂政变（十月事件），内务大臣安达谦藏为了抑制关东军，推动与政友会的合作内阁运动，导致了内阁的分裂。

另一位辞职的政治家，则是南京政府的主席蒋介石。九一八事变爆发后，东三省大量的难民涌进平津，其中有很多学生，他们控诉日军暴行，在各地引起了很大的反响。

在北平，学生要求政府对日宣战，呼吁抵制日货。上海则建立了学生抗日救国会，派代表前往南京，开展停止不抵抗方针的请愿活动。9 月 28 日，南京有四千多名学生参加游行，蒋介石接见了学生代表，尽力抚慰。但有一部分学生依然不满，他们包围了外交部，被看做不抵抗方针元凶的外交部长王正廷遭到殴打，身负重伤。

在一片骚然之中，从 9 月末开始，南京、广州两政府开始向和解迈出了第一步。首先是 10 月，胡汉民被解除软禁，南京政府恢复了曾被开除的汪精卫、冯玉祥、阎锡山、李宗仁等三百多人的党籍。10 月 27 日，上海召开了和平统一会议，紧接着 11 月在南京政府召开了国民党四届一中全会，蒋介石表示愿意承担罪责，准备牺牲一切为党和国家作出贡献。

与此相对，广州政府的国民党四大则是分别由汪精卫派（上海）和胡汉民派（广州）召开的，但双方都坚决主张蒋介石下野。12 月 15 日，蒋介石提出辞呈，成立了以孙科为行政院长的临时政府。但孙科政府无法处理第二年一月锦州失陷问题，蒋介石第三次返回中枢。新政府将面对日本挑起的一·二八事变。

此时，又有一位主角登台了，他就是 1925 年 2 月迁往天津日租界的末代皇帝溥仪。天津住所比紫禁城当然简朴多了，但没了烦人的规矩和内务府的干涉，让溥仪十分满意。最初，溥仪打算出国，但结果还是在天津度过了七年时光。

跟紫禁城时代的生活一样，在天津，溥仪身边依然围绕着众多企图利用他的政治势力。被日本人炸死的张作霖就是其中之一，他劝溥仪“陛下如果愿意，请到奉天来居住”，但这绝不是真心话。此外，帝俄的将军、被苏联红军驱逐到满蒙国境地带活动的谢苗诺夫，也找了无数的借口，从溥仪手中夺走了大量的金钱。

但随着时间的流逝，溥仪开始对日本寄托希望。最初是因为

96 居住天津时的末代皇帝溥仪与妻子婉容合照

天津总领事吉田茂邀请他去日本小学参观，路边整齐列队的小学生们手持纸旗，高呼万岁，让溥仪激动得热泪盈眶。之后，日军司令部派来的军官们的谈话，又让溥仪不知不觉地坚信日本希望宣统皇帝复位了。

1928 年张学良易帜之后，溥仪一班人感到失望，情绪低落。但南京政府开始的无穷无尽的内战，又让溥仪下决心等待时机的到来。

1931 年 7 月，期盼已久的消息终于到了。从日本留学归来的弟弟溥杰带来了一封信，信是“满洲国”成立后成为溥仪身边的帝室御用挂（近似于“皇室秘书”的职务）的吉冈安直写的。信中说：“张学良如今的态度真是岂有此理，但在不远的将来，满洲也许会发生些什么事情。请皇帝陛下多多保重，希望还是有的。”

九一八事变爆发之后，关东军频频劝诱溥仪前往东北。但是，日本领事馆警告溥仪不要听信军方诱惑，身边人士也多持有慎重态度。到了 11 月，关东军派土肥原贤二来到天津，并在 2

日晚与溥仪见面。在谈话中，关于“满洲国”的体制，溥仪的问题直指核心：“这个国家是共和制，还是帝制？如果能复位，我去，如果不能，那我就不去。”土肥原回答说：“当然是帝制。”

虽然得到了口头保证，溥仪身边的人士还是持谨慎态度。土肥原等得不耐烦，就指派便衣队在天津挑起骚乱，并以治安恶化为理由，促使溥仪离开天津。溥仪藏在汽车的后备箱中离开天津，在大沽登上了日本输送船“淡路丸”号。船穿过中方警戒线，驶向辽宁营口。

在旅途中，溥仪想象着东北民众夹道欢迎他的场景。但船到港之后，才发现除了日本人，一个中国人都没有。日方向溥仪解释说他到东北是秘密的，溥仪本身也没有感到任何的疑问。但是，对于狂热地开展建国活动的日本人和溥仪，旁观的中国人的眼光总是冷冰冰的。

第九章

筑起抗日长城
——“满洲国”与长征、西安事变

“满洲国”的成立与现实

一·二八事变爆发与鲁迅

1932年2月，在上海的内山书店不时传来的炮声中，鲁迅和家人过着不安的避难生活。1927年9月，他离开广东来到上海的公共租界，与许广平生下了周海婴。内山书店的“老板”内山完造，是出身于冈山的天主教徒。他在制药公司工作时出差来到上海，1917年在北四川路开了一家基督教方面的书店。之后内山书店成为日中文化人士聚集的沙龙，鲁迅也是常客之一。

同样认真而固执的鲁迅和内山完造志趣相投。1930 年，鲁迅与南京政府对立的姿态强硬，参加了左翼作家联盟的成立大会，因而被下达了逮捕令。此时，内山把鲁迅藏于自己的家中，

97 内山完造与鲁迅的合影

并帮其找到了新的住所。翌年，进步的年轻作家们遭到逮捕，鲁迅再次受到内山的帮助，藏身于日本人的旅馆中。鲁迅能够不屈服于当局而坚持批判政府，与内山完造不顾禁止发行的处分、代理销售他的著作是分不开的。

1932 年 1 月 18 日傍晚，日莲宗的五名日本僧侣托钵路过租界旁边的中国工厂。突然受到数十名中国人袭击，其中一人来不及逃走而被杀。对此，日本青年同志会成员展开报复，烧毁工厂并杀害了一名中国警察。20 日，日本移民到日本海军的陆战队本部前游行示威，要求派遣陆海军、取缔抗日运动。

该事件的主谋是公使馆直属的情报武官田中隆吉，他意图把国际上的注意力转移到国际都会上海，而乘机推动“满洲国”的建立。1 月 27 日，上海总领事村井仓松要求中国在翌日下午六点之前解散所有的抗日团体。上海的局势顿时变得紧张，市内要求避难的民众陷入了恐慌。

1 月 28 日下午 3 点，上海市政府答应全面接受日本的要求，表面上似乎避免了战争。然而，当天夜里 11 点 20 分左右，陆战队本部的部长在身上交叉系上白绳召集士兵，装甲车领头出动进行“市内警备”。他们行进的方向是第三次围剿中断后江西战线被夺的、战斗力较强的第十九路军（军长蔡廷锴）的警备区域。陆战队对采取戒严的十九路军几乎未进行任何警告而突然闯入，两军之间爆发了激烈的战斗。

98 一·二八事变　日本海军陆战队

内山完造为鲁迅提供的住所位于陆战队本部的正对面。1月28日晚，鲁迅正在书房写作，突然断电，卡车部队从司令部大院中驶出。不久便听见枪声，许广平到晾衣物的地方张望，看见火光冲天，知道战争打响了。她急忙下来，发现鲁迅的书房也出现了子弹穿过的洞孔。

30日凌晨，大量日本兵突然敲打鲁迅的家门。他们进到屋里，发现除了鲁迅外都是妇孺后离开。稍后内山完造的下人前来报信说，“刚才有人从这栋楼向陆战队本部射击。这里的居民都是外国人，只有鲁迅一名中国人，如果发生任何事情将无从保护。全家应尽快转移到书店里”。鲁迅和最小的弟弟周建人一家急忙赶到内山书店的二楼避难。

就这样，鲁迅开始了避难生活，对此，许广平做了以下的描述：“我们躲在楼上的小房间里，尽量不让孩子大声哭叫，每天战战兢兢。枪声、路边堆积的沙囊旁放哨的士兵的脚步声仿佛就在耳边。我们在自己的国土上，饱尝了侵略者带来的令人窒息的压迫。每个人都沉默不语，但是这种无法名状的情绪有时如波涛般涌上心头，让人无法忍受。”

我们可以切身体会到鲁迅等人在战场的角落里忍气吞声，饱受惊吓、愤怒和焦躁的折磨。当然，日本人也在太平洋战争时体会过空袭的恐怖。然而，这与国土遭受蹂躏的人们心里的伤痛，是完全无法相比的。

在一·二八事变中，日本军与十九路军苦苦相战，日本增派了三个师团和混成旅团，仍未分出胜负。直到3月3日停战，日中两军的战死人数达4 800名，市民死伤人数和失踪人数达到两万人。当天，国联的大会计划在日内瓦召开，其通过的停战措施其实是为了避免日本受到制裁。而在两天前的3月1日，讴歌“五族协和”“王道乐土”的“满洲国”宣布建国。关东军的图谋成功地实现了。

“满洲国”的成立与善意的恶政

鲁迅一家在上海惊慌避难的1932年2月，溥仪在旅顺会见了关东军参谋板垣征四郎。溥仪反对东北三省新建的国家不叫大清而叫“满洲国”，他不是皇帝而是执政。他认为“不能当皇帝，活着有什么意义”，然而不久却由于板垣的恐吓而诚惶诚恐。

当时日本有不少人反对搬出宣统帝作为新国家的元首，认为这违背了时代潮流。而且要想让东北三省从南京国民政府的统治下独立，不采取比中华民国更为优越的政治制度，便无法立足于国际社会。因此关东军提出先让溥仪就任“执政”，数年后经过民众的推选再即位皇帝。

99 当上“满洲国”执政的溥仪

1932 年 3 月 8 日下午 3 点，被迫无奈接受执政一职的溥仪抵达清朝起家之地、被改名为新京的“满洲国首都”长春。火车到达后军队的乐团开始演奏，在日本国旗中，以前的大臣们手持清朝时期的黄龙旗前往迎接。紧接着 9 日举行了溥仪的执政就任典礼。吉林总领事石射猪太郎回忆道，典礼就像职业学校的毕业典礼一般简单，而初次见到的溥仪“脸露凶相”而让他大吃一惊。

“满洲国”的“建国”宣言称，在日军的帮助下如今摆脱了奉系军阀（张学良）的残酷统治，要为了满蒙三千万民众而要与中国断绝关系，建设王道乐土。然而，溥仪和关东军司令本庄繁之间签署的秘密协定，暴露了“满洲国”的性质。协定的内容如下：

（1）“满洲国”的国防和维持治安委托给日本，经费由“满洲国”负担。

（2）“满洲国”委托日本或日本指定的机构管理及修建、开设日军国防上所需的铁路、港湾。

（3）“满洲国”极力援助日军所需的各项设施。

（4）任命有见识及名望的日本人为“满洲国”参议，中央、地方各政府也任用日本人，其选任、解聘必须经过关东军司令的推荐、同意。

通过此密约，关东军获得了在“满洲国”境内完全的行动自由，“满洲国”成为关东军的基地国。关东军司令拥有人事权，可以不通过外交手段控制“满洲国”的内政。溥仪在自传中称，该密约是国务总理郑孝胥“独断专行”的产物，自己虽然不满却只能“承认既成事实”。然而实际上，是溥仪听从板垣指示在协定上签名，亲手让“满洲国”沦为了傀儡国家。

最初，溥仪以为就任执政是通向皇帝宝座的第一步，热心于公务。可是不久他发现，“执政只是纸上的空职，而不在己手”。不仅仅是溥仪。大臣们也只是每日喝茶看报，除了闲聊没有任何的公务，实权都掌握在副手的日本人手里。

“满洲国”标榜五族协和，宣扬满人（汉族和满族，即中国人）、朝鲜人、蒙古人、日本人、俄国人等“各民族一律平等”。然而这只是保护少数民族的统治者日本人（人口比例约为百分之一）的口号，实际上民族间的平等云云均是痴人说梦。

很好反映出这一点的是“满洲国”官吏决定工资差异的会议。满人官吏的工资被控制在日本人的六成左右，大臣们批评它违背了“日满亲善”的精神。对此总务厅长官驹井德三反驳道，日本人能力和生活水准高，工资也必须要高。日本人必须吃大米，不像满人可以吃高粱过活。日本人离乡背井，专程前来为满人建设王道乐土。如果要讲亲善，当然应该感激日本人，让他们领取更多的薪水。

当时，一名大臣反论道："日本要在哪里建设王道乐土？难道不是满洲吗？如果没有满人，能建设吗？"驹井勃然大怒，叱责道："你们知道满洲的历史吗？满洲是日本人用鲜血换来的。是从俄国人手中抢回来的。这是军队的决定！"会场顿时鸦雀无声，再无人发言。

结果，"满洲国"的日本人在"善意的恶政"即主观的善意意识下，欠缺与他人共存的多民族社会的思考，强行植入了独善的价值观。不仅是工资和饮食，就连电车的车辆也对满人进行严格区分。许多日本人对其他民族的歧视毫无意识，在日本国内封闭的日本人社会里拒绝与异文化的接触。

殖民地学者矢内原忠雄对这种现象考察后认为，"满洲国"的理想主义已成为"日阴者"（见不得人的人），贯穿了帝国主义的法则。然而这种法则与"可以当场击毙反日分子"的暴力专制密不可分，对反抗强制收购耕地的满人农民进行了无情镇压（土龙山事件）。这种以武力为后盾的强压政策的代价，是1945年日本战败后留在东北各地的日本人拓荒团完全遭遇了同样的经历。

这时，日本首相犬养毅正陷入苦恼之中。他虽然没有采取若槻礼次郎的不扩大方针，却担心东北三省独立国家的成立会与围绕中国问题结成的九国公约（1922 年）发生冲突。与孙文私交甚好的犬养承认对中国东北的主权，并和南京国民政府交涉，意图建立亲日政权。然而，他在承认“满洲国”这一问题上表现出犹豫时，海军的青年士官们袭击了首相官邸并将其刺杀。这就是因“一说就懂”“无需问答”而出名的五一五事变。

其次挡住关东军野心的是李顿调查团。1931 年 12 月，国际联盟决定派遣调查团调查满洲事变，翌年 1 月，以英国人李顿为团长的五名成员聚集于日内瓦。作为参与员加入的有日本的吉田伊三郎（驻土耳其大使）和中国的顾维钧（张学良顾问）等人。他们在 2 月底到达横滨与日本要人会谈后，3 月 14 日进入因战争创伤累累的上海开始活动。

李顿等人调查的焦点是，在中国现状问题上中日之间说法的分歧。日本主张中国不是统一国家，正面临崩溃，缺乏近代国家的资格。于是，1932 年 4 月，调查团到达北平后，张学良邀请他们来到中南海并作了演说。

这时，张学良斥责了日本“东北并非中国一部分”的主张，指出看上去混乱的中国如今正处在近代化的过程中，日本却不正视这一事实。中日发生冲突，其实正是日本不愿意看到中国走向社会进步和政治统一的结果，用武力抢夺了中国人一手建设起来的东北三省。但是，企图使“满洲国”合法化的日本的“谎言和谣言”无法胜过正义和真理。张学良痛斥日本无视国际联盟理事会的决议而采取侵略、挑衅的方针，决不能否定热爱和平的中华民族及其发展的权利。据说李顿被这场演说打动了。

100 国联调查团访问关东军司令部（前排左一为调查团团长李顿）

日本一看形势不对，从4月开始对东北三省的调查进行了百般阻挠。调查团的参与员顾维钧被“满洲国”拒绝入境。调查团欲与在齐齐哈尔附近的嫩江桥抵抗日军的马占山（原黑龙江代省主席）取得联系时，关东军派出两个师团攻击马占山，并在7月公布其已“战死”（实为误报）。犬养的后任首相斋藤实内阁9月签署了《日满议定书》，企图承认“满洲国”，使它成为既成事实。

1932年10月2日，李顿报告书公布于世。该书描述中国方面的排外宣传和缺乏法制的状态导致了与日本的紧张关系等，内容不全然有利于中国。在柳条湖事件的关东军行动方面，断定“无法承认其为合法的自卫措施”。“满洲国”不是出自“纯真自发的独立运动”，而是日军在未宣战的情况下占领东北各地、将其从中国本土分离出去的结果。

该报告书还指出，单纯恢复原状不能解决问题，应代替“满洲国”在东北三省设立中国主权下的自治政府，由列强共同管理，自治政府聘请多名外国顾问，以日本人为主，并提议实现东北整体的非武装化，中日两国军队都从该地撤军。

日本政府激烈抗议，称李顿报告书的内容为“骗人的国际管理”。中国政府虽然对列强共同管理东北三省的方案面露难色，但仍表示考虑该地的非武装化。

1932 年 12 月，国际联盟临时大会召开，多数国家要求采纳李顿报告书、否认“满洲国”。英国等大国表现出了拥护日本的姿态，然而由于 1933 年 2 月关东军侵占热河省这一行动，形势出现了逆转。2 月 24 日，国联总会以 42 票赞成、1 票反对（弃权）采纳了基于报告书内容的劝告方案。此时，日本代表松冈洋右留下“日本已到达合作的极限”一言退场，而使众人一片哗然。3 月，日本政府宣布退出国际联盟，在国际社会的孤立下加深了与德国、意大利的合作。

关东军对热河发动进攻后，张学良主张彻底抗战，热河省主席汤玉麟等却逃跑，中国军队败退。3 月，关东军控制了整个“满蒙”地区，张学良承担责任，辞去陆海空军副司令一职。跨越万里长城的关东军在激战后，5 月签订了《塘沽停战协定》，停止了进攻。虽然，当时与“满洲国”邻接的广大地区被设为非武装地带，而中国军队的撤退使北平近在咫尺。

安内攘外与长征的开始

安内攘外政策的提出和第五次包围讨伐战

日本的侵略给中国造成了极大的冲击。许多报纸、杂志愤激地要求歼灭“倭寇”，政府首脑之一的汪精卫批评张学良的不抵抗而离开政府。然而蒋介石冷静地分析了敌我的军事力量。他想利用“一面抵抗、一面交涉”的政策，即在上海和长城附近抵抗日军，同时寄希望于犬养毅的和平谈判以及国际联盟的仲裁，尽可能采取忍耐和让步来拖延时间。

这时，蒋介石提出的基本方针是“安内攘外”。他认为只有平定国内的反对势力才能对抗外国的侵略。这项政策的出台在当时的中国引起了轩然大波。其实蒋介石并非第一人，他重复了清朝首脑们的思路，把太平天国称为要命的“心腹之患”，与第二次鸦片战争中和英法的战争相比，更为重视对内的镇压。

例如，蒋介石评价孙中山的三民主义“继承了中国古来的思想传统”，同时批评信奉马克思主义的共产党是“违反中国伦理”的异教徒。这种主张是建立在曾国藩的言论基础之上，即排斥太平天国的基督教色彩，为保卫儒教的正统而集结湘军。同时实行连坐制等措施，使农民远离共产党，在军事上采取守势缩小包围圈的“七分政治、三分军事”的新战略，也改变了中国历代王朝镇压叛乱的常用手段保甲制和坚壁清野政策。换而言之，蒋介石想通过讨伐共产党，来稳固自己作为正统王朝权力继承人的地位。

另一方面，江西苏维埃中毛泽东虽然位居临时政府主席，实权却掌握在王明、秦邦宪等苏联留学生集团手里。1933 年初，从上海转移过来的共产党中央主张在共产国际军事顾问李德的领导下，积极展开对正规军的进攻。并批评革命根据地开展的游击战术为“右倾机会主义”，排除站在毛泽东一边的干部。

随后他们又在共产国际的“孤立中间势力”的政策基础上，在苏维埃地区开展土地改革运动，彻底地没收地主和富农的土地。然而该运动的进一步升级导致了人们的恐慌，甚至有中农逃离苏维埃地区，造成生产停滞、粮食不足。1933 年 11 月，曾在上海事变中抵抗日军的第十九路军的蔡廷锴等人，反对蒋介石的安内攘外政策，成立了福建人民政府。然而党中央把这股中间势力看做“最危险的敌人”而不予积极配合，失去了扩大势力的良好机会。

1932 年 6 月开始的第四次“围剿”由于日军侵占热河而受挫，蒋介石聘请被誉为“德国国防军之父”的魏泽尔上校为军事顾问，与曾经的常胜军同样致力于军队近代化的新式装备。1933 年 10 月，蒋介石动员五十万兵力开始了第五次“围剿”。

该战争中，国民政府军整顿军用道路进行严密的经济封锁，构筑坚固阵地采取一步一步压缩包围网的战略。对此，共产党中央采取“不让敌人踏入一步苏维埃的土地”的正面作战方针，红军部队在二百架飞机和混凝土建造的碉堡群前溃败。1934 年 3 月，作为苏维埃大门的广昌县沦陷，死伤两万四千人，共产党逐渐丧失了维持根据地的力量。

后来，毛泽东说，“我在井冈山等根据地建立红色政权，提出开展游击战术，一些吃了洋面包的家伙（指苏联留学生）不信，说山里不可能诞生马克思主义。1932 年秋，我失去了工作，整日沉溺在马克思、列宁主义等书籍当中。后来我写的《实践论》《矛盾论》便是这两年的阅读的成果”。他利用受冷落的江西苏维埃时期充电，得到了宝贵的机会，总结以前的经验、深化思考。

起死回生的长征

1934 年 10 月，红军第一方面军主力八万六千名士兵，离开江西苏维埃首都瑞金前往广东、湖南、广西的山区。这就是后来被传颂为中国共产党神话的两万五千里的殊死搏斗——长征的开始。

长征途中充满了无法想象的艰险。首先红军在不让国民政府军察觉下准备启程，还要突破层层封锁的防线。行军只能在夜晚，扛着重器械的补给部队移动艰难，不断有人跌落谷底。第一方面军在广西北部渡过湘江途中被国民党围堵留在对岸的多数部队全军覆没。结果离开瑞金后仅仅两个月，兵力就减少到了三分之一（三万人）。可是，红军在付出牺牲的同时迅速恢复了行动力。

其次，在生活习惯迥然不同的少数民族地区的活动成了问

101 长征要塞泸定桥

题。就像蒋介石承认的一样，红军巧妙地拉拢下层民众，军民一体作战是其强大的秘诀。然而等在进入贵州、四川山川地区的红军面前的，是长期以来受到汉族迫害的苗族、彝族等少数民族，必须和这些把汉族视作入侵者的民族建立起信任关系。

前人也有未能解决这个问题而导致失败的。他就是在天京事变后与洪秀全分道扬镳的太平天国翼王石达开。1863 年，石达开沿着和红军几乎相同的道路来到四川，彝族人却拒绝配合并加固了防御，在大渡河击溃了石达开军。蒋介石也熟知这段历史，给部下发来电报鼓励他们在该地获取殊荣。

这时，外号独眼龙的先遣队指挥官刘伯承尝试与彝族首领接触。起初彝族有所警戒，刘伯承提出共饮鸡血结拜兄弟后，他们的态度有所缓和。刘伯承又说，彝族有许多部落，汉人也分为红白两种人。蒋介石为首的“白汉人”压制少数民族，而我们“红汉人”却是站在你们一边的，彝族人听后高兴地为红军带路。毛泽东面向中国社会底层的努力，以这种方式取得了成果。

1935 年 5 月，聚集在大渡河南岸的红军主力，摆脱国民政府军守卫队开始渡河。然而，由于该地的急流而无法搭桥，为了让大部队顺利通过，红军只能选择北部一百七十公里处的泸定桥。

仅用了两天就到达桥下的红军，所有将士平安渡到北岸。毛泽东和从小就听着石达开传闻长大的四川人朱德宣布，“我们用行动证明了我们不是第二个石达开”。

102 1935 年 10 月，中央红军到达陕北，胜利结束长征。图为当时聂荣臻在红一军团党的活动分子会议上讲话

其次，红军接受考验的是头顶万年雪的五千米高的山脉（大雪山）。红军将士多出生于南方，几乎都没见过下雪。他们在行军中穿的是破破烂烂的薄棉军服。而最险要的夹金山，被人们视作为连神仙也飞不过去的难关。

1935 年 6 月一大早，毛泽东一口气喝下驱寒的辣椒汤，和其他士兵们一样穿上厚衣服开始登山。刚开始是冰雹的袭击，天晴后冰雪反射的太阳光刺伤了人们的眼睛。快到山顶时空气稀薄，体力不支者爬起又摔倒，最后无法动弹。登上山顶的士兵们接到的指示是“不许休息，滑冰下山”，不少人由于坡度倾斜而骨折，或滚落悬崖下落不明。而据说女兵们爬山后，均停止了月经。

之后，红军面临的是四川和甘肃边境的大草地。海拔三千米的大草地开满了鲜花，不见人的踪影。8 月的天气变化多端，士兵们在突然下雨或下雪时无处可藏。如果走错一步，草地下可能是无底的泥沼。不少将士陷入泥沼中，欲上去帮忙的战友也一并被水吞没。行军一周后弹尽粮绝，特别是盐分不足，造成大量士兵死亡。据说倒下的士兵都告知家乡的名字，留下遗言“请通知我的家里人”而断气。

1935 年 10 月，到达了长征的终点陕西省吴起县时，第一方面军仅剩下了七千人。长征不仅是为冲出绝境的凄惨奋战，也在中国边境的十一个省份播下了革命的种子。长征的路径虽然与过去的两次北伐完全不同，却是把新时代之风从南方传播到西北大地的“第三次北伐”。

遵义会议与周恩来

长征途中，中国共产党的内部也发生了巨大的变化。面对使苏维埃陷入崩溃境地、在湘江渡江战斗中大败却态度强硬的党中央（秦邦宪和李德），人们的不满情绪爆发了。1935 年 1 月 15 日开始，连续三天在贵州北部的城市遵义召开了中央政治局扩大会议。秦邦宪、李德、毛泽东、朱德等二十人参加了会议，后来成为改革开放政策领导人的邓小平也作为秘书长而出席。会议上对第五次反“围剿”的失败原因作出了纠正。秦邦宪强调受“帝国主义各国”援助的国民政府军实力过于强大，而迟迟不愿意承认自己的失败。

这时有人站出来发言，他就是共产党中央军事部长周恩来。在西安事变中成为另一位主要人物的周恩来，生于 1898 年，比毛泽东小五岁。周恩来和毛泽东的生平也成为对比，毛泽东出生于农村，周恩来的原籍和鲁迅一样都是浙江绍兴（出生在交通枢纽江苏淮安)。周恩来的家庭是诞生了很多官僚的名门，他从天津以进步而闻名的私立学校南开学校毕业后，前往日本和法国留学。周恩来在日本期间住在神田，曾经到过京都的岚山。虽然未能如愿考上第一高等学校(后来的东京大学教养系)，但据说在此期间受到了河上肇的马克思主义研究的影响。

103 周恩来

1931 年 12 月，周恩来来到江西苏维埃，第一次和朱德共同指挥前线作战。抗日英雄第十九路军组建福建省政府时，周恩来主张应该和他们共同战斗，然而党中央却听不进去。蒋介石发动第五次“围剿”后，周恩来警告“碉堡战对碉堡战”的阵地战缺乏策略，存在分散兵力的危险。但是，他未能说服李德，红军因此差点覆灭，他对此深感负有责任。

会上，周恩来坦率地自我批评说，战略的错误才是导致这次战斗失败的原因。接着毛泽东发表演说，指出李德的领导“极其恶劣”，没有采取灵活的战略来有效地利用有限的兵力。他还断言说红军士兵也是血肉之躯，脱离中国实际的秦邦宪等人的纸上谈兵决不会胜利。据说演说结束后会场一片掌声。

会后，毛泽东成为中央政治局常委，掌握了军事方面的领导权。不久后北上在陕西省北部建设了新的根据地，决定了与日本作战的方针。虽然毛泽东与苏联留学生集团之间仍旧存在对立，中国共产党逐渐摆脱共产国际的影响，作为中国本土的政治势力走上独立的道路。毛泽东和周恩来的盟友关系也由此开始。

今天有人认为，毛泽东发动“文革”时，周恩来应该毅然采取反对态度。周恩来虽然为很多人推翻冤案，却屈于毛泽东的权威未能挽救整个中国。自身也成为政治运动对象的周恩来，有没有可能力挽狂澜至今无从知晓。然而，乡村长大的激进哲学诗人毛泽东，和留洋归来温和的务实官僚周恩来之间的磨合，直到1976年两人相继去世，一直成为中华人民共和国的重要面相。

高涨的抗日情绪

蒋介石的抗战准备与独裁体制

蒋介石在瓦解了江西苏维埃后，一边追击红军，一边开始准备与日本作战。带有浓厚军事色彩的经济建设，以及重视忠诚的政治措施，不过是重新建立了传统压抑的政治体制。

蒋介石本来对战争持有预见。不久的将来围绕中国的利益问题发生第二次世界大战时，日本必将失败。1934年12月，蒋介石以徐道邻的笔名发表了名为《敌乎？友乎？》的论文，表明了他对日本问题的基本立场。蒋介石指出，日本侵略中国后，中国将付出巨大的牺牲，他说：“如日本同中国作战，即无所谓正式的决战。非至日本能占尽中国每一方里之土地，彻底消灭中国之时，不能作为战事的终结。”他还警告说，日中战争拖长，只会对日本不利，现在寻求两国和解，必须立即归还东北三省和热河。

1937年中日战争爆发后，蒋介石正如自己所预测的那样，转移到重庆继续抗战。与毛泽东的《论持久战》相比，蒋介石没有提及作为抗日战争重要因素的“人民”的游击战式抵抗，这不由得让人感到其对胜利的预测不够坚定。但是，到重庆后，蒋介石控制了以前国民政府权力未及的四川、贵州等西南各省，开始建设“大后方”。

负责蒋介石抗战准备的是1932年11月非公开成立的国防设计委员会(后改编为国家资源委员会)。铁路和公路网迅速扩建，以军需产业必不可缺的矿物资源钨等为主开始尝试发展重工业建设。并改革币制统一全国货币，通过将国内流通的白银国有化，实施通货管理制度来确立国民政府的金融统治。

这种政策是一种开发独裁，平息了因白银流失美国而产生的金融恐慌等，取得了一定效果。军事方面也在卢沟桥事件爆发前，完成了一百七十万兵力、六百架飞机的战斗力编制。然而这些装备不及日军，蒋介石并未能确信在全面战争中能够取胜。

蒋介石一面对战斗力存在疑虑，又着手建设国民总动员的体制。他首先在江西庐山、四川峨眉山开设军官训练团，亲自讲话以统一将领的思想。1934年2月，他发起了一种启蒙运动即新生活运动。该运动提出把“礼义廉耻”的传统儒教道德作为国家统一的理想，重视卫生、杜绝鸦片、提倡国货的使用、奖励节俭，以实现国民生活的合理化和统一化。

蒋介石描述这些运动的目标时说，“如果有60万绝对服从我的命令的军队，我有办法击败小倭寇。傲慢愚蠢的日本军人我根本就不放在眼里。需要的是统一指挥”。在这里蒋介石宣布要取得抗战胜利只能“绝对服从”，他想在“统一指挥”的名义下重新建起就连孙文也未能抵抗住诱惑的中国固有的专制统治。或者也可以说日本的侵略使中国也产生了法西斯的连锁现象。

中国民权保障同盟与鲁迅

对加强独裁的蒋介石，孙文的遗孀宋庆龄表示反对。国共两党分裂后宋庆龄移居德国，成立了国民党、共产党之外的第三党（中国国民党临时行动委员会）的邓演达被蒋介石暗杀后，宋庆龄发表声明“国民党不再是政治势力”，明确表示与南京国民政府对立。1932年12月，鲁迅和中研院院长蔡元培合作成立了中国民权保障同盟，要求释放政治犯、废除非法拘禁和实现言论自由等。

对此南京国民政府加强了审查制度并命令特务机关镇压。1934年2月，一百四十九种新书籍遭到禁止发行的处分，5月成立了图书杂志审查委员会进行严格的审查。此时鲁迅比较了中日的言论镇压，写道“日本检阅后把删除部分留作空白，读者可以看出。而中国的审查不允许空白，读者无从发现审查的痕迹，文章意思不通，都变成作者的责任。这比日本前进了一大步，在中国的笔祸史上值得记载”，来讽刺当局。

和陈果夫的CC团（中央俱乐部）并列负责镇压的是1932

年3月在南京由黄埔军官学校的毕业生结成的力行社（蓝衣社）。该组织宣誓对蒋介石的绝对忠诚，与CC团相比是采取直接行动的特务机关，不仅镇压共产党员，批评蒋介石的民主势力也是它的对象。1933年6月，他们暗杀了中国民权保障同盟的中心人物杨杏佛，迫使同盟停止活动。

这时，上海因流传暗杀者名单而陷入动荡，但鲁迅仍坚持每天前往内山书店。由于下达了逮捕令，内山完造很担心，鲁迅却说“那其实是让大家闭嘴。如果真要逮捕，应该不需命令把人带走就行了，不用怕”而泰然自若。据曾拜鲁迅为师的增田涉回忆，鲁迅为避免被特务发现，在炎热的夏天也不靠近窗户，而是在不通风的房间里使用各种笔名写下批评政府的文章。他对顽强坚韧的鲁迅写道“感觉到了作为人的伟大”。

日本分离华北与一二·九学生运动

就在蒋介石准备抗战时，日本加大了对“塘沽停战协定”中成为非武装地带的长城以南地区的压力。1935年5月，发生反日恐怖事件后，日本派遣军要求中方负责人何应钦从河北省撤退国民党和国民政府军，并要求罢免河北省主席。6月，南京国民政府决定让步，提出中国方面“自行处理”，接受了日本的要求，即“何梅协定”。

同时，邻接河北的察哈尔省发生了拘禁日本特务机关人员的事件。6月，关东军的土肥原贤二迫使宋哲元率领的国民政府军撤出察哈尔，签订了“秦土协定”。

日军通过这些行动在华北五省（察哈尔、绥远、河北、山东、山西）建立了打着自治旗号的地方政权，开始排除南京国民政府的影响力，扩大日本的统治，即分离工作的开始。当然中国方面也不是束手无策，政府方面向宣称“日华亲善”的外务大臣广田弘毅展开了包括返还东北四省在内的用和平手段解决所有问题的外交攻势。然而，蒋介石的“和平未到根本绝望时期决不放弃和平。不到最后关头决不轻言牺牲”的方针，在旁人看来显得慎重或是软弱让人焦急。南京国民政府还在日本禁止抗日运动的要求下发布睦邻外交令，“抗日”二字只能写成“抗 ×”，这无疑激怒了民众。1935 年 11 月，日本拉拢山西阎锡山等旧军阀势力的工作迟迟不见进展，便在非武装地带里以曾留学日本的殷汝耕为首，成立了傀儡政权冀东防共自治委员会。南京国民政府大惊之下下令逮捕殷汝耕，关东军作出进攻北平的姿态加大压力，要求宣布察哈尔、河北两省的自治。

这时南京国民政府再度退让，12 月 11 日命令从察哈尔撤退后就任平津卫戍司令的宋哲元为负责人，成立了冀察政务委员会。表面上是由中央政府设立的地方机构，日本方面却认为是实现华北自治的行政机构。多数中国人也认为这是对日本屈辱的让步。

1935 年 12 月 9 日，北平的学生们游行示威反对日本分离华北，要求停止内战、言论自由。示威活动的中心是政府镇压较轻的燕京大学和清华大学等，支援学生们的是翌年即 1936 年受到毛泽东接见的、通过报道《红星照耀中国》向全世界宣传中国共产党存在的燕京大学讲师斯诺。

104 1935 年“一二·九”学潮中，北平学生在电车上演讲

这天上午 10 点，学生们计划在天安门广场集合，得知消息的当局包围了各所大学，并封锁北平的城门，试图打消学生们的活动。学生们转向何应钦办公室提交请愿书，在宋哲元的司令部前与警卫发生冲突。从王府井向南行进的示威队伍发展到四五千人规模，高喊“反对华北自治运动”、“打倒汉奸（卖国贼，这里指殷汝耕）”等口号。郁积的愤怒终于爆发了。

北平市当局在东长安街配备军警，阻止游行队伍靠近日本公使馆。严寒中被水管浇湿的学生们被驱散，满洲事变后前来北京避难的东北大学等十八名学生被捕。冀察政务委员会成立后的 12 月 16 日也发生了大规模的学生、市民游行，四百人受伤。三十人被捕。1936 年 1 月，国民政府下令禁止学生运动，学生们效仿五四运动成立了救国宣传团，在农村开展活动。还有人潜入东北军宣传抗日。

义勇军进行曲与八一宣言

“一二·九”学生运动时，学生们齐声演唱了“起来，不愿做奴隶的人们。把我们

105 聂耳

的血肉筑成我们新的长城……”一曲。曲名是《义勇军进行曲》，正是现在中华人民共和国的国歌。年轻作曲家聂耳出生于云南，母亲是少数民族。他从小就熟悉民族音乐，不久便接触到小提琴。他还瞒着父母参加了云南第一师范学校的学生运动，加入了国民革命军。十八岁时聂耳来到上海，制作中国民间音乐唱片和电影主题曲。1933 年，他在剧作家田汉的推荐下加入了中国共产党。

《义勇军进行曲》是 1935 年被查封的电影《风云儿女》的主题曲。故事讲述被赶出故乡东北三省的知识青年为了救国赶赴战场，捕捉到观众由于日本侵略而加深了危机感的心理而红极一时。然而，聂耳未能等到电影上映就受到国民政府特务的追杀逃往日本，7 月死于藤泽市鹄沼海岸的事故。享年二十四岁。他闪闪发光的一生，诉说了当时敏锐的中国青年的思想和烦恼。

在这种形势下，1935 年 8 月 1 日，中国共产党发表了《为抗日救国告全国同胞书》，即八一宣言。发表宣言的其实不是长征途中的毛泽东等人，而是以莫斯科的王明为首的党中央。同年 7 月，共产国际召开了第七次会议，修改与中间势力为敌的路线，呼吁成立广泛的反法西斯统一战线。八一宣言应称作它的中国版，呼吁除蒋介石的国民党外的广大势力结成抗日民族统一战线。

早在 1933 年 3 月，宋庆龄就在上海联合抗日团体成立了国民御侮自救会，批评国民政府的态度暧昧。翌年的 1934 年，她发表了近一千八百名著名人士签署的《中国人民抗日基本纲领》，呼吁全国成立“中国民族武装自卫委员会”。上海律师会会长沈钧儒、记者邹韬奋等上海文化人士也组织了救国会，1936 年 5 月成立了全国各界救国联合会，要求“停止内战一致抗日”。

共产国际的路线转变对中国可以说是很及时的。

长征结束后的 1935 年 12 月，毛泽东等在陕西北部瓦窑堡召开会议，决定把抗日民族统一战线作为自己的战略。1936 年 2 月，红军在山西西部扩大势力，做好了抗战准备。5 月，蒋介石派出讨伐军，红军退出山西并宣传停止内战。8 月，共产国际指示与国民党“联合抗日”，中国共产党从之前的反蒋立场转变为“逼蒋抗日”的方针。

尽管形势发生了变化，长期持续内战的国民党和共产党要清算沾满鲜血的过去，走向一致抗日需要强大的起爆剂。也就是本书最后要描述的历史性大事件，1936 年 12 月的西安事变。

西安事变与张学良

苦恼的东北军统帅

1933 年 3 月，揽下热河失陷的责任、宣布下野的张学良，在治疗鸦片中毒的同时，访遍了欧洲。当时意大利和德国的法西斯体制给他留下深刻的印象，张学良认为中国应该“由一位领袖来统一国家、振兴民族”

而寄托于蒋介石。一年后张学良回国，被任命为扫荡湖北、河南、安徽方面红军的“剿匪”副总司令，1935 年 10 月，为讨伐陕西北部的红军势力而奔赴省会西安。

张学良起初热衷于讨伐共产党，但内心又十分矛盾。他支持蒋介石的目的是为了统一国内建设强大的中国，从日本手中夺回东北三省。然而国民党中央只是把东北军看做用过就扔的杂牌军团。不仅充实兵力无望，还要在对红军根据地的第六次包围讨伐战中消耗宝贵的战斗力。

张学良还背有沉重的十字架，即手下等待重返故土的东北军将士和他们的家属三十万人的命运。“你忘记了父亲（张作霖）的仇恨，不抵抗日本，只是服从上级（蒋介石）命令，贪图荣华富贵。你不仅不惜牺牲士兵，还把我们逼上绝路！”面对这样的直言，张学良深感苦恼，开始强烈地怀疑蒋介石的安内攘外政策。

对“剿匪”战反感的不只张学良一人。还有以西北地区为地盘的第十七路军（西北军）的统帅杨虎城。起初他对被送到西安的张学良抱有戒心。然而当他看到受到中央冷落的东北军败退时，同为地方军统帅的杨虎城，与张学良产生了共鸣。

1936 年 2 月，东北大学学生、一二·九学生运动的领袖宋黎（共产党员）等拜访了张学良。他们要求东北大学校长张学良援助他们救出被捕的同学们。宋黎在将领们面前演说后，杨虎城表示支持学生，并说“我们无法与抗日同胞的共产主义者们打仗”。当时西北军中有共产党员宣传抗日，杨虎城本人也与共产党有接触。

106 杨虎城

早在1月，张学良也通过被红军俘虏的东北军团长开始与共产党接触。4月，张学良和周恩来在延安的天主教堂举行了秘密会谈。会谈从周恩来的“我也在东北长大”一句话拉开序幕，气氛谐调。意气相投的两人畅谈通宵，在停战和解除对共产党根据地的经济封锁问题上基本达成了一致。

之后两人继续交涉，张学良同意加入共产党和东北军、红军的西北大联合计划，但由于共产国际的反对而未能实现。6月，张学良成立了军官训练团，第一次向部下谈了自己的想法。他围绕“抗日是中国唯一的出路”的主题，说满洲事变后我们犯下的最大错误是忍辱求全，不扩大事态。这只是一厢情愿。今后我们只有抗日，决不重蹈覆辙。张学良还表示“抗日是天地之大义”，明确了抗日的意志。

张学良坚定抗日决心后，接下来是如何对付蒋介石的问题。他在和周恩来会谈时指出，现在蒋介石准备作战，国民政府中就对日政策问题也存在分歧。并主张蒋介石有望抗日，自己可以尝试说服他停止内战。

事实上，当时的南京国民政府中陈立夫（陈果夫之弟）等已经开始通过几种渠道与共产党交涉“联合抗日”一事。但是，它的内容强硬，一是暂时承认共产党这一政党的存在，却不承认苏维埃政权和红军。二是解除红军各司令的职务让他们出国，缩小部队规模听从国民政府军指挥。对蒋介石而言，军权统一上决不让步，他从没想过让红军承担抗日战争的一部分。而且他也不打算为使交涉有利，而缓和对共产党根据地的进攻。

1936 年 10 月，蒋介石为推进第六次围剿战增派国民政府军，前往西安督促张学良和杨虎城进攻红军。此时张学良提出为何需要持续剿共战的问题，提出现在应停止内战一致抗日。蒋介石大怒，斥责说“服从命令乃军人的天职。无需多问！”。张学良没有气馁，乘着蒋介石前往洛阳庆祝五十岁生日的时机，和山西派的阎锡山一起再次做了工作。

但是结果仍然失败。蒋介石在翌日的演讲中，说“联合共产党抗日的人是汉奸”，暗中指责张学良。张学良如同被“当头泼了冷水”，打消了劝说蒋介石的念头。

用事实回答

与高涨的抗日舆论背道而驰，1936 年 11 月，南京国民政府逮捕了全国各界救国联合会的沈钧儒、邹韬奋等人，即“抗日七君子”事件。12 月 3 日，张学良前往洛阳，要求释放他们，与蒋介石发生了激烈的争论。蒋介石断言“我就是革命政府。我干的就是革命。违抗我就是反革命”，张学良则认为镇压这些爱国志士，与袁世凯的专政并无差异。

蒋介石看到张学良有所动摇，12 月 4 日再次前往西安监督剿共战。他到达后个别地邀请东北军、西北军的师长吃饭，离间他们和张学良、杨虎城之间的关系。12 月 7 日，张杨二人商量对策，决定再做一次工作。张学良从心底佩服蒋介石的领导能力。当晚，张学良来到蒋介石下榻的华清池，含泪要求停止内战。这就是“哭谏(哭着进谏)”。

当时张学良劝说道，“日本的侵略永无止境。如果不反击的话，国土被占领，我们将成为中国历史上的千古罪人。共产党已经数次提出团结，要求你领导抗日战。内战无论哪一方取胜都只是对日本有利。我一直都一贯支持你，满洲事变中也服从你的不抵抗政策忍受了全国的责难和侮辱。这一切都是为了保护你的威信，为了你和日本抗战的那天到来而忍辱负重。现在抗日已是人心所向，请停止内战，一致抗日”。

蒋介石听后却呵斥张学良年幼无知，上了共产党的当，敲着桌子说，“就算你掏出手枪把我毙了，我也不会改变剿共计划”。8 日，杨虎城前去劝说，仍旧无效。蒋介石还威胁东北军的师长们说，“你们频繁地和红军无线通信，难道以为我不知道吗？”，并施加压力要转移东北军、处分将领。张学良和杨虎城意识到不能再犹豫，决定实行“兵谏”，迫使蒋介石抗日。

12 月 9 日正好是一二·九运动一周年。西安的共产党地下组织、救国联合会和东北民众救亡会等各团体在总司令部南院门广场聚集了两万人举行请愿示威，要求停止内战。警察开枪造成小学生受伤，人们被激怒，涌向华清池向蒋介石直接请愿。

得到通知的张学良立即致电华清池，请求蒋介石接见示威代表。蒋介石却在电话中训斥，“这都是因为你的放任。决不允许游行队伍来到我面前”。前一天，蒋介石已经向宪兵队下达了开枪的许可。张学良为避免流血事态，只身一人开车追赶游行队伍，在灞桥试图说服他们。

这时灞桥上已经架起了机枪，骑车走在前面的数名学生被捕。张学良阻止了宋黎为首的学生们，大喊“别再往前走”。部分人还想继续前行，张学良真情实意地控诉道，“请你们相信我。你们的要求也就是我的要求。如果你们相信我，我会在一周内用事实回答大家”。学生们听后深受感动，喊道“我们要和张副司令共同抗日！”。

被监禁的蒋介石

张学良和学生们约定好期限后，立即和杨虎城准备兵变。他们看到防守华清池的兵力不多，计划由东北军的亲卫队进行袭击。10日，蒋介石对前来报告请愿示威结果的张学良斥责道：“你是站在学生一边，还是国家大官一边？”11日，张学良宣布东北军退出扫荡共产党的作战队，然而蒋介石没有发现张学良等人的计划。

1936年12月12日凌晨3点40分，东北军亲卫大队队长孙铭九等人率领兵变部队来到华清池。原本预计不开枪解除武装，由于宪兵队不配合转为枪战。他们闯进蒋介石卧室后发现床上尚有余温，孙铭九断定蒋介石就藏在附近，命令士兵们搜索后山。

搜索一小时后，凌晨五点，一名士兵发现了藏在山洞里的蒋介石。孙铭九赶到后发现，逃跑时伤了腰的蒋介石已经冻得无法动弹。蒋介石看见孙铭九后说“杀了我吧！”，然而，孙铭九告诉他，“我奉张副司令的命令，前来接您去商量抗日问题”，用车送蒋介石前往西安。住在西安市内的蒋介石的心腹们，也被杨虎城的特殊部队软禁了起来。

蒋介石被监禁的消息震惊了全世界。率先报道这个消息的，是日本同盟通信上海分社。斯大林接到来自东京的消息后，还以为这是日本间谍的阴谋和错觉。在中国国内，西安报纸《解放日报》发表了这一消息，并附上张学良、杨虎城的“八项要求”。包括停止内战、召开救国大会、释放抗日七君子等政治犯、保障民众的政治自由、改组国民党等。

蒋介石受监禁的消息传到共产党根据地，是在12月12日的深夜。干部们吃惊于“蒋介石会有如此下场，主张对蒋介石采取公民审判。而毛泽东则冷静思考，主张派周恩来前往西安，确认张学良等人的意图，结成统一战线。共产国际也发来指示，无论事态如何发展，要进行和平解决。

而首领被捕的南京国民政府，在如何处理这一问题上出现了意见分歧。何应钦、戴季陶为首的主战派认为应该剥夺张学良的官职，要求正在外访的汪精卫回国，派遣国民政府中央军前往西安进攻。对此，和议派的宋氏家族（宋美龄、宋子文、宋霭龄的丈夫、行政院长代理孔祥熙）和陈氏兄弟（陈果夫、陈立夫）则

107 华清池蒋介石住所 五间厅

把蒋介石的顾问、和张学良关系密切的威廉·亨利·端纳送往西安。

此时张学良对顽固的蒋介石束手无策。他在发动兵变的时候，就没有收拾残局的明确方法。他想与蒋介石谈话沟通，屡次前往监禁蒋介石的房间。而蒋介石开始甚至拒绝和张学良见面，重复说“让我回南京”。

12月14日，端纳出现在蒋介石面前，蒋介石怒道：“张学良为了和我谈而把我关起来，太过分了。”端纳幽默地回答道：“你不也是经常把人抓来谈话吗？”从事翻译的张学良听了不禁笑出声来。

宋美龄等人从端纳的电话中得知蒋介石无恙，便通过他要求蒋介石阻止主战派的行动，防止内战扩大。12月16日，端纳将此转达给张学良、蒋介石后，蒋介石写下了三天的停战命令，张学良解除了对何应钦的心腹的监禁让他回南京送信。20日，宋子文来到西安，一心要武力解决的蒋介石态度有所缓和。宋子文将此消息带回南京，主战派失去了在国民政府内的发言权。

蒋介石周恩来实现会谈

12月22日，宋美龄飞抵西安。她的到来使蒋介石大吃一惊，宋美龄描述了南京的情况，告诉蒋介石全国人民都在担心他，希望他能考虑中国的前途而采取行动。她和张学良会谈时，张学良也解释说这次的兵变只是为了让蒋介石“同意抗日”，丝毫没有要加害他的意思。

12月17日，周恩来到达西安后，一面谨慎观察张学良和南京方面的交涉，注意到被软禁的蒋介石仍在国民政府内拥有绝大的影响力。23日，周恩来会见宋子文、宋美龄，表示共产党不干预此次的事情，希望能够和平解决，蒋介石如果同意抗日，共产党将会支持蒋介石成为全国领袖。周恩来还说，“除了蒋委员长，无人能胜任”。这句话很大地动摇了宋美龄等人。

12月24日，宋美龄、宋子文、张学良、周恩来、杨虎城举行了五人会谈。宋美龄说，“我等皆为黄帝裔胄，断不应自相残杀，凡内政问题，皆应在政治上求解决，不应擅用武力”，同意停止内战。她还承诺，撤退中央军，维持共产党根据地的现状，清扫国民党内部的亲日派，成立抗日内阁召开救国大会等。

这里成为焦点的是释放蒋介石的条件。宋美龄、宋子文要求下令停战、撤军后，立即释放蒋介石，张学良也表示同意。杨虎

108 西安事变发生后，中共委派周恩来（右一）、秦邦宪（左一）、叶剑英赴西安参加谈判

城却强烈反对，认为没有协定文书等保证不能放人，周恩来也支持他的观点。要解决这个问题，只能举行蒋介石一直拒绝的和周恩来的会谈。

12月25日（也有24日晚的说法），周恩来在张学良的陪伴下来到蒋介石的房间。张学良通报说："委员长以前的部下来看您了，请！"周恩来进屋后，立即像在黄埔军官学校时候一样敬礼叫道："校长！"蒋介石愣了半天，才从床上起身，让周恩来坐在旁边。

周恩来先开口道："蒋先生，十年不见，您老了很多啊。"蒋介石点头叹气说："恩来，你是我的部下，应该听我的话。"周恩来说："只要蒋先生停止内战，一致抗日的话，不仅是我一人听先生的话，我们红军也都服从先生的指挥。"旁边的宋美龄也说："不讨伐共产党了。这次周先生不远千里前来斡旋，实在是感谢。"

"不能再内战下去了"——蒋介石喃喃自语道。这句话让共产党，更让全国等了太久。他接着说："内战时也经常想起你们。在打仗的时候，也没忘记你们曾为我效力的时候。能再合作一次也好。"

12 月 25 日下午 4 点，蒋介石夫妇出现在西安的机场。决定释放蒋介石后，不满的东北军、西北军的将领们表示反对。张学良、杨虎城担心出现混乱，直接将他们带出住处，驱车直奔机场。蒋介石夫妇先飞往洛阳，第二天平安回到南京，震惊了世界。用受过美国教育的宋美龄的话来说，是迟到了一天的圣诞节礼物。

这时又出现了一件事情。张学良提出要送蒋介石回南京。他用红色铅笔写下指示，命令今后东北军由部下于学忠统率，接受杨虎城的指挥。然后让宋子文、端纳乘坐自己的专机，前往追赶蒋介石。据他晚年的回忆，这时张学良抱着一死的念头。周恩来接到孙铭九的电话后非常吃惊，立刻赶往机场阻拦，却为时已晚。周恩来对张学良的固执行动，感叹道，“他听旧戏听多了。哪有自己要去受罚的”。

就这样，持续九年的国民党和共产党之间的内战，在要求筑起抗日长城的人们的叫喊声中迎来了结束。两者之间的暗中斗争在第二次国共合作成立后仍然持续，日本战败后内战再次爆发。这场悲剧中西安事变的主角们也被命运玩弄。张学良一度被判刑十年，后被取消，却为了逃避战火辗转中国各地，过着被软禁的生活，1946 年被送到台湾。杨虎城也被剥夺了西北军的指挥权，1949 年在重庆被国民政府的特务暗杀。

然而即使付出牺牲，也不愿成为历史罪人的张学良的迫切愿望，把被孙中山叹为“一盘散沙”的中国人的心聚集在抗日民族主义之下。这虽说是21世纪中国必须跨越的课题，也不容否认它是我们在中国近代史上看到的梦寐以求的成果。中国的1936年落下了帷幕。之后仅过了七个月，北平郊外的卢沟桥枪声大作，中日两国陷入了全面战争之中。

第十章

边境的街道和人们
——香港、台湾和上海

异文化的窗口香港和上海

显示时代活力的边境

你最熟悉的中国城市是哪里？如果你去过中国，对最先到过的地方和停留时间长的街道应该会有特别的感情。近年来，虽说日本飞往中国内陆地区的直飞航班有所增加，但听得多的还是北京或上海，以及1997年从英国回归的中华人民共和国特别行政区香港吧。

我们不能忘了身边的台湾。“便当（日文词，中国大陆没有这个单词）”为代表的日本风格的汉语，以及今天仍残留在街角的日本统治时期的建筑物就不用说了。或者说它作为健全的市民社会逐渐成长，很多人在与中国大陆打交道时倍感疲惫而与之共鸣，成为热切的台湾迷。

香港、台湾、上海这三个地方有一个共同点。即它们都地处中国世界的“边缘”，曾作为殖民地或租界接受外国的统治，社会积累了与异文化交流的经验这一事实。也就是说这三个社会都是象征“近代”的地方，无论喜恶与否，它们都带有中国其他地区没有的特性。正因为这里是中国世界的边境，可以说也是聚集了近代中国隐藏的可能性和能量的地方。

国际都会的香港、上海、台湾，各种思想、制度、文化不断重复着冲突和融合。很多人活跃在这些舞台上，他们的目光投向了中国的周边以及全世界。正如本书反复记述的那样，中国近代史上与日本的关系密切，这三个地区也不例外。当时的日本人，比现在还要接近这些地方。

下面就把焦点聚集在这里生活过的日本人身上，来观察这三个地区的近代史。然后思考 21 世纪的日本如何与中国作为“身边最近的外人”实现共存。

创建时期的香港和上海

香港这一城市的出现，无疑是在 1842 年南京条约中香港岛被割让给英国的时候。英国一直想要一处和葡属澳门相当的中国南部的贸易据点。而香港岛地处清代唯一的开港口岸广州的入口，正符合了英国的要求。香港原本是运出香木的小港，当时有客家移民和闽南人船工等七千四百五十人在此居住。如果香港未被选作殖民地，它也许也像今天的广东沿海的岛屿一样，是个一贫如洗的不毛之地。

最初负责建设香港的是来自澳门和广州的商人和传教士。他们还整顿了以香港总督府为首的行政机构，建设了港口、仓库、监狱等设施。然而，被期待的“自由港”香港的贸易额并未有很大增长，而摆脱清朝统治后鸦片贸易和中国劳工输出的苦力贸易得到了发展。有个美国人尖锐地评价19世纪40年代的香港是“鸦片贩子、士兵、官吏和好战分子的聚集之地”，深受以岛屿为据点的海盗的横行霸道之苦。

109 开埠初期的香港

香港的发展走上轨道是在19世纪50年代。天地会军队响应太平天国在广州一带起义，广州的富商家属们为躲避战乱移居香港。香港的中国人人口在1854年达五万四千人，九龙半岛被租借的19世纪60年代则超过了十一万人。贸易额也增大，1865年香港上海银行成立，随后诞生了金融、保险、造船、海运业等公司。

而上海的出现源于1842年英国对上海县的占领。1845年签订了上海土地章程，诞生了治外法权的居留地租界。这片方圆约六平方公里的“外国”开始具有重大意义，是由于1853年为响应太平天国进入南京的小刀会起义。天地会系秘密结社的他们占

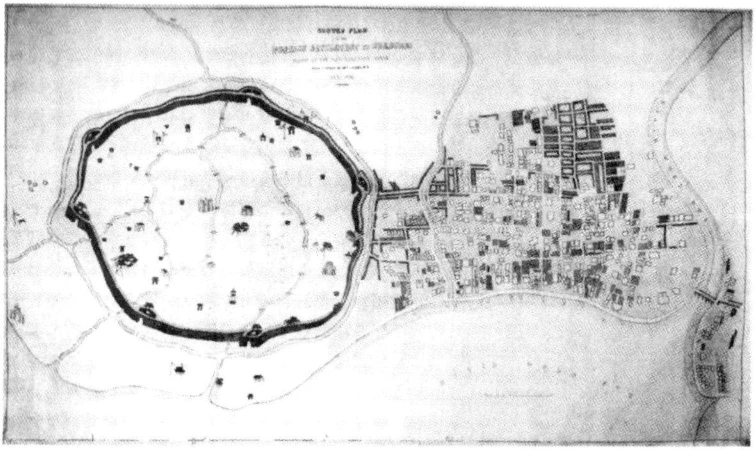

110 上海租界地图（横滨开港资料馆藏） 根据1885年5月的调查绘制而成的地图的复制品。左侧圆形为旧上海县城（城内），右侧是沿黄浦江开发的地区。日本人聚居的虹口地区（北四川路附近）尚未被开发（参考图111）

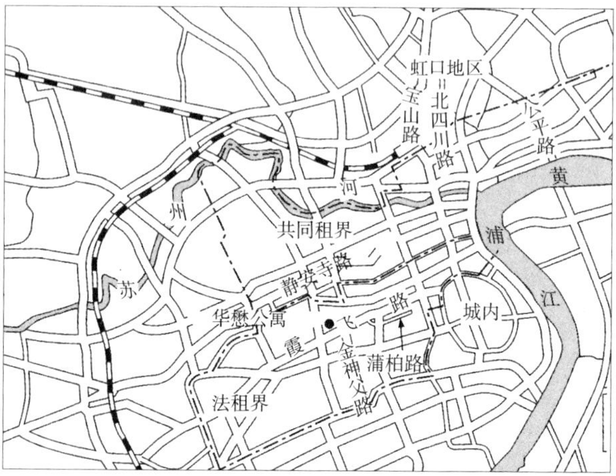

111 民国时代的上海地图（根据国际研究项目《上海》绘制）

领了上海县，清朝权力出现空白，英国领事阿礼国等人在租借设立了外国人组成的一种自治政府，设置参事会作为行政机关。关税征收也由外国人的税务司实施。

1860 年，李秀成率领太平军来到江南，江南地区的富商们争先恐后逃往上海租界。两次阻挡了太平军进攻的上海，成为支持清朝的英法镇压太平天国的据点，英国军人戈登率领的常胜军，李鸿章创建的淮军都从此处出击。

太平天国灭亡后，相对独立于中国统治权力之外的香港、上海的存在反而变得更加重要。革命派的孙文首先回到香港筹备，第二次革命失败后又经常潜伏在上海。中国共产党的第一次全国代表大会在上海的法租界召开，四一二政变后直到 1933 年，其本部都设在上海。也就是说，作为西欧列强侵略产物的殖民地，为专制国家的中国带来了城市的“自由”空气。虽然这种自治绝不是意味着承认中国人参与政治的民主政治制度，但它体现了中国“近代”具有的复杂的性格。

日本音吉与唐行

在作为西欧列强的贸易据点而起步的上海，1853 年前后出现了日本人的身影。他名叫“日本音吉”，是出生于尾张国的船夫。1832 年，第一次出海的音吉十三岁，遭到船难后在海上漂浮了一年零两个月后到达了美国西海岸。后来经过英国被送至澳门，协助南京条约签署后活跃一时的德国人传教士郭士立翻译圣经。1837 年，他乘坐美国船只莫里森号前往江户进行开国交涉，幕府下令驱赶外国船只，在浦贺开炮射击。由于这次的莫里森号事件音吉未能回国，一度返回日本后来到上海，进入颠地银行工作。

颠地银行又称宝顺洋行，和渣甸·马地臣行（怡和洋行）都是由活跃在鸦片贸易上的地方贸易商人组成。这些洋行都在面向黄浦江的外滩建立商馆，从事鸦片、中国产的生丝、茶叶等交易。音吉负责管理仓库，并致力于对到来的日本漂流民的救济。据受他关照的漂流民讲述，音吉在现在的九江路附近拥有气派的房子，和马来人的妻子育有三个子女。

1854 年，音吉作为英国舰队的翻译，时隔二十三年重新回到日本，为日英和亲条约的签订尽心尽力。当时，长崎奉行水野忠德劝他留在日本，他却指着英国国旗说，“我不能抛弃妻子和孩子”，选择了国际人士的人生道路。之后的 1860 年，音吉移居到妻子的故乡新加坡。香港和新加坡是英国经营殖民地的据点，上海也位于客货运输的延长线上。

那么音吉为什么离开上海了呢？音吉曾经协同翻译过圣经，对受基督教影响的太平天国的平民色彩感到很亲切。然而，列强开始镇压太平天国，对英国的中国政策感到失望的音吉开始质疑其在上海从事鸦片交易的生活。

1860 年，福泽谕吉等幕府遣欧使节团路过新加坡，刚移居不久的音吉到他们下榻的酒店见面。他指出“世界战乱不止”，极力提醒他们要警戒英国的侵略。1875 年，英国镇压了印度民族起义（密拉特叛乱）后逐步把印度变为殖民地，不久就和支持萨长同盟和幕府的法国发生冲突。音吉指出了内战和殖民地化的危机，想要挽救祖国的同胞。

112 日本音吉

19 世纪 70 年代，上海设立了日本领事馆，同时开通了与日本的航线，很多日本人来到上海。虽然其中也有三井物产等贸易商，但是，当时的日清贸易掌握在中国商人手中，日本商社、商人很难进入。香港也是一样，日本商社成立分社数年后又无奈撤出。

取代他们最早在上海“成功”的日本人，是被称为“唐行”的娼妓们。她们多出生于九州、特别是岛原、天草等贫穷地区，通过中间商偷渡到上海、香港，甚至经过新加坡被卖到东南亚各地。19 世纪 80 年代，被称为东洋茶馆（这里的东洋指日本）等的日本式青楼在上海很受欢迎，曾有八百名日本娼妓在此工作。新加坡的日本娼妓也多充当白人男人的小妾。

这是明治时期很常见的日本人走向外国的方式，“唐行”先进入到上海，随后日本的小商品贸易商渡海前来做她们的买卖。然而，日本政府认为她们在上海的行为有伤“国家的体面”，感到不快。1883 年前后，日本领事馆开始取缔“唐行”，制定了《清国上海居留日本人取缔规则》，规定她们必须戴帽子外出，男女外出时必须要穿“相当的衣服”等。体现出日本对列强的意识已接近自卑的程度，在参与近代世界的尝试中紧张万分。不久租界的日本娼妓逐渐销声匿迹，后来日本又制定了与以后的日军慰安所相连的公娼制度。

近代文明的洗礼与东亚同文书院

日本人等大量外国人集中的上海、香港作为欧洲近代文明的窗口，“文明开化”现象不断发展。这些城市都是用瓦斯灯和自来水。1882 年，上海设立了公用电话，香港则建设了有轨电车和铁路，上海的铁路曾一度遭到人们反对而被废止，1898 年又重新开通。1874 年，日本的人力车出口到上海，被称作东洋车得到普及。

伴随城市发展的还有严重的卫生问题，1894 年，香港流行鼠疫，造成两千五百人死亡。香港市政厅为防止损失扩大，实施了患者隔离、清扫感染地区、烧毁建筑物等措施，并从世界各地请来医生进行研究和治疗。北里柴三郎就是其中一人，当时他在日本国内经营着一家私立的传染病研究所。然而，他到了香港后仅仅几天就发现了鼠疫的病原菌，公布在英国的医学杂志后全世界都为之吃惊。

除了引进欧洲的技术和制度，香港和上海还作为移民城市吸引了大量中国人。和世界各地的唐人街一样，在这些移民城市成立了被称为会馆、帮的同乡、同行互助组织，上海的宁波帮为主的四明公所拥有很大的影响力。在香港，以供奉战亡者的祠堂为前身设立的东华医院、为保护被拐卖少女而成立的保良局成为中国人的交流中心。这些团体的首领作为中国人的代表负责和殖民地、租界当局进行交涉。

1884 年创刊的《点石斋画报》，很好地反映了欧洲的近代文明与中国传统文化在上海的交错。它相当于今天的周刊画报，每月发行三刊。专业的画手们以新闻和话题为题材绘画，每册都有数张石版印刷画。在诉诸视觉的大众娱乐这一点上体裁新颖，画出了具有上海地方特色的近代建筑、赛马场、汽车、气球和兵器等进口的新鲜事物。对时事问题也很敏感，介绍了中法战争和甲午战争的情况及一些小插曲。

《点石斋画报》还登载了不少中国传统文化方面的作品。特别是被称作牛鬼蛇神的妖怪神仙，多数引用自中国古代的博物志《山海经》。采用远近法这一欧洲绘画技巧的画报里，绘有中国传统的妖怪等，很好地体现出上海传统与近代交错复杂的现象。据说少年时代的鲁迅也是《点石斋画报》的忠实读者，该画报在各地销售，引起了人们对近代城市上海的向往。

与新闻行业同时得到很大发展的还有教育业。香港最早建立的欧式学校，是 1842 年从澳门搬迁过来的莫里森学校。洪秀全的族弟洪仁玕（太平天国干王）在香港居住期间曾在英华书院任教，其重点放在基督教的传教方面。香港市政厅开始重视教育业是从 19 世纪 60 年代开始，设立了中央书院（后来的皇仁学院），实施以英语为主的教育。

上海最早成立的近代教育机构是 1863 年由李鸿章设立的上

113《点石斋画报》

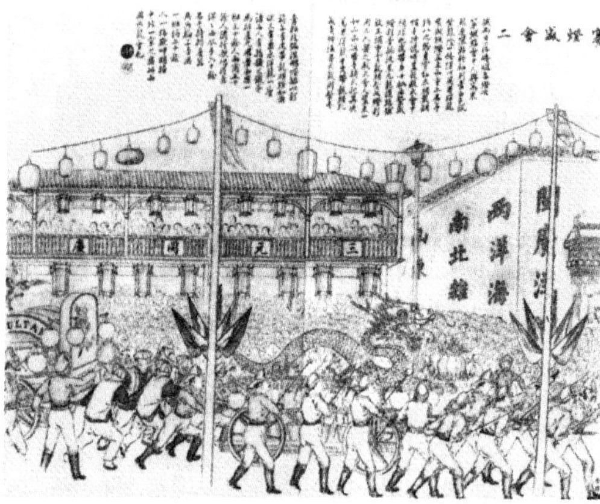

114《点石斋画报》中描绘的上海开埠 50 周年庆典　1893 年上海士兵举行庆祝游行的画面

海外国语言文字学馆（之后的广方言馆）。曾任教员的传教士傅兰雅和科学家徐寿在 1876 年创建了格致书院（今天的格致中学），把欧式的学问编入到课程里。19 世纪末，面向中国人的教会学校盛行。现在著名的复旦大学也是其中之一。

另外，上海也有日本学生为主的专科学校。它就是 1901 年创建的东亚同文书院（今天的爱知大学）。由第三章里提到的政策团体东亚同文会经营，在日中合作的方针下，直到 1945 年日本战败为止，共送出了4711 名毕业生（其中中国人 47 名）。东亚同文书院的前身，实际上是 1890 年荒尾精在上海建立的日清贸易研究所。

荒尾精是在本书中反复出现的陆军情报官之一，1886 年被派往中国。他拜访了在上海租界经营眼药店乐善堂的岸田吟香，与岸田开拓中国市场的想法产生了共鸣。岸田委派荒尾负责湖北汉口的乐善堂分店，召集了一批关注中国的青年。他们以行商的身份在中国全国进行调查，归纳成报告书《清国通商综览》。日清贸易研究所就在此基础上成立，但是随着甲午战争的爆发，仅仅数年就关闭了。荒尾死后，他的盟友根津一就任东亚同文学院的院长，继承了他的遗志。

拥有如此背景的东亚同文书院重视实践，来自学生旅行调查的《支那经济全书》和《支那各省全志》成为日本对华战略的宝贵信息来源。他们的足迹被看做是日中战争这一不幸历史中的侵略先行者，实际上，不少学生都为日中合作的理想和现实所苦恼。对鲁迅的知音内山完造而言，东亚同文书院是最好的客户。据说内山夫妇被学生们亲切地称作“大叔、大婶”。

台湾与日本型近代的走向

台湾总督府与后藤新平

1895年的《下关条约》后被割让给日本的台湾，就是现在，也比曾是殖民地的韩国更为亲日。日本战败后来到台湾的国民政府实施高压政策和腐败引起民众的不满，1947年以取缔黑市香烟为缘由演变为二二八事件，台湾民众遭到了当局残酷的镇压。之后国民党在与共产党的内战中失败，向台湾转移期间颁布了戒严令，该令直到

1987 年 5 月撤销，整整压抑着台湾人四十年。

日本统治时期，台湾人一直祈望从殖民地统治中得到解放，然而，理念上的“祖国”和现实中的中国政府之间的巨大鸿沟使他们深受打击。“狗跑了猪来”——这句话表现了当时人们对国民政府的失望，要注意的是意指日本的“狗”在汉语里的含义并不好。如果是看家狗可能还有用，只是吠个不停的狗。被如此形容的日本殖民地统治的形象到底如何呢?

台湾是近代日本取得的第一个殖民地，如何进行统治日本政府并没有明确的方案。第二章中描述了“台湾民主国”受到日军侵略而瓦解，台北设立了殖民地统治的中心机构台湾总督府。之后也继续受到台湾居民游击战式的抵抗，镇压他们所用的经费也压迫着日本的财政。

日本的台湾统治首次取得成果的是，1898 年 3 月上任的行政长官后藤新平。他出生于岩手县的士族家庭，与莫里森号事件后批判幕府锁国政策的兰学（18—19 世纪日本为了掌握西方科学技术，曾努力学习荷兰语文，当时他们把西方科学技术统称为兰学）学者高野长英同属一族。明治维新后家境没落后刻苦学医，留学德国后担任卫生局局长。甲午战争后后藤在日本将士的检疫工作中表现出色，第四代台湾总督儿玉源太郎任用了他。

后藤新平的对台统治应该可以被称为视当地实情而推动的“生物学”式殖民地经营。他如此说道，“不能把比目鱼的眼睛安到加鲫鱼的头上。比目鱼的眼睛在脑袋的一侧，不能因为奇怪

115 日据时期的台湾岛（根据社会思想社，戴国辉编著《台湾雾社起义事件·研究与资料》绘制）

就改变它。因为比目鱼的眼睛在生物学上就应该在一侧，政治也是一样。因此我们在统治台湾上，要科学地调查这座岛屿的风俗习惯，根据民情施政。不理解这一点，就贸然把日本内地的法制搬到台湾实施，就像把比目鱼的眼睛安到加鲫鱼头上一样，不懂得真正的政治”。

116 台湾总督府

日本随后按照后藤新平的观点，1901 年在台湾开始了习俗调查。这次大规模调查明确了台湾的习惯法和产业的情况，成为以后殖民地经营的基础。他还推动了征收租税上不可缺少的土地和人口调查，把复杂的土地所有权制度整理为近代的形式。随后他又整顿基础建设，对北部的基隆、南部的高雄两港进行扩建，建设了把两座港口南北连接的铁路和公路。这些事业都继承了清朝时期的台湾巡抚刘铭传曾经尝试的改革，后藤和刘铭传用于这些事业的经费，基本上都是在当地解决的。

后藤新平的政策中还有一项不能忘记的成果是，台湾的本地产业制糖业的培育。原本日本的砂糖大部分依赖进口，后藤说服日本的资本家在台湾设立了拥有新式设备的造糖厂。他还聘请后来成为国联事务局副局长的农学家新渡户稻造担任殖产科长，让他研究甘蔗的品种改良和种植方法。据说起初新渡户以生病为由推辞，后被后藤提供的破格待遇说服了他。于是根据新渡户提出的“糖业改良意见书”，对农家进行指导后，台湾的砂糖生产呈现了飞跃性的增长。后藤还推进了水利灌溉业，后来开发出被称作蓬莱米的新品种大米，台湾作为日本的粮库地区占据了重要地位。

后藤新平在台湾经营上留下了大量的业绩，但是不能忘记，他区别台湾和内地的不同的法律制度，是出于把台湾编入日本经济结构中从属地位的殖民地主义观点。他的实地调查也是为了使统治顺利，知道台湾的精英们重视面子，便赋予他们荣誉和勋章以实行怀柔政策。后藤新平的统治方式中体现出的“近代”威力，也从侧面上造成了台湾人心底的畏惧。1919 年竣工的台湾总督府，可以说是这些政策的总结，直到今天也未拆除，作为“总统府”仍旧屹立在台北街头。

《台湾青年》与设置议会请愿运动

第一次世界大战后世界范围内掀起的民族自治运动，给日本的殖民地统治也造成了很大的影响。1919 年，朝鲜爆发了反抗日本统治的三一独立运动，被称作平民宰相的原敬内阁改变之前的武官统治为文官统治，打出了“一视同仁”的同化主义政策。这项改革也波及台湾，1919 年，文官取代军人被任命为台湾总督。

文官总督的统治，首先重要的是内地延伸主义基础上的教育改革。以前的台湾没有中等以上的教育机构，要想升学只能到日本或中国去留学。于是台湾人募集志愿者资金，请求为台湾人成立中学。台中公立中学实现了这一愿望，1922 年，新台湾教育令颁布，规定台湾的学制遵从日本内地的制度。其成果是，1928 年台北帝国大学（今天的台湾大学）的建立。

与教育改革同步，受到近代教育的青年知识分子着手启蒙

117 蔡培火

运动，主张台湾人的政治权利。其中心是1920年留学日本的蔡培火等成立的新民会（后来的台湾青年会），他们利用休息时间在台湾巡回演讲，向人们宣传个人主义、自由结婚和妇女解放等新思潮。他们还请来台湾屈指可数的资本家林献堂任会长，在东京发行了杂志《台湾青年》。

《台湾青年》是出于台湾人之手的新闻业先驱，不久就发展为台湾发行的日报《台湾新民报》。五四运动时为救助东京被捕的中国留学生四处奔走的吉野作造，为创刊号写了祝词。这是因为蔡培火和吉野同为基督教徒并且蔡与在吉野处学习的中国留学生及朝鲜留学生都有来往。

吉野作造指出，不能因为台湾是日本的殖民地，就无视台湾的传统直接照搬日本内地的文化，这种同化主义是错误的。他认为日本和台湾的合作关系应建立在台湾的文化独立上，他写道，“不独立的协同是盲从、是隶属。我们作为日本国民，首先要求台湾人是独立的文化民族”，支持台湾知识分子的文化运动。这是只有吉野作造才有的见解，他认识到世界性的民族自主的趋势并正视朝鲜的独立运动，促进了台湾的人民形成了作为“台湾人”的民族主义。

受日本大正民主思潮刺激的蔡培火等人，1922年开始要求设立台湾议会。虽然也是要求参政权，但不是日本帝国议会的选举权，而是要求成立拥有审查预算和法律权限的议会。台湾议会的请愿运动是在承认日本统治权之上的，不要求行政权的极低姿态的运动。他们的要求传到在野党的亲台湾议员当中，成为攻击执政党的材料，却没有被议会采纳。然而这场运动一直持续到日本政党政治受挫的1935年，为很多台湾人提供了参加政治运动的机会。

要求参政权的同时，台湾也受到中国内地的影响，开始了文学革命。1923年前后，留学中国的张我军向台湾介绍了胡适等人的作品。还有人不满足于仅是把文言文改为白话文，寻找台湾固有的词汇，收集谚语和俗语。

由于台湾版的“白话”运动和他们使用的闽南话、北京话（国语）差别很大，台湾人从小学开始学习的通用语是日语，因此未能渗透下去。虽然曾提倡以台湾的风土为题材的“第三文学”，1937年总督府下令禁止杂志上刊登汉语（中文）文章。和世界各地的殖民地一样，台湾人也尝到了不能用母语表达自己的观点和感情的痛苦。世界文学用日语传授，其结果加深了台湾和中国大陆的文化差异。

而台湾的社会主义思想，和中国一样是经日本传入的。受山川均影响的激进派连卿温等人，1927年加入了林献堂等人成立的启蒙团体台湾文化协会。他们的参加使文化协会左倾化，老干部林献堂、蔡培火们表示反对，另外成立了台湾民众党。这是台湾的第一个政党，纲领里加入了参政权的要求，台湾民众党在1931年被总督府下令解散。

雾社事件与《沙鸯之钟》

1930年10月27日早晨，位于台湾中部名为雾社（今天的南投县仁爱乡）的山里小镇正要举行公学的运动会。本地的少数族群赛德克人（当时的高砂族、现在为高山族的一部分。日据时期被视为泰雅人的分支）和日本的学生们及其家属都集合在一起，就在日本国旗升起的瞬间，校园突然变成了喋血的地狱。马赫坡社的首领莫那鲁道率领的三百人，因为不满日本的统治而起义。

他们叫道，“（日本人）小孩也不能放过。不要杀本岛人（台湾的汉族人）”，袭击了逃散的日本人。一名日本警官向赛德克年轻友人叫喊“别开枪”，友人却说，“正是因为朋友我才要开枪。变成这个样子也是日本造成的。我一枪打死你，别动！”，说完就开枪了。还有一名赛德克少年发现枪口对着自己学校的老师，哭着说“我开不了枪！开不了枪！”。雾社事件造成一百三十四名日本人被杀，其中约五十人是不满十岁的儿童。

事件的发生沉重地打击了台湾总督府。之前雾社被称为“蕃界第一都会”，是日本统治高砂族最成功的地方。特别是协助统治的赛德克人出身的巡查花冈一郎（原名拉奇斯·诺敏）作为中心人物参与了起义这一事实，显示出日本在台湾的少数民族统治出现了破绽。

清朝时期，赛德克人被称作“生蕃”，不受汉人政府的统治。台湾割让给日本后，总督府向里推进了名为隘勇线的边境线，加强了对高砂族的管理。1903 年，日本授意布农人杀害了很多赛德克人，1907 年，马赫坡社也举行了和解仪式，归于日本派出机构埔里社厅的统治之下。

总督府邀请年轻首领莫那鲁道前往日本参观旅行，并促成其妹与日本警察结婚来驯服他。然而，赛德克人被征用于讨伐队和公路建设等各种劳役，经常遭到日本警察的暴力而强烈反抗。公学的教育内容也否认了他们的民族习惯而强行内地化，高砂族的孩子们“被称为蕃人非常耻辱和愤慨，悔恨自己生为蕃人”，而必须忍受作为二等国民的屈辱。郁积下来的不满，爆发为对日本人的一律杀戮。

事件发生后，总督府和台湾军司令部立即派出两千六百名军队和警察前往镇压，还组织了未加入起义的部落为“伙伴蕃”，对起义的部落进行讨伐。由于起义军利用山地地形进行了游击队式的抵抗，拖延了战斗时间，日军动用了各种大炮和飞机，还有使用毒气弹的说法，进行了攻击，大量人员伤亡，还出现了机关枪被抢夺的丑剧。

直到 12 月，莫那鲁道为首的很多首领连同家属自杀，投降者被关押在保护蕃收容所里。1931 年 4 月，日本当局唆使镇压战时失去头目的伙伴蕃们，杀害了收容所的二百一十名赛德克人，挑起了第二次雾社事件。接着把生还的人们强行移民到埔里社北部的川中岛，让他们成为平地农耕民。

1941年日本发动了太平洋战争，高砂族的人们又不得不面对另一个悲剧。军部看中了他们的高战斗力，成立高砂青年队进行密林战。结果，很多高砂族青年被送到战争激烈的南方战线，最后丧命。日中战争爆发后，日本动员台湾人成为军属，1940年开始实施皇民化政策，强迫他们参拜神社，改用日本姓氏。1944年实施征兵制，二十多万台湾人作为士兵、军属被送往战场。据说另外还有大量台湾人被征用为军需业童工和随军慰安妇。

战局恶化的1943年，日本开播了一部电影。电影名为《沙鸯之钟》，描写一名利有亨社的少女为了给出征的日本“恩师”送行李，途中遇难的故事。主演是“歌唱大东亚共荣圈”的李香兰（山口淑子），她扮演的沙鸯楚楚可怜，看过的台湾人都受到了对日本忠诚的“教育”。先于电影上演的戏剧中，赞赏“沙鸯不仅是蕃社的一名少女，而且是勇敢健康的大和女子，死得壮烈”。然而这些华丽的辞藻，并不能掩盖日本残酷的殖民地统治这一现实。

大革命时期的上海与香港

五卅运动与省港罢工

这里我们再次把目光转向大陆的边境城市。20世纪20年代的上海和香港，为打倒帝国主义的工人罢工和抵制日货运动盛行。其中有名的要数

1925 年发生的五卅运动。

118 五卅运动中的上海抵制洋货的标语

运动的起因在上海的一家日资的内外棉纺织厂，5 月 1 日，日本人监工开枪打死了一名争吵中的工人，十余人受伤。该工厂2 月份也发生了抗议虐待童工的罢工，抗议扩大到上海和青岛的三十余家工厂。公司方面虽暂时让步，然而上海的日本纺织同业会为了防止再次发生抗议制定了压制工会活动的方针，内外棉纺织公司解雇并驱赶了工会干部。

真相大白后，上海的学生们开始了呼吁工人支持和救济牺牲者的街头活动。租界当局以“扰乱治安”为由逮捕了他们，5 月 30 日进行审判。同时，青岛的日资纺织工厂发生了八名工人被奉系保安部队开枪打死的事件，人们被激怒了。

5 月 30 日，上海南洋大学两千名学生进行演讲，要求释放被捕的学生，他们散发写着“上海人的上海”、“收回租界”等字句的传单，批评杀害工人的行径。抗议的一万名学生、市民聚集在主路南京路，英国警察队开枪造成十三人死、数十人负伤的悲惨事件。由此反抗帝国主义的呼声高涨，中国共产党党员刘少奇等人，成立了工会组织上海总工会，6 月 1 日上海全市实行了总罢工。

五卅运动中，工人、学生、中小企业家成为中心，成立工商学联合委员会召开了市民大会。6 月 7 日召开的大会有二十万人参加，提出了包括撤销领事裁判权和撤去外国军队等在内的十七条要求。当时上海的外资工厂劳动的工人苦于低工资、长时间劳动和恶劣的环境，他们主张制定劳动保护法禁止虐待，保证罢工、言论、集会自由。然而租界当局企图用武力镇压，运动反而扩大到全国各地。

其中受到较大影响是与同为国际都市的上海关系密切的香港，以及成为革命运动据点的广州。1925 年 6 月，中华全国总工会和中国共产党向香港政厅提出六条要求，即支持上海工人提出的十七条要求、取消对中国人的歧视、中国人获得选举权、言论、集会和罢工自由等，开始了抵制英货运动。

省港罢工持续了十六个月，香港的十三万工人陆续撤到广州。广州租借地沙面的工人也与此呼应，6 月 23 日超过十万人在租界附近游行示威。英法两军向示威群众开枪，二百三十人伤亡，工人方面则组织了两千名纠察队对香港进行了严密的经济封锁。被称为“东方之珠”的香港变成了“死港”。

五卅运动极大地打击了列强的中国统治，他们看到强压政策不能奏效，只好答应修改不平等条约，恢复关税自主权。运动显示了外资工厂聚集的沿海地区急速增长的工人的力量，支持运动的广东政府发展为全国政权。工人运动的高涨让内外保守势力感到恐惧，在 1926 年 10 月宣布停止罢工的同时，劝说开始北伐的蒋介石与共产党诀别。边境城市积蓄起来的新时代的能量，成为左右国民党方向的重要系数。

台湾共产党与朝鲜人的独立运动

中央政权统治力量相对薄弱的香港和上海，给中国内外的革命和独立运动提供了绝好的据点。例如，越南的革命领袖胡志明1926年作为共产国际的东方局委员来到广州，成立了越南青年革命同志会。1930年，胡志明在香港创立了越南共产党，翌年身患结核病的他被香港警察逮捕，一直被囚禁到1933年春天。这些以中国边境为舞台的民族独立的动态中，特别值得瞩目的是日本的殖民地台湾和朝鲜。

后来成为台湾文化协会中心人物的林献堂，1907年在奈良曾与逃亡日本的变法派梁启超见面。当时，梁启超说，“未来三十年，中国不具备救你们的能力”，提议在日本的统治体制下进行改良主义运动。后来中国发生辛亥革命，和孙文同是客家人的中国同盟会会员罗福星（台湾成为日本领土的1895年之前居住于台湾苗栗县）想把革命引入台湾，1913年被日本逮捕后遭到杀害。

20世纪20年代，留学中国大陆的台湾学生受到了革命思想的洗礼。首先是1924年在上海成立的台韩同志会，是设立上海分会的台湾青年会（新民会）的有志之士与朝鲜革命青年联合结成的反日组织。也有台湾青年加入中国的革命团体，上海大学的许乃昌经陈独秀介绍留学莫斯科，女留学生谢雪红加入中国共产党并活跃于五卅运动中。广州成为国民革命的据点后，大量台湾人到中山大学等留学，1927年3月成立了广东台湾革命青年团。

广东台湾革命青年团主张要使台湾从日本独立，首先需要反对帝国主义的国民革命的成功。当时的国民党支持他们的活动，南京国民政府也在学校的教材里加入了“归还台湾”的内容。然而，它并未能成为国民政府的正式政策，就像“中国本身就多灾多难，哪顾得上三十多年前抛弃的弟兄？”，所以，直到中日战争爆发，中国方面都没有向日本提出归还台湾的要求。当然也有由于日本的情报管制，台湾的实情未能反馈到大陆的问题，中国的革命家把台湾人看做日本人的扈从而加以蔑视的倾向加强。

在这种情况下，1928 年 4 月，上海的租界成立了讴歌“台湾革命”的台湾共产党。其中心是从莫斯科回来的谢雪红等人，虽然在中国共产党的支援下成立，但是奇怪的是台湾共产党被看做是日本共产党的台湾支部。当时的共产国际没有认识到台湾和中国本土之间的历史关系、台湾的大多数人都是汉族，只把它作为日本统治下的殖民地之一而进行机械性的划分。因此，1929 年 4 月，日本共产党遭到镇压（四一六事件）后，失去基础的台湾共产党的活动立刻受挫。

1928 年召开了共产国际第六届大会，决定对亚洲各地的共产党组织进行重组，1930 年，台湾共产党也在中国共产党的支援下重新改组。然而，总督府在台湾也设置了和日本一样的警察特别高等课，1931 年对召开临时大会的台湾共产党进行了大肆镇压。结果使首个倡导台湾革命的组织瓦解。台湾独立的民族主义运动，未能得到中国大陆或共产国际任何一方的理解。

而在上海和中国大陆，朝鲜人的独立运动却不屈不挠。其中心之一是三一独立运动后的1919年4月成立的大韩民国临时政府，和韩国首届总统李承晚并列发挥了巨大作用的是后来为成立南北统一政府而被暗杀的金九。

李承晚和金九都出生于黄海道，李承晚出身名门贵族，而金九则出身于贫穷没落的两班。科举落榜的金九进入东学，1894年甲午农民战争爆发，他作为先锋大将进攻海州城。失败后又加入对日抵抗运动的义兵斗争和为恢复国权运动的新民会，还杀死过日本军人。两度入狱后，1915年开始开展农民启蒙运动。

1919年，大韩民国临时政府成立，金九来到上海担任该政府的警务局长，1926年被选为临时政府的最高领导人国务领。他们的活动受到了日本领事馆的追究，但大多由于法国租界当局事先透露情报而安然无恙。但是，1932年1月，金九的部下在东京发生了暗杀天皇未遂事件，法国也无法保护他们。金九受到日本当局的严厉搜捕而辗转于中国各地。

1930年金九召集朝鲜民族主义者成立了韩国独立党，1935年与义烈团等激进派团体合并成立了韩国民族革命党。然而，金九认为，“我们的独立运动是我大韩民族自己的运动。受第三者的领导和命令，是依靠他人的行为，违反我临时政府的宪章”，对于接受共产国际的领导持否定态度。日本战败后金九的行动也遵循了这一点，李承晚接受美国帮助建立大韩民国时，他严厉地批评为有损完整的独立自主。因此，金九四处树敌，1938年5

月被朝鲜革命党党员开枪击中而受伤。

1933 年，金九在国民党组织部部长陈果夫的介绍下访问了南京的蒋介石官邸。这时，蒋介石根据自己的经验建议道，“为了将来的独立战争培养武官怎么样”，于是金九在河南洛阳召集了一百名朝鲜青年，开办了军官学校。后由于日本的抗议被迫废止，1940 年国民政府的所在地重庆成立了韩国光复军，开始接受美国的援助。

最终在这些努力还未见天日时，1945 年 8 月日本投降了。接到“倭敌降伏”消息的金九在一片欢呼万岁声中，发出“我们在这场战争中没起到任何作用，在将来的国际关系上也没太大发言力”的忧声，这句话果然不幸言中。然而这丝毫无损金九等志士追求民族解放运动的意义，也无损为金九等人的活动提供了可能性的上海的存在意义。边境的城市由于其边缘性，使其拥有了与世界相连的可能性。

金九还指出，日中战争时期的重庆由于人口激增，很多的中国难民都被迫露宿野地，粮食实行配给制经常排起长龙，打架斗殴司空见惯。日军空袭造成大量民众死亡，堆积成山的尸体被卡车运走，尸体的衣服都开裂露出皮肤，这都是他们临死时痛苦挣扎的证明。

尾声·鲁迅的遗言与日本人

鲁迅之死与内山完造

晚年的鲁迅身体很不好。特别是1936年后，他患上了重哮喘，卧病在床。然而在此期间，鲁迅并未放下笔，而是继续批评政府。他还与标榜为革命文学的郭沫若等人展开了论战，严厉地批评他们“只要接受了无产阶级精神的洗礼，那么写出来的作品就是无产阶级文学”的简单的观点。为了这场论战鲁迅还翻译了普列汉诺夫的《艺术论》等著作，学习马克思主义。1933年，日本的无产阶级作家小林多喜二被特高警察拷打后杀害，鲁迅在日本的杂志上刊登了追悼文章。

病中的鲁迅也坚持前往内山书店。内山完造在与鲁迅的“漫谈”中受到启发，发行了《活中国的姿态》等对中国友好的随笔集，鲁迅评论道，“老板，您的漫谈太夸奖中国了。这只会增长中国人的劣根性，使革命后退”，却还是很高兴地为他写了序文。

鲁迅还指出中国社会的病根在于“马马虎虎（不认真的生活态度）”，对日本人做了以下的描述，“我思考了日本的八千万民众。日本人的长处是对一件事情名副其实地拼命，就是那种认真劲儿。我承认他们最近有些相反的举动，但是必须承认他们的认真。中国可以排斥日本的一切东西，但是不能排斥日本人认真的优点。不管发生什么事，必须学习这一点”。

119 晚年的鲁迅与内山完造

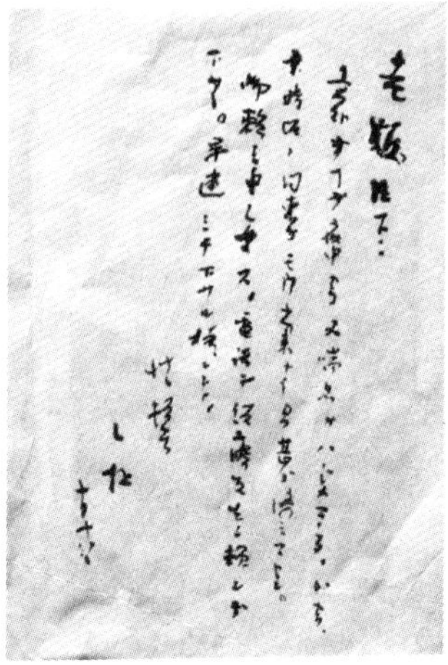

120 鲁迅的绝笔　10 月 18 日鲁迅写给内山完造的日文便条

第六章中提到，鲁迅在仙台的时候，受到指导教授藤野严九郎的悉心教导，终生都尊敬藤野。鲁迅对日本人的评价基于这种经历，然而对拼了命的认真却是在上海事变时，“海军要花几千万日元的巨资来保护我们移民”而加以嘲讽，这一点和枪林弹雨中仍坚守书店的内山完造相同。

鲁迅强烈地反对日本的侵略。1935 年，他与诗人野口米次郎对谈时，对方问道，中国像英属印度那样接受日本的殖民地统治会怎么样？他回答说，“到了那一步就是感情的问题了。财产被强盗抢走不如留给自己的傻儿子。被杀也要被本国人杀”。他还预言，中国军事能力弱，那么日中关系就不会好转，近期又将发生军事冲突。

1936 年 10 月 19 日，鲁迅因心脏性哮喘病去世。他 18 日让内山完造给他叫医生的日文便条成为绝笔。完造看见潦草的字迹后慌忙赶到他家，却已是回天无力。22 日告别式后，鲁迅的遗体被安葬在万国公墓，内山完造和宋庆龄、蔡元培以及延安的毛泽东等人的名字一起出现在葬礼委员中。日中两国战火不断蔓延之中，两人的深厚友情一直持续到最后。

鹿地亘的日本人反战同盟

举行鲁迅的葬礼时，协助内山完造一起抬棺的还有一名日本人。一位名叫鹿地亘的无产阶级作家，1936 年 1 月来到上海，经完造介绍向鲁迅学习中国文学。1938 年 3 月，鹿地亘前往武汉，受到周恩来和郭沫若的推荐，在国民政府中从事对日军的宣传活动。这就是以日本人俘虏为主的反战运动的开始。

当时日军流行一句话，“宁死不受囚禁之辱”，认为成为俘虏是不光彩的。士兵们都被告诫中国士兵非常残忍，被捕后也由于极端害怕而经常反抗。但是，几乎所有的士兵在前线都抱有一个疑问，就是“中国为什么要打仗？力量相差悬殊，抗战也没用”。而鹿地亘则耐心地教导他们，“站在受侵略者的角度考虑”，将他们培养成反战士兵。

1939 年 12 月，鹿地亘在桂林创建了日本人反战同盟，朝着为切断援蒋路线而在广州湾登陆的日军方向南下。他们到达南宁郊外的交通要道昆仑关后，手握喇叭向第五十团的士兵们诉说战争毫无意义，只会惨死沙场让家人伤心。这时日军开枪，三名反战士兵（其中一人为台湾的陈松泉，日本名为松本速夫）倒在血泊之中。

1940 年 7 月，回到重庆的鹿地亘成立了日本人反战同盟总部，9 月后开始在各地展开反战活动。他们的“语言子弹”起到了“听得非常清楚。士兵们都竖起了耳朵。大家都被打动，陷入沉默。大家都不对战争抱有希望”的效果，有时，反战士兵与前线士兵之间还开始讨论。

1940 年 12 月，湖北宜昌战线陷入僵持状态。反战战士们由于日军阵地没有反应而感到焦急，便大喊道：“兄弟们，你们在不在？怎么不出声啊？在的话就答应。”结果黑暗中传来震耳欲聋的回声：“喂，我们在呢！”

反战士兵们闻声大喜，马上开始慰问广播，接着又开始插话。

“你们是哪儿的？美国人还是日本人？”

“我们是纯粹的日本人！”

“哪儿的人？”

一名反战士兵回答道，“北海道函馆的”。

于是对方说，“北海道的小安，回去后代我问好！”

不久言归正传，反战士兵问道：“为什么发生了战争？”前线士兵商量后回答：“蒋介石引起的！”反战士兵们回答：“不对。下面我来告诉你们！”虽然前线士兵有时捣乱，但是几乎没有敌意。

“别打仗了，快回家吧。女朋友等着呢！”

“是啊，真想回家！”

“咱们一起想办法回去吧！昨天我们提的和平条件你们懂了吗？”

“懂了！”

121 1941 年 5 月 4 日，在华日人反战同盟晋察冀支部成立大会会场

鹿地亘等人向不知道日本战局恶化的前线士兵们转达世界形势的同时，还编写了总结他们迫切要求的八条《日军士兵的要求》。内容有："打开它是我们的乐趣！反对拆开包裹、慰问袋、信件""公平对待伤员的工资和待遇！""不再征兵！反对征用维持家计的人！"等，提出了平时日本士兵们不敢出声的怨言。鹿地还号召，"士兵们团结起来！要求立即停战、返还""配合中华民族的抗战，打倒共同的敌人日本帝国主义"，不仅是反战宣传，还要求改革军队和日本国内的体制。

在第二次国共合作成立后改为八路军的共产党军队的根据地延安，野坂参三成为日本士兵反战运动的中心。八路军推行的俘虏政策是，不加害日军俘虏、治疗伤员、马上释放希望归队的士兵，害怕受到军法会议的惩罚而希望留下的则给予工作或学习的机会。这时，日军对共产党根据地正实行"烧光、杀光、抢光"的三光政策，日军的残暴行为引起人们的愤怒，优待俘虏的政策实行起来很困难。然而，不杀俘虏的八路军政策通过反战士兵的宣传活动传到日军耳里，不仅投降人数增加了，甚至有的士兵自己前来投奔。到了1944年5月，八路军保护下的日本俘虏达到了两千五百名。

重庆国民政府对马克思主义者鹿地亘的反战活动感到不快。1941年1月，皖南事变发生后，国共关系恶化，批评鹿地“亲共”的呼声较大，3月，由于反战士兵的出走事件，反战同盟被勒令解散。1941年，英国为了新加坡防卫战邀请反战同盟出动，翌年3月鹿地等人前往印度，却因国民党方面的阻挠而未能实现。

然而，鹿地亘却没有对外界的压力屈服。1944年，美军战略活动局（OSS）要求配合发行日文的报纸，鹿地由于反对“对美国政府忠诚”这一条款而拒绝签名。1946年鹿地回到日本，1951年被美国的情报机构“加农”机关逮捕。这时，将他介绍给鲁迅的内山完造展开了救出鹿地亘的活动，亲自在众议院法务委员会上出席作证。就像援助了上海事变后面临险境的鲁迅一家一样，内山再次向受尽苦难的友人伸出了援助之手。

21世纪的日本与中国

前面观察的边境城市里居住的人们的不同个性中，有一个共同点。他们都靠自己的双手改变命运，铁骨铮铮，不屈服于权力和体制。他们还拥有不忘记与弱者同呼吸的勇气。

鲁迅生前曾对内山完造说过：“世上本无路，走的人多了，便也成了路。”这句话不仅适用于本章中出现的人物，也非常适合于从边境开展革命的洪秀全、孙文以及在中国大地深深植根的毛泽东等人物。又或从本书的内容而言，这句话表现了前途迷茫的混乱情况下，不断寻找革命前途的近代中国的足迹。

1945 年 8 月 15 日，日本全国“玉音”广播了接受波茨坦宣言这一事实，蒋介石在重庆也发表了广播讲话。他宣布抗日战争胜利后，对“爱汝之敌”这一基督教的语句发表感慨，大致内容如下：“我们不要报复，更不能侮辱敌国无辜的人民。如果以暴力还暴力，那么仇恨再生仇恨，永无止境。”

据说第二次世界大战中日本牺牲的人数达三百一十万人。而日中战争中中国的牺牲人数达一千五百万，也有人说超过了两千万人，现在也没有准确的数字。而且，蒋介石在发表这一内容当时，日本的国家元首以最大的“牺牲者”自居，来维护国体。先不论蒋介石的发言带有多大的政治考虑，“不要报复”这句话表现出来的中国社会的宏大气量，我们不得不脱帽致敬。

21 世纪的日本将和中国保持什么样的关系？会像本书中所描写的一百年前的日本那样，对迅速成长的中国感到威胁并敌视它吗？还是能和不随波逐流、加深与中国人交流的那些日本人一样，拼命地认真地从平等的角度去构筑两者之间的关系呢？

了解日本和中国的历史，从中学习，不拘泥于任何偏见和既成的观念，用自己的眼睛去观察真实的中国——我们面临着许多的问题要解决，而中国确实是一个充满了魅力的社会。

附录

主要人物略传

洪秀全（1814—1864）

太平天国运动最高领袖（天王）。本名洪仁坤。广东花县（今广州市花都区）客家人。科举考试失败后，罹患重疾，于病中做异梦见到“天父上主皇上帝”。接触到基督教传教册子《劝世良言》后皈依基督教，认为自己是天父耶和华之次子、天兄基督之弟，身负救世之使命。与同乡冯云山创建拜上帝教，在广西进行传教活动。起初，他们开展的仅仅是宗教运动。1847 年，冯云山被地主团练所抓，杨秀清借助当地传统宗教形式，表演天父附体，伪称天父下凡预言洪秀全将成为新朝君主，至此，洪秀全开始了以推翻清朝统治为目的的政治运动。1850 年，太平天国在广西桂平县金田村起义，随后在南京（天京）定都，开始建设新王朝。而洪秀全则终日在天王府闭门不出，专心研究教义。1856 年，杨秀清借天父下凡，欲扩充其势力，洪秀全命北王韦昌辉等除诛杀杨秀清，引发了内讧即天京事变。其后，洪秀全启用李秀成（忠王）等青年将领，希图重建政权。但是，由于曾国藩所率湘军的崛起，以及英法等国对清政府的支援，终未能挽回颓势。洪秀全在太平天国灭亡前夕的 1864 年病逝，留下“朕即上天堂，向天父天兄领到天兵，保固天京”之遗诏，卒年五十一岁。

曾国藩（1811—1872）

创建湘军的文人官僚。湖南湘乡人，号涤生。在回乡为母服丧期间，逢太平天国进攻湖南，曾国藩奉清政府之命在家乡操办团练，创建了以湖南子弟为中心的湘军。起初，湘军虽屡遭失败，但越战越勇，最终成为太平军最强有力的对手。1864 年，太平天国灭亡，曾国藩因功劳显赫，成为首位受封侯爵的汉族官员。但他害怕朝廷猜忌，不久便解散了湘军。曾国藩曾官居直隶总督，1870 年，因处理天津教案受到非难，被迫辞职，此后于失意中病逝。他既是镇压太平天国的第一功臣，也是桐城派名儒。他热心提携后辈，湘军中左宗棠和张之洞等众多朝廷重臣和军事将领都是曾的幕僚。

李鸿章（1823—1901）

清朝大员，洋务运动领袖。安徽省合肥人，字少荃，1847 年中进士。太平天国运动爆发后，李在家乡筹办团练，未获成功。1859 年在江西省入曾国藩门下做幕僚。1862 年，由曾国藩推举任江苏巡抚，仿照湘军在安徽组建淮军，并率淮军赴上海，与英国军人戈登率领的常胜军合作，对战太平军。因镇压太平天国和捻军有功，李鸿章在 1870 年被任命为直隶总督兼北洋大臣，权力达到顶峰。特别是他作为洋务运动领袖，创建了官办工矿企业及北洋陆海军。另外，清政府的外交交涉也基本由他一手总揽，日本在明治时期与中国所缔结条约，皆为李鸿章全权代理清政府签署。1894 年中日甲午战争爆发，虽然战前李鸿章以北洋海军老化为由反对开战，但战争失败后仍然被追究责任而降职。不过，他对朝政一直有隐性影响，1900 年义和团战争失败后，再次被启用负责外交交涉。李鸿章去世后，北洋军由袁世凯继承。

康有为（1858—1927）

戊戌变法领袖，广东南海人，字广厦。他在广州开设万木草堂，批判既往学说，宣扬维新改良。他以社会进化论的视角重新解读中国古代的大同思想，认为人人平等的大同社会终将到来。1895 年，康有为向清政府上书（公车上书），抗议签订《马关条约》，并在北京创立了维新派政治势力的强学会。1898 年，康有为又创建了保国会，但因组织中有思想过激分子，保国会活动遭到禁止。康有为推崇日本式改革，其主张打动了光绪皇帝，1898 年 6 月，戊戌变法开始。但由于多数官僚不赞同激进的改良方案，依靠没有实权的光绪帝的维新派并没有取得成功。以慈禧太后为中心的保守派发动政变，9 月 21 日光绪帝被囚禁，康有为与梁启超逃亡日本（戊戌政变）。流亡日本的康有为创立了保皇会，1900 年义和团战争时，曾策划光绪帝复出。其支持帝制的立场与孙中山等革命派对立。辛亥革命后，康有为参加了宣统皇帝溥仪的复辟运动。

梁启超（1873—1929）

清末民初评论家、政治活动家。广东新会人，字卓如。拜康有为为师，致力于维新变法事业，在上海办《时务报》，宣传启蒙思想，戊戌变法领导人之一。保守派发动政变后，流亡日本，在华侨中开展勤王运动。1903 年，将美国排斥中国移民情形介绍到国内，提倡抵制美货运动。革命派崛起后，梁启超曾尝试与革命派合作，但因康有为反对而放弃。1905 年，梁启超在《新民丛报》上与革命派开始论战。他支持帝制，认为反满革命会招致列强对中国的瓜分，但其主张未能获得留学生的支持。中华民国成立后，梁启超组建民主党，涉足政界，在日本占领山东及帝制运动问题上，批判袁世凯政府。不过，他的主要活动仍然是在言论界，通过办报刊等针砭时事，向民众传播信息。1919 年，凡尔赛会议对中国要求收回德国在山东权益的提案置之不理，这一消息便是由梁启超传回国内。

西太后（1835—1908）

即慈禧太后，清朝末期的“女帝”，叶赫那拉氏。以秀女身份入宫，被咸丰皇帝立为妃并介入朝政。咸丰帝死后，慈禧与恭亲王奕䜣（咸丰之弟）联手发动政变，开始两宫太后垂帘体制，帮助同治帝（慈禧之子）辅政。同治帝病逝后，慈禧不顾左右大臣反对，立光绪（慈禧之妹所生）为皇帝。东太后的去世，使其独裁统治得到进一步巩固。在积极意义上，慈禧启用曾国藩、李鸿章等优秀汉人官僚，推动了中国的近代化发展。但她独断专政，总揽大权。1891 年，光绪皇帝实行戊戌变法，慈禧又一次发动政变，镇压维新运动，囚禁了光绪帝。1900 年，义和团势力在北京日益壮大，慈禧对大臣说“所仗者人心耳”，决定依靠义和团向列强宣战。但等到八国联军打到北京，慈禧仓皇西逃，又转而下令镇压义和团。1901 年，返回北京的慈禧推行以军队和教育的近代化改革为主要内容的光绪新政。1908 年，患痢疾病倒，下旨立宣统帝溥仪为皇太子，不久便继光绪帝之后也离开了人世。

孙文（1866—1925）

革命家，被称为中国革命之父。广东省香山县（现为中山市）人。欧洲人多称其孙逸仙（号），流亡日本时的化名“中山”亦广为人知。孙中山与洪秀全一样也是客家人，少年时代远渡夏威夷，回国后毕业于香港医学校。与同乡友人陆皓东等人立志于革命事业，1894 年在夏威夷成立以驱除满清、建立共和制国家为目的的革命组织兴中会。1895 年，广州起义失败后，孙中山历游日本和欧洲，继续宣传革命。在横滨，与孙中山结识的宫崎滔天为其所倾倒，赞誉其为“亚洲之珍宝”。1905 年，孙中山在犬养毅等人的援助下于东京组建中国同盟会，并提出三民主义（即民族主义、民权主义、民生主义）的革命纲领。但是，同盟会在中国各地发起的武装起义均以失败告终，孙中山被讽刺为“孙大炮”。而由于他的自负、独断，同盟会最终也陷入分裂状态。1911 年，辛亥革命爆发，孙中山回国就任中华民国临时政府的临时大总统，但不久便让位于袁世凯。其后，为反对袁世凯的独裁统治，孙中山发起二次革命，失败后流亡日本。1914 年，孙中山组建中华革命党，在三次革命后的 1917

年，成立广东军政府，但不久又因内部矛盾而被排挤至上海。1919年，孙中山组建中国国民党，1920年，被有“社会主义将军”之称的陈炯明迎往广州。翌年，围绕联省自治与陈炯明产生矛盾，再次被迫退居上海。此时，向身陷困境的孙中山深处援助之手的是共产国际代表马林。1921年，孙中山与马林会谈后，决定尝试与苏联合作。1924年，国民党改组，第一次国共合作开始，孙中山提出在“联俄容共”的方针下遂行国民革命。其后，孙中山北上倡导召开国民会议，途中于神户做了“大亚洲主义”的演讲。1925年3月，身患癌症的孙中山客死北京，留下了著名的遗言：“革命尚未成功。”

宣统帝溥仪（1906—1967）

中国历史上最后一位皇帝。光绪之弟醇亲王载沣之子。1908年，慈禧太后下旨，两岁的溥仪被立为清朝第十二代皇帝。但由于其父摄政王载沣实行皇族内阁和铁路国有化等不当政策，而丧失民心。1911年，武昌爆发辛亥革命，宣统皇帝在总理大臣袁世凯的逼迫下退位。清朝灭亡后的溥仪被张勋等打着复辟帝制口号的各派势力所利用。1924年，溥仪一家被逐出紫禁城，翌年，进入天津日本租界，自此开始与日本发生关系。1931年，九一八事变爆发，关东军派土肥原贤二把溥仪接去东北。1932年，“满洲国”成立，关东军让溥仪就任执政。1934年，溥仪虽即位皇帝，却没有任何实权。1945年，日本战败，溥仪被苏军逮捕，并作为证人在东京审判庭上出庭；其后被押往中国，于1959年获特赦释放；自传《我的前半生》记录了其复杂坎坷的经历。

袁世凯（1859—1916）

清末民初政治家，北洋军阀领袖。河南省项城人。自19世纪80年代被派驻朝鲜而崭露头角。中日甲午战争后，李鸿章失势，袁世凯开始逐渐接手北洋军，并创办了新建陆军。1898年，袁因将维新派政变计划密告朝廷而得到慈禧太后信任。1900年，又因在山东省镇压义和团而受到列强赞誉。慈禧太后死后，袁世凯曾受到排挤，在1911年辛亥革命爆发后，再次被起用为总理大臣。袁与革命派交涉，促使宣统帝退位，自己就任临时大总统。1913年，二次革命爆发，为彻底清除反对势力，巩固其独裁体制，袁世凯解散议会，制定了大总统终身制。1915年，因接受日本“二十一条”要求而饱受批评。惴惴不安的袁世凯开始帝制运动，自称洪宪皇帝。但其称帝之举未能获得日本等列强各国的支持，又因蔡锷等人发起的三次革命而受挫。1916年，放弃复辟帝制的袁世凯在失意中病死。

蔡元培（1868—1940）

北京大学校长、学者、革命家。浙江省绍兴人。进士出身却投身革命运动，与章炳麟等人组建光复会。辛亥革命后任南京临时政府教育总长。担任北京大学校长时期，采取兼容并包方针，广纳新派人才，为新文化运动点燃火种。1919 年，五四运动爆发后，蔡元培为营救被捕学生多方奔走。他向政府提出辞呈，受到北大学生极力挽留。其后，蔡元培赴欧洲考察，回国后成为中国国民党元老。国民革命时期的 1927 年 3 月，蔡元培在中央监察委员会上批评共产党的过激行为，其结果为国民党发动“四一二政变”做了准备。1932 年，与宋庆龄等结成中国民权保障同盟，反对蒋介石的独裁统治。

陈独秀（1879—1942）

新文化运动旗手、北京大学教授、中国共产党第一任书记，安徽怀宁人。1915 年在上海创办《新青年》（青年杂志），领导新文化运动。后受蔡元培之邀，任教北京大学。在五四运动过程中，对政治的关注进一步加深。1920 年开始标榜马克思主义，被开明派将军陈炯明招聘至广东。与维经斯基等人筹划组建中国共产党。1921 年，中国共产党召开第一次全国代表大会，陈独秀虽然缺席，仍被选为书记，并推动国共合作。蒋介石发动“四一二政变”后，陈独秀听任共产国际指示而忽视中国国情，带领共产党员退出武汉国民政府。此后，陈因领导能力受到质疑而被迫辞任书记一职，1929 年又被打上托派标签而开除党籍。

鲁迅（1881—1936）

中国现代文学之父。本名周树人，浙江绍兴人。起初留学日本，在仙台学习医学，后在东京参加革命运动。辛亥革命后，受聘于北京政府教育部。新文化运动开始后，陆续发表《狂人日记》《孔乙己》等作品，尖锐批判中国传统社会的黑暗面。其代表作《阿 Q 正传》于 1921 年开始连载，对像“不长进的儿子”一样的祖国和国人“马马虎虎”的态度极尽讽刺。1926 年“三一八事件”发生，鲁迅向政府抗议而被迫离开北京。因对国民革命寄予期望，次年受郭沫若之邀赴广州中山大学任教。与学生许广平之间的爱情也在此时生根发芽。“四一二政变”发生后，鲁迅主张营救被捕学生，与当局产生矛盾，自此对国民党失去信任。1927 年，移居上海的鲁迅与冈山县出身的基督教徒内山完造相识，在内山的协助下继续写作活动。1936 年，鲁迅去世，内山与宋庆龄、毛泽东等同为治丧委员会委员。

蒋介石（1887—1975）

孙中山的继承人、军人政治家。浙江奉化人，名中正，字介石。留学日本陆军士官学校，1911年参加辛亥革命。深得孙中山信任，于1923年访问苏联，回国后，担任黄埔军官学校校长，仿照苏联红军模式培养、训练革命军。孙中山去世后，利用中山舰事件，排挤竞争对手汪精卫，成为国民革命军总司令，逐渐掌握国民党大权。1926年，为完成孙中山遗愿开始北伐，同时与武汉国民政府和中国共产党之间的矛盾深化。1937年，发动“四一二政变”，成立南京国民政府。其后，一度下野，赴日访问，并通过与宋美龄联姻，巩固了其孙中山继承人的地位。1928年，北伐军攻入北平，北伐结束，蒋介石提出裁军主张，与其他将领之间爆发战争（中原大战）。在排除胡汉民派等国民党内反蒋势力后，建立了一党独裁的中央集权体制。1930年，开始对江西省共产党根据地发起围剿战争，次年，因“九一八事变”爆发而停战。认识到与日军实力差距甚大，蒋介石采取表面上尽量避免军事冲突、同时抓紧军队近代化建设及统一军事指挥权的策略。也因此对1935年的“一二·九”学生运动等要求抗日的舆论加以镇压。1936年，张学良向蒋介石提出“停止内战、一致抗日”的要求，因蒋介石未接纳，于12月发动西安事变。被软禁的蒋介石与周恩来直接会谈，同意停止内战。1937年，中日全面战争爆发，国共开始第二次合作。但日本战败后，国共内战爆发，国民党失败，蒋介石于1949年撤退至台湾。

毛泽东（1893—1976）

中国革命领袖，出生于湖南湘潭农村。在就读湖南第一师范学校期间，组织新民学会，参加政治运动。1918年毕业后，任职北京大学图书馆，在图书馆主任李大钊介绍下，接触马克思主义。1921年，中国共产党成立，毛泽东作为湖南代表参加了中国共产党第一次全国代表大会。1924年，第一次国共合作开始，毛泽东曾担任国民党宣传部代理部长、农民运动讲习所所长等职。1927年，国共合作破裂，毛泽东组织秋收起义，起义失败后赴江西省井冈山开辟革命根据地，并提出“农村包围城市”的革命理论。虽然在瑞金多次击退国民党军队，却受到共产国际派的排挤，被排斥于党中央之外。1934年，中共军队在国民政府围剿下，被迫撤离瑞金。1935年，毛在贵州省遵义确立了党内领导地位，并在陕西延安开辟了新的革命根据地。1936年，张学良发动西安事变，毛泽东派周恩来与蒋介石交涉，呼吁停止内战，建立抗日民族统一战线。日本战败后，中共在国共内战中获胜，于1949年成立中华人民共和国，毛泽东担任国家主席。1958年，实施急功近利的政策，发动“大跃进”运动，运动失败后将国家主席让位于刘少奇。1966年，毛泽东发动“文革”，造成中国社会十年动荡不安。

周恩来（1898—1976）

毛泽东盟友，革命政治家。江苏淮安人。毕业于天津私立中学南开学校。在日本留学期间接触到马克思主义。1920年，在留法期间参加勤工俭学运动，1921年在法国加入中国共产党。1924年，周恩来回国，以黄埔军校政治部主任身份参与国共合作。“四一二政变”前夕在上海领导了工人武装起义。1931年，进入瑞金的周恩来担任中央军事委员会副主席。其间，他对党中央不切实际的左倾冒险方针提出批评，但没有被接受。1935年的遵义会议上，周恩来作报告分析中共的战略失误，并与在此次会议上取得中共领导权的毛泽东结成盟友。1936年，国内要求抗战的呼声越来越高涨，周恩来与担任过剿匪（共）副总司令的张学良会谈，就国共停战达成共识。12月，张学良发动西安事变，软禁蒋介石，周恩来乘飞机赴西安与蒋介石谈判，为成立抗日民族统一战线奠定了基础。1949年，中华人民共和国成立，周恩来担任国务院总理。1955年参加万隆会议，活跃于外交界。据说，在1966年开始的“文革”中，周恩来曾多次救助蒙冤人员。

张学良（1901—2001）

被称为救国英雄的东北军领袖。奉系军阀张作霖之子。1928年，张作霖被关东军炸死，张学良秘密返回东北，不顾日本反对，趁关东军未及反应之时，果断宣布东北易帜，与南京政府合流。1930年，中原大战爆发，张学良支持蒋介石，出任陆海空军副司令。1931年，“九一八事变”爆发，张根据蒋介石指示，采取不抵抗政策，背上“不抵抗将军”之名。1932年，承担热河失守责任的张学良宣布下野，赴欧洲考察。回国后担任“围剿共军”的“剿匪副总司令”，1935年赴西安。夹在要求抗日的部下与蒋介石之间，左右为难。1936年与周恩来会谈后同意国共停战。张学良多次劝说蒋介石停止内战，却遭蒋拒绝，终于12月发动西安事变，软禁蒋介石。事变和平解决后，张与蒋介石共赴南京，被蒋介石囚禁，从此消失于历史舞台。1990年，在事过半个世纪后，张学良接受NHK电视台采访，寄语日本年轻人了解历史。

历史关键词解说

天父天兄下凡

太平天国领袖杨秀清、萧朝贵实施的中国传统宗教仪式。拜上帝教的创始人洪秀全起初反对中国传统宗教。1847年，冯云山被捕，信众间的动摇情绪渐长，不少人又重新开始“跳大神”的宗教仪式。杨秀清等人表演的耶和华和耶稣下凡附体也是这类仪式的一种。洪秀全由于承认了这类仪式，以致后来苦于收拾其所造成的混乱局面。另外，杨秀清等人通过这种形式宣扬洪秀全是真命天子，是新王朝君主，把原本属于宗教运动的拜上帝会的活动发展为政治运动。在杨秀清和萧朝贵的指示下，拜上帝会秘密进行武装起义的准备。举兵之后，又借天父名义，肃清了里通清朝的内奸。另外，通过诸如“右足踏入民宅，即斩右足”等严格的军纪，太平军达到了历代农民起义军所不具备的高度的道德水准。这种“天父天兄下凡”的仪式显示出推动太平天国运动的能量来源于过着贫苦生活的边境移民。但是，到达南京后，“天父下凡”成为杨秀清进行权力斗争的道具，洪秀全及北王韦昌辉等众多领袖都曾受到“下凡天父”的斥责。1856年，杨秀清在最后一次代天父传言中说，“朝内诸臣不得力，未齐敬拜帝真神”，他的这次传言预示了随后发生的天京事变。杨秀清死后，天父下凡不再被使用，但洪秀全转为开始借托梦传言。

中体西用

洋务运动时期的口号。与幕府末期日本提出的“和魂洋才”如出一辙，即在保留对中国传统儒家文化的绝对信赖的基础上，尝试接受欧洲近代文明。其最显著的特征是，认为议会制等先进政治体制都能从中国古典中找到原型，欧洲文明实现了中国古代的理想，因此中国应该引进欧洲制度。另外，不能容忍违反传统规范的事物，也是其特征之一。比如，强烈抵制洋服和破坏风水的铁路等。甚至连接受基督教的洪秀全也认为耶和华不是欧洲固有之神而是古代中国所崇拜之神，因而信仰基督教。由此可以看出，洋务运动的目的不同于致力于西洋化的明治日本，中体西用的思想是拥有辉煌古典文明的中国社会尝试接受异族文化的一种方式。

扶清灭洋

义和团的口号，字面含义为扶助清朝，消灭洋人。但“清”实际上并不仅指清朝本身，而寓意受外国势力（洋）及其宗教（基督教）入侵而衰落的故乡，或中国传统的价值观、伦理以及社会秩序。而“扶”则包含有自上而下蔑视清政府的微妙语感。当清政府开始镇压义和团后，他们就马上提出了推翻清朝的“扫清灭洋”的口号。义和团宣扬其通过一种名为“马子”的巫术，召唤神灵（中国古代神灵）附体，从而可达到拥有不死之身（刀枪不入），但实际上他们借由这种宗教性的宣传，表现的是一种朴素的民族主义情感。戊戌变法时期的保国会的“国”之含义也与义和团教义相似，即如保守派所言，他们所保之国是“中国”，而非“大清”。不过，康有为在戊戌政变后也未改变支持光绪皇帝，维护帝制的立场。

清国留日学生

20 世纪初赴日留学的中国学生。中国人的海外移民在 19 世纪中叶达到一个高潮。孙中山就是以夏威夷华侨为基础，建立了以推翻清王朝为目标的兴中会。而在当时，留学日本是科举考试以外的步入仕途的渠道，因此留日学生中聚集了大批摸索救国之道的知识青年。另外，戊戌政变后流亡日本的康有为、把日本称为“第二故乡”的孙中山等人在日本围绕革命和保皇展开激烈论争。1905 年，中国同盟会也是在东京成立。当时的日本，作为东亚世界的边境，可以说是孕育了复兴中国各派力量的摇篮。而对此，日本人则采取了冷眼旁观的态度。1905 年，应清政府要求，日本政府下令取缔留学生的革命活动，为此湖南省出身的革命家陈天华在大森海岸投海自杀，以示抗议。日俄开战后，日本人逐渐把中国蔑视为“东亚病夫”，对待中国人的态度也愈发傲慢。战争结束后，日本与美国争夺南满铁路的经营权，此举令声援日军的中国留学生对日本政府的野心彻底失望。孙中山认为日本政府反对革命，但“民间表同情”。其后，虽然周恩来、李大钊等人也曾赴日留学，但留日热潮已然退却。

临时约法

1912 年中华民国临时政府所制定之宪法。其内容包括人民一律平等，无种族、阶级、宗教之区别，保障言论自由等，远比大日本帝国宪法更加超前、激进。其最大特点在于，制定了最大程度强化议会权限的议会内阁制，规定临时大总统需经参议院选举产生。这部临时约法的起草人是湖南省出身的革命家、国民党的实际领导人宋教仁。他如此拟定宪法有其特殊理由。当时，在北京的临时大总统袁世凯与南京的临时政府处于对立状态，宋教仁意在通过对大总统权力加以法律制约来限制袁世凯的独裁。另外，宋教仁等人的这种限制大总统擅权的考虑，同时也是针对在同盟会时代即被批评为“专制跋扈”的孙中山。因此，孙中山也不满临时约法的内容。不过，在1913年的二次革命失败后，根据袁世凯的意见，第二年大幅度增加总统权限的中华民国约法（新约法）出台，从而使临时约法被赋予了象征革命原点的意义。例如，1916年的三次革命时，西南各省将领在袁世凯取消帝制后，便要求依据临时约法，任命副总统黎元洪为大总统。另外，段祺瑞掌握北京政府实权后，孙中山与要求恢复国会的议员等人于1917年建立广东军政府，并以“护法（临时约法”）为旗号，发起护法战争。

复辟

恢复清朝皇帝的统治。具体指拥护末代皇帝宣统帝溥仪复位。根据溥仪自传《我的前半生》所述，这种利用他来实现政治目的的复辟活动“没有一天停顿过”。比如，1917年的辫子将军张勋复辟是其中一例，而袁世凯的智囊徐世昌也参与了这一事件。另外，1931年“九一八事变”爆发，关东军土肥原贤二劝说溥仪去东北，溥仪询问新国家（“满洲国”）是共和制还是帝制，正是土肥原“当然是帝国”的保证，促使了溥仪决定去东北。

民主与科学

新文化运动口号。1915年《青年杂志》（后改名《新青年》）在上海创刊，“民主与科学”最初出现于陈独秀发表在创刊号上的《敬告青年》一文中。陈独秀把“民主与科学”视为与封建儒家道德所对立的时代精神，主张唯有具备这种思想的自主的青年才能挽救濒临灭亡的中国。当然，对民主与科学含义的理解因人而异，提倡白话运动的胡适则推崇美国式的自由主义。1920年《加拉罕宣言》发表后，中国开始关注苏维埃俄国，马克思主义也被视为“科学”。1921年，李大钊在北京大学组织马克思学说研究会，他认为只要“宇宙尚存”，就可以通过民众的道德觉醒实现社会变革。这种对马克思主义的独特解释对其时社会产生过重大影响。日本当时也正处于“大正民主”时代，李大钊等人的活动得到了以吉野作造为代表的日本知识分子群体的支持。近年，马克思主义经由日本传入中国的史实已经得到证实。

北伐

意为进攻北京。在近代中国历史上反复被尝试。第一次北伐由太平军在1853

年主导。太平军经由山西兵至天津郊外，但因不耐北方冬季严寒及受到清军反攻而失败。第二次北伐由孙中山在辛亥革命前夕筹划，原定在两广独立后，先取南京再攻北京，但该计划未能实现。其后，孙中山并未放弃北伐，他于1924年单身赴北京，呼吁召开国民会议，但不幸在次年客死他乡。继承其遗志的国民革命军总司令蒋介石于1926年7月发动北伐战争。中途因国共对立以及南京与武汉两国民政府分裂，致使北伐中止。1928年，北伐再度开始，6月，国民革命军到达北京。12月，张学良果断宣布东北易帜，东北与国民政府合流。可以说近代中国的变革是起源于南方，并向北方发展的。本书将北伐所代表的近代中国的尝试视为“由南部边境吹起的改革之风”。

革命是暴动

毛泽东年轻时代在《湖南农民运动考察报告》中的观点。第一次国共合作时期，毛泽东担任农民运动讲习所所长。在北伐开始的同时，他的学生们进入到农村组织农民协会。这些人不满足于国民党实施的减租政策，开展了颠覆传统势力及以其为中心的社会秩序的过激运动。《湖南农民运动考察报告》对这种情况作出了肯定评价，主张革命就是一个阶级推翻一个阶级的暴力行动，对土豪劣绅处刑等“过分”举动是革命的需要。农会的行为不仅受到国民党的批判，也因造成军用米调配困难而致使武汉国民政府陷入困境。不过，国民党领袖蒋介石也主张必须要先统一指挥。可见，武力之于解决问题的重要性在国共两党之间是有共识的。虽然采取的形式不同，一方重视群众运动，一方依靠军队力量，但双方都是在试图利用中国社会中积蓄的暴力的能量来改变社会。

五族协和、王道乐土

日本在“满洲国”建国时提出的口号。为使“满洲国”正当化，宣扬“满洲国”会实现军阀与国民政府所无法实现的“安民”政治，汉、满、蒙、日、朝五族（有时也把汉族和满族统称为“满人”）一律平等，共存繁荣。另外，这里的“五族协和”也是为了与孙中山在辛亥革命中提出的汉、满、蒙、回、藏五族代表共同建立共和体制的“五族共和”思想相对抗，而制造的一种意识形态。实际上，各民族平等不过是梦话，属于少数群体的日本人的待遇，从食品到薪水，在日常生活的所有层面都优于其他民族。殖民地研究者内田忠雄把“满洲国”的这种现实状况评价为，打着理想主义的幌子，贯彻帝国主义的法则。另外，这种现实还表现在对当地耕地的强行收购，以及对进行反抗的中国农民的镇压。

“最后关头”与“一致抗日”

20世纪30年代中叶，中国在面临日本侵略时提出的口号。“满洲国”建国后，日本仍然没有停止侵略中国。1935年，进行华北分离工作，企图在华北建立不受国民政府影响的地方政权，以扩大日本统治。而深知与日军实力差距的蒋介石提出“牺牲未到最后关头，绝不轻言牺牲”，对于日本开战采取谨慎态度。另一方面却主张“攘外必先安内”，继续贯彻为消灭国内反对势力特别是在陕西建设根据地的共产党军队的围剿作战。中国国内反对蒋介石这一做法的声音高涨。1935年，北平爆发“一二·九”学生运动。1936年5月，要求“停止内战、一致抗日”的全国各界救国联合会成立。中国共产党也在共产国际的指示下，于1935年发表《为抗日救国告全国同胞书》（即《八一宣言》），并于第二年放弃反蒋立场而改走“逼蒋抗日”的共同抗日路线。面对这一变局亦坚持己见的蒋介石在1936年12月的西安事变中被张学良软禁。张学良提出“八项主张”，要求停止内战、召开救国会议、释放因要求抗日而被捕的抗日救国会“七君子”等政治犯。这“八项主张”揭示出苦于内战和日本侵略的中国人的忍耐限度已经到了“最后关头”。

议会设置请愿运动

台湾在日据时期的政治运动。1895年中日签订《马关条约》，台湾成为日本领地。进入20世纪20年代，日本根据内地延长主义精神，在台湾进行了教育改革，其结果使得台湾知识青年得以成长。他们受到民族独立运动高涨的世界形势和日本“大正民主”潮流的影响，于1922年开始向日本帝国议会提出要求参政权的诉求，即议会设置请愿运动。这一运动是在承认日本统治的基础上，要求在台湾设置具有立法权与预算权的台湾议会的低姿态运动。其请愿也仅仅成为在野党借以攻击政府的材料，而未经帝国议会通过。

参考文献

与全书相关的文献

（1）小岛晋治、丸山松幸,《中国近现代史》，岩波书店，1986 年

◆虽然年代已久，但却是一本描绘了中国近现代史全貌的好书。内容方面也颇有分量，若与以下六本对比阅读，则较易懂。

（2）姬田光义等,《中国近现代史》上，东京大学出版会，1982 年

（3）并木赖寿、井上裕正,《中华帝国的危机》世界历史 19，中央公论社，1997 年

（4）狭间直树、长崎畅子,《寻求独立的亚洲》世界的历史 27，中央公论社，1999 年

（5）松丸道雄等编,《中国史　五　清末~现在》世界历史大系，山川出版社，2002 年

（6）山本英史,《现代中国的履历书》，庆应义塾大学出版会，2003 年

（7）小岛晋治、并木赖寿编,《近代中国研究案内》，岩波书店，1993 年

◆推荐给希望学习中国近代史的人的一本入门书。该书不仅介绍了研究的动向和文献，还收录了一些重要的史料，令人读来心情愉悦。作为研究入门读物，接下来的两本书也颇有裨益。

（8）辛亥革命研究会编,《中国近代史研究入门——现状与课题》，汲古书院，1992 年

（9）野泽丰编著,《日本的中国华民国史研究》，汲古书院，1995 年

（10）山根幸夫等编,《近代日中关系史研究入门》增订版，研文出版，1996 年

◆详细地介绍了目前日中关系相关历史事实研究已达到的程度。

（11）西顺藏编,《原典中国近代思想史》1—6，岩波书店，1976—1977 年

◆尽管出版年代已久，但是该丛书把中国近代史重要史料翻译成日文，是非常珍贵的一套书。丛书并不仅限于概论，所以一定要把它作为原著文献来阅读。

（12）滨下武志,《近代中国的国际的转机——朝贡贸易体系与近代亚洲经济圈》，东京大学出版会，1990 年

（13）沟口雄三,《作为方法的中国》，东京大学出版会，1989 年

◆这两本书虽然难懂，但却是中国近代史研究中提出问题的好书，至少应该阅读一遍。另外还有以下一些论文集，为许多学者共同撰写。

（14）野泽丰、田中正俊编，《讲座中国近现代史》1—7，东京大学出版会，1978 年
（15）姬田光义等，《中国 20 世纪史》，东京大学出版会，1993 年
（16）沟口雄三等编，《以亚洲视角思考》1—7，东京大学出版会，1993—1994 年
（17）曾田三郎编，《中国近代化过程中的领袖们》，东方书店，1997 年
（18）曾田三郎编著，《近代中国与日本——合作与敌对的半世纪》，御茶水书房，2001 年
（19）并木赖寿等编著，《20 世纪的中国研究——如何利用其成果》，研文出版，2001 年

第一章

（20）小岛晋治，《太平天国革命的历史与思想》，研文出版，1978 年
（21）小岛晋治，《洪秀全——乌托邦梦想》中国英杰 10，集英社，1987 年。之后改名为《洪秀全与太平天国》，岩波现代文库，2001 年
（22）小岛晋治，《太平天国运动与现代中国》，研文出版，1993 年
◆（20）是一本太平天国史研究的代表性著作。若是初次阅读，（21）比较容易把握整体历史全貌。（22）在了解战后中国近代史研究是在何种因素下推进、与现代中国的动向有何关联方面催人深思。
（23）柳父章，《GOD 与上帝——历史上的翻译者》，筑摩书房，1986 年
（24）菊池秀明，《广西移民社会与太平天国》（正文篇、史料篇），风响社，1998 年
（25）菊池秀明，《从太平天国看异文化接受》，世界史手册 65，山川出版社，2003 年
◆（24）是根据田野调查收集到的新史料进行的研究，对于探讨今后中国近代史研究的可能性颇具启发性。（25）的内容通俗易懂。
（26）仓田明子，《洪仁轩与基督教——香港时期的洪仁轩》，《中国研究月报》641 号，中国研究所，2001 年
（27）呤唎（Augustus F.Lindley）著，增井经夫、今村与志雄译，《太平天国——在李秀成麾下》，1—4，平凡社东洋文库，1964—1965 年
◆作者年仅十九岁时远赴中国，迷恋上太平天国运动，该书是他撰写的同时代的证词。虽然作者的观察有些过于强调太平天国的基督教性质，但其中批评英国镇压太平天国、呼吁“非侵略”的部分带有超越那一时代的动人心弦的力量。

第二章

（28）滨久雄，《西太后》，“历史新书东洋史”，教育社，1984 年

◆这是一本描写撑起同治中兴的“女帝”的传记。如果与中国电影《西太后》一起阅读，也不失为一种方法。

（29）铃木智夫，《洋务运动研究》，汲古书院，1992 年

（30）Benjamin Isadore Schwartz 著，平野健一郎译，《中国的近代化与知识分子——严复与西洋》，东京大学出版会，1978 年

（31）坂野正高，《中国近代化与马建忠》，东京大学出版会，1985 年

（32）佐藤慎一，《近代中国的知识分子与文明》，东京大学出版会，1996 年

（33）王晓秋著，小岛晋治监译（中曾根幸子、田村玲子译），《从鸦片战争到辛亥革命——日本人的中国观与中国人的日本观》，东方书店，1991 年

（34）张伟雄，《文人外交官的明治日本——中国初代驻日公使团的异文化体验》，柏书房，1999 年

◆以上为六本有关洋务运动的著作。（29）讲述了各地的近代化事业。（30）（31）分别以严复、马建忠两位人物为中心，深入洋务运动的内容，（32）阐明了清末知识分子以政治变革为目标的经纬。（33）为中国学者撰述的一本近代中日交流史。（34）分析了《日本国志》的作者黄遵宪在日本的经历。

（35）容闳著，百濑弘译，《西学东渐记——容闳自传》，平凡社东洋文库，1969 年

◆最早一批中国留美学生的自传。自传在讲述他向太平天国献策但未被接受、后来受曾国藩的个人魅力吸引投入到洋务运动时写得非常有意思。

（36）茂木敏夫，《变动中的近代东亚的国际秩序》世界史手册 41，山川出版社，1997 年

◆对 19 世纪后半期围绕中国的国际关系进行了浅显易懂的概括总结。此外，有关新疆和越南的动向，以下三本书值得参考。

（37）片冈一忠，《清朝新疆统治研究》，雄山阁，1991 年

（38）山本达郎编，河原正博等著，《越南中国关系史——从曲氏的崛起到中法战争》，山川出版社，1975 年

（39）坪井善明，《近代越南政治社会史》，东京大学出版会，1991 年

（40）糟谷宪一，《朝鲜的近代》世界史手册 43，山川出版社，1996 年

◆讲述了近代日本与朝鲜的关系，对于两者之间的平衡把握良好。

（41）姜在彦，《朝鲜的攘夷与开化——日本之于近代朝鲜》，平凡社，1977 年

（42）藤村道生，《日清战争》，岩波书店，1973 年

（43）毛利敏彦，《台湾出兵——大日本帝国的开幕剧》，中央公论社，1996 年
（44）黄昭堂，《台湾民主国的研究》，东京大学出版会，1970 年

◆虽然甲午战争的相关研究很多，但（42）是一本通观历史全貌的入门书。（43）讲述的是围绕台湾出兵进行的外交交涉。（44）是对台湾民主国的古典式研究。

第三章

（45）彭泽周，《中国的近代化与明治维新》，同朋舍出版部，1976 年
（46）深泽秀男，《戊戌变法运动史研究》，国书刊行会，2000 年

◆以戊戌变法为题材的新旧两本研究专著。对于梁启超，以下这份研究也值得参考。

（47）狭间直树编，《共同研究梁启超——西洋近代思想与明治日本》，MISUZU 书房，1999 年
（48）村松祐次，《义和团研究》，严南堂书店，1976 年
（49）野原四郎，《中国革命与大日本帝国》，研文出版，1978 年
（50）小林一美，《义和团战争与明治国家》，汲古书院，1986 年
（51）三石善吉，《中国、1900 年——义和团运动的光芒》，中央公论社，1996 年
（52）佐藤公彦，《义和团的起源及其运动——中国民众民族主义的诞生》，研文出版，1999 年

◆以上是关于义和团的五本代表性著作。其中（52）是根据新史料和实地考察的最新研究成果，（50）加入了许多日方的动向。

（53）大山梓编，柴五郎、服部宇之吉等著，《北京笼城、北京笼城日记》，平凡社东洋文库，1965 年
（54）伍德豪斯·暎子，《燃烧的北京——义和团事变与莫里森》，东洋经济新报社，1989 年

◆以上两本书聚焦义和团战争中的北京笼城战。（53）是亲历过这场战争的日本人的回忆录。（54）以欧洲人的视角描绘了义和团。

（55）吉泽诚一郎，《天津的近代——清末都市的政治文化与社会统合》，名古屋大学出版会，2002 年
（56）吉泽诚一郎，《爱国主义的诞生——从民族主义看近代中国》，岩波书店，2003 年

◆以上两本书是新锐学者对近代中国城市与民族主义的研究专著。（56）也可以当做梁启超研究来阅读。

（57）可儿弘明,《近代中国的苦力与“猪花”》，岩波书店，1979 年
（58）斯波义信,《华侨》，岩波书店，1995 年
（59）胡垣坤等编，村田雄二郎、贵堂嘉之译,《美国早期漫画中的华人》，平凡社，1997 年

◆以上是对华侨的历史研究，所谓“猪花”指的是女性移民。（59）还介绍了美国报纸上刊登的排斥中国移民的情况，发人深省。

第四章

（60）实藤惠秀,《中国人日本留学史》，KUROSHIO 出版，1960 年
（61）黄尊三著，实藤惠秀、佐藤三郎译,《清国人日本留学日记　1905—1912 年》，东方书店，1986 年
（62）严安生,《日本留学精神史——近代中国知识分子的轨迹》，岩波书店，1991 年
（63）大里浩秋、孙安石编,《中国人日本留学史研究的现阶段》，御茶水书房，2002 年

◆以上是四本有关清末日本留学生的著作。（60）是一本经典名著,（62）在反映留学生们的思想方面也非常有趣。（61）是对当时留学生日记的日文翻译,（63）收录了最新的研究成果。

（64）藤井昇三,《孙文研究——以民族主义理论的发展为中心》，劲草书房，1966 年
（65）宫崎滔天,《三十三年之梦》，平凡社东洋文库，1967 年
（66）日本孙文研究会编,《孙文与亚洲》，汲古书院，1993 年
（67）藤村久雄,《革命家孙文——革命尚未成功》，中央公论社，1994 年
（68）横山宏章,《孙文与袁世凯——统一中华之梦》现代亚洲的肖像 1，岩波书店，1996 年

◆以上是有关孙中山的五本专著。（64）是代表了日本人孙中山研究的经典著作,（67）和（68）分别从同情和批判两个截然相反的视角描绘出孙中山这一人物像，这一点令人深思。

（69）小野川秀美,《清末政治思想研究》增订版，美铃书房，1969 年
（70）野泽丰,《辛亥革命》，岩波书店，1972 年
（71）中村义,《辛亥革命史研究》，未来社，1979 年
（72）横山宏章,《孙中山的革命与政治指导》，研文出版，1983 年
（73）俞辛焞《孙文的革命运动与日本》东亚中的日本历史 9，六兴出版，1989 年

◆以上是辛亥革命相关的五本基本文献。（69）广泛涉猎革命派思想,（70）描

写了辛亥革命的经过，（73）虽然利于了解对中国的看法，但是现在这一领域的研究非常活跃，推荐通过阅读中文文献了解最新动向。

（74）中井英基，《张謇与中国近代企业》，北海道大学图书刊行会，1996年

（75）爱新觉罗溥仪著，小野忍等译，《我的前半生——“满洲国”皇帝自传》，筑摩书房，1977年

◆此书为主人公之一末代皇帝宣统帝溥仪的自传。生动描述了作为皇帝经历的紫禁城时代和在天津、“满洲国”被日本玩弄于股掌之内的生活。虽然不可否认部分内容存在个人观点的偏颇之处，但是希望首先能把它当做一本“对末代皇帝的访谈”来阅读。

第五章

（76）横山宏章，《中华民国史——专制与民主的相克》，三一书房，1996年

（77）深町英夫，《近代中国的政党、社会、国家——中国国民党的形成过程》，中央大学出版部，1999年

（78）松本英纪，《宋教仁的研究》，晃洋书房，2001年

◆以上三本书是关于民国初期政治动向的研究。（77）追溯革命爆发前夜以来中国政党形成的过程，（78）根据宋教仁日记描述了孙中山本身的一些问题。另外，以下的两本书也可当做参考。

（79）横山英、曾田三郎编，《中国的近代化与政治的统合》，溪水社，1992年

（80）嵯峨隆，《近代中国的革命幻影——刘师培的思想与生涯》，研文出版，1996年

（81）波多野善大，《中国近代军阀的研究》，河出书房新社，1973年

（82）陈志让著，守川正道译，《袁世凯与近代中国》，岩波书店，1980年

（83）杨格（Ernest P.Young）著，藤冈喜久男译，《袁世凯总统——“开发独裁”的先驱》，光风社，1994年

◆以上是有关袁世凯的三部研究。（81）是日本人的传统研究，（82）（83）都是欧美人的研究成果。袁世凯被指责是“窃取国家的强盗”，而这一评价在杨格的研究中竟很少出现，而这种情况现在也正日渐变化。

（84）臼井胜美，《日本与中国——大正时代》，原书房，1972年

（85）山根幸夫，《近代中国中的日本人》，研文出版，1994年

◆以上是有关1910年代日中关系的两本著作。（84）乃为经典，除此以外臼井还有其他许多著作。（85）讲述了坂西利八郎与袁世凯的关系。

第六章

(86) 竹内实,《周树人的公务员生活——五四与鲁迅的一个侧面》,“五四运动研究——京都大学人文科学研究所共同研究报告第3函”8，同朋舍，1985年
(87) 丸尾常喜,《鲁迅——为花而作腐草》中国人与思想12，集英社，1985年
(88) 尾上兼英,《鲁迅私论》，汲古书院，1988年
(89) 片山智行,《鲁迅——阿Q中国的革命》，中央公论社，1996年
(90) 阿部兼也,《鲁迅的仙台时代——鲁迅的日本留学研究》，东北大学出版会，1999年
(91) 藤井省三,《鲁迅事典》，三省堂，2002年
(92) 增田涉、松枝茂夫编，竹内实译,《鲁迅选集》全13卷，岩波书店，1986年
◆以上是七部有关鲁迅的著作。若是初次阅读,(89)比较方便。另外,(91)在最新研究成果的基础上，广泛介绍了鲁迅研究的现状。当然，要了解鲁迅，重要的是先要通过(92)直接与他的著作对话。
(93) 中目威博,《北京大学元总长蔡元培——忧国教育家的生涯》，里文出版，1998年
(94) 佐藤慎一编,《近代中国的思想家》，大修馆书店，1998年
(95) 小谷一郎等编,《转型期的中国知识分子》，汲古书院，1999年
◆以上是关于五四运动时期中国知识分子的著作。其中(94)浅显易懂地介绍了许多人物。
(96) Ida Pruitt著，松平IOKO译,《汉族女儿——宁老太的生涯》，SERIKA书房，1980年
(97) 夏晓红,《不缠足的女性》，朝日新闻社，1998年
◆以上是以当时中国女性为考察对象的两本著作。描写了完全不同与秋瑾那样女革命家的普通妇女的形象。尤其是(96)，作者是一名欧洲人，记录了清末时期一位山东老太的回忆，每次读起来都另有一番趣味。遗憾的是，该书已是绝版，希望能向图书馆等处寻找。
(98) 狭间直树,《中国社会主义的黎明》，岩波书店，1976年
(99) 狭间直树,《五四运动研究序说》“五四运动的研究——京都大学人文科学研究所共同研究报告第1函”1，同朋舍，1982年
(100) 松尾尊兑,《民主主义与帝国主义》，美铃书房，1998年
(101) 爱知大学现代中国学会编,《中国21》第9号，特集“五四运动与现代中国”，2000年

◆以上是关于五四运动的三部著作和杂志的特刊。(99) 详细介绍了运动的经过，该出版社还出版了五四运动时期不同主题的研究成果。(100) 介绍了吉野作造和中国的关系。

(102) 宇野重昭,《中国共产党史序说》上，日本放松出版协会，1973 年

(103) 石川祯浩,《中国共产党成立史》，岩波书店，2001 年

◆以上两本书是对中国共产党成立过程的研究。尤其是(103) 提出了许多颠覆过去中国发表的一些有关中国接受马克思主义的经过和中国共产党成立时期的看法，希望大家一定拿来读一下。

(104) 金冲及编，村田忠禧等译,《毛泽东传——1893—1949》上、下，MISUZU 书房，1999—2000 年

◆毫无疑问这是一本中国人写的毛泽东传记。共分上下两册，讲述了 1949 年以前的事情。建国后的内容另有中文出版。

第七章

(105) 山田辰雄,《中国国民党左派的研究》，庆应义塾大学出版会，1980 年

(106) 伊地智善继、山口一郎监译,《孙文选集》3，社会思想社，1989 年

(107) 狭间直树编,《1920 年代的中国——京都大学人文科学研究所共同研究报告》，汲古书院，1995 年

(108) 野村浩一,《蒋介石与毛泽东——世界战争中的革命》，岩波书店，1997 年

(109) 嵯峨隆,《戴季陶的对日观与中国革命》，东方书店，2003 年

(110) Lloyd Eastman 著，上田信、深尾叶子译,《中国社会》，平凡社，1994 年

◆以上六本书是对 1920 年代中国的研究专著。(106) 收录了本书开头提到的“大亚洲主义”演讲内容。(108) 选择的研究对象是以往现代中国研究大家很少涉及的蒋介石。(110) 论述了近代中国的社会构造，其中关于婚姻和家族制度部分也很有趣。

(111) 栃木利夫、坂野良吉,《中国国民革命——战争时期东亚的地壳变动》，法政大学出版局，1997 年

(112) 狭间直树编,《中国国民革命研究》，京都大学人文科学研究所，1992 年

(113) 北村稔,《第一次国共合作研究——创造现代中国的两大势力的出现》，岩波书店，1998 年

(114) 户部良一,《日本陆军与中国——“支那通”的梦与蹉跌》，讲谈社，1999 年

（115）家近亮子,《蒋介石与南京国民政府——对中国国民党权力渗透的分析》，庆应义塾大学出版会，2002 年

◆以上是关于第一次国共合作和国民革命的五本著作。（113）跨越了以往分析的框架，以崭新的视角重新探讨第一次国共合作与蒋介石。（115）也是这类成果之一，重点是重新评价南京国民政府。而（111）则对北伐过程介绍的比较详细。（114）谈到了佐佐木到一的活动。

第八章

（116）臼井胜美,《满洲事变——战争与外交》，中央公论社，1974 年

（117）林久治郎,《满洲事变与奉天总领事——林久治郎遗稿》，原书房，1978 年

（118）马场明,《日中关系与外政机构的研究——大正、昭和期》，原书房，1983 年

（119）大江志乃夫,《张作霖爆杀——昭和天皇的统帅》，中央公论社，1989 年

◆从日本史的角度看待张作霖被炸死事件和九一八事变的四本著作。（117）的作者林久治郎是张作霖被炸死时候的奉天总领事。

（120）NHK 取材班、臼井胜美,《张学良对昭和史的最后证言》，角川书店，1991 年

（121）西村成雄,《张学良——日中霸权与“满洲”》，现代亚洲的肖像 3，岩波书店，1996 年

（122）黄仁宇著，北村稔等译,《蒋介石——从大历史的角度读蒋介石日记》，东方书店，1997 年

◆以上三本是关于张学良与蒋介石的传记。（120）是对张学良接受 NHK 采访时的内容重新整理而成。（122）是根据蒋介石日记做出的分析，生动地讲述了蒋介石与田中义一会谈的内容等。

（123）山田辰雄编,《近代中国人物研究》，庆应义塾大学地域研究中心，1988 年

（124）小岛晋治等,《历史与近代化》岩波讲座现代中国 4，岩波书店，1989 年

（125）福本胜清,《为中国革命奔走的亡命之徒——土匪与流氓的世界》，中央公论社，1998 年

（126）中尾友则,《梁漱溟的中国再生构想——对新仁爱共同体的摸索》，研文出版，2000 年

第九章

（127）吉田旷二，《鲁迅之友·内山完造的肖像——上海内山书店的老板》，新教出版社，1994 年

（128）内山完造，《回忆鲁迅》，社会思想社，1979 年

（129）今村与志雄，《鲁迅与 1930 年代》，研文出版，1982 年

◆以上三本书是关于晚年鲁迅和内山完造的著作。（128）是内山本人出版的鲁迅回忆录，本书第十章引用的鲁迅对日本人的印象也出现在其中。

（130）江口圭一，《十五年战争小史》（新版），青木书店，1991 年

（131）山室信一，《凯米拉——“满洲国”的肖像》，中央公论社，1993 年

（132）山本有造编著，《“满洲国”研究》，京都大学人文科学研究所，1993 年

（133）塚瀬进，《“满洲国”——“民族协和”的实像》，吉川弘文馆，1998 年

◆以上是关于“满洲国”与日本军事行动的四本专著。首先推荐的是论点独特的“满洲国”论（131）。（133）也浅显易懂地讲述了“满洲国”里区别对待中国人的实际情况。

（134）斯诺（Edgar Snow），《红星照耀下的中国》，斯诺著作集 2，筑摩书房，1972 年

（135）Harrison Evans Salisbury 著，冈本隆三监译，《长征：前所未闻的故事》，时事通信社，1988 年

（136）金冲及主编，狭间直树监译，《周恩来传 1898—1949》上中下，阿吽社，1992—1993 年

◆以上三本书谈到了中国共产党的长征和在延安的活动。（134）是把中国共产党的存在宣告世界的著名报告文学，（135）在走访调查的基础上，以纪录片的风格讲述了长征的全过程。（136）谈到了西安事变时蒋介石、周恩来会谈时候的内容。

（137）长野宏生，《西安事变——中国现代史的转折点》，三一书房，1975 年

（138）岸田五郎，《张学良为何发动西安事变——震撼东亚的十四天》，中央公论社，1995 年

（139）斋藤孝治，《聂耳——闪光的生涯》，聂耳刊行会，1999 年

（140）宇野重昭编，《侵略与抵抗——1930—1940 年代的日中关系》，研文出版，2001 年

第十章

（141）菊池贵晴，《中国民族运动的基本构造》增订版，汲古书院，1974 年

（142）历史教育者协议会编，《香港、澳门、台湾》，“了解中国” 3，青木书店，1996 年

（143）滨下武志，《香港——亚洲的网络都市》，筑摩书房，1996 年

（144）高桥孝助等编，《上海史——巨大都市的形成与管理》，东方书店，1995 年

（145）上海研究项目组编，《国际都市上海》，大阪产业大学产业研究所，1995 年

（146）日本上海史研究会编，《上海人物志》，东方书店，1997 年

（147）日本上海史研究会编，《上海——多层网络》，汲古书院，2000 年

（148）中野美代子、武田雅哉，《世纪末中国的简报——画报〈点石斋画报〉的世界》，福武书店，1989 年

◆以上是八本关于香港与上海的著作。若是初次阅读，（142）和（146）比较容易理解。（141）讲述的是五卅运动和香港大罢工。（148）通过插图介绍了《点石斋画报》的内容。

（149）戴国辉编著，《台湾雾社起义事件——研究与资料》，社会思想社，1981 年

（150）北冈伸一，《后藤新平——外交与世界观》，中央公论社，1988 年

（151）伊藤洁，《台湾——四百年的历史与展望》，中央公论社，1993 年

（152）驹込武，《殖民地帝国日本的文化统合》，岩波书店，1996 年

（153）若林正丈，《台湾——社会变迁中的认同意识》，筑摩书房，2001 年

（154）若林正丈，《台湾抗日运动史研究》增订版，研文出版，2001 年

（155）藤井省三等编，《台湾的“大东亚战争”——文学、媒体、文化》，东京大学出版会，2002 年

◆以上是关于台湾的七本著作。首先，（151）很好地总结了整体的发展趋向，（5）的第四章吴密察的论文也从台湾人的视角讲述了殖民地时代的台湾。（152）以殖民地教育史的视角对台湾地区、朝鲜、“满洲国”进行了比较，不失为一本好书。（154）代表了日本的台湾史研究水平，论述了台湾议会的设置请愿运动和台湾共产党。

（156）金九著，梶村秀树译，《白凡逸志——金九自叙传》，平凡社东洋文库，1973 年

（157）鹤园裕，《金九——从贫农之子到民族领袖》，历史科学协议会编，《历史变动期——人与时代》，青木书店，2001 年

◆支持上海大韩民国临时政府的民族运动家写的自传和有关其生涯的论文。

（158）鹿地亘,《日本士兵的反战运动》，同成社，1982 年
（159）藤原彰、姬田光义编,《日中战争下·中国的日本人反战活动》，青木书店，1999 年
（160）内田知行,《抗日战争与民众运动》，创土社，2002 年
（161）菊池一隆,《日本人反战士兵与日中战争——与重庆国民政府俘虏收容所相关联》，御茶水书房，2003 年
◆以上是鹿地亘等对日本人反战同盟等有关抗日战争时期的四部研究专著。（158）出自鹿地本人之手，栩栩如生地描绘了反战宣传的情况。
（162）John W.Dower 著，三浦阳一、高杉忠明译,《面对战败——第二次大战后的日本人》增订版，上、下，岩波书店，2004 年

历史年表

公元	年号	中国	日本	世界
1814	嘉庆一九	洪秀全出生于广东省花县客家农村		
1819	二四			英国占领新加坡
1837	道光一七	洪秀全科举落第，病中做异梦	（日）莫里森号事件，漂流民日本音吉未能回国	
1839	一九	钦差大臣林则徐虎门销烟		
1840	二〇	鸦片战争爆发，英国封锁广州等地。林则徐被罢免钦差大臣之职		
1842	二二	英国攻占上海、镇江，《南京条约》签订，香港岛割让给英国		
1843	二三	中英再签《虎门条约》；上海开港；洪秀全在广东创立拜上帝教		
1844	二四	洪秀全在广西传教；冯云山入桂平县紫荆山，创立拜上帝会		
1846	二六			美墨战争（—1848）
1847	二七	拜上帝会兴起偶像破坏运动，与移民权贵间矛盾加深		
1848	二八	冯云山被捕；杨秀清、萧朝贵自称天父天兄下凡		法国二月革命。德国三月革命

1850		三〇	3月 咸丰帝即位，广西天地会反清活动愈演愈烈； 11月 拜上帝会在广西桂平县金田村起义，太平天国运动开始		
1851	咸丰	元	3月 洪秀全即位天王； 9月 太平天国攻占广西永安州，建立以杨秀清为首的五王中心体制		
1852		二	9月 太平军进攻湖南长沙，西王萧朝贵战死		
1853		三	1月 太平军占领武昌 3月 为镇压太平军，曾国藩着手组建湘军 3月 太平军占领南京并改名“天京”，定都于此 5月 天平天国北伐军从天京出发 9月 上海小刀会起义，试图与太平天国合作仍被镇压 10月 太平军到天津郊外	（日）贝利率领美国军舰在日本浦贺登陆	克里米亚战争爆发（—1836）
1854		四	太平天国公布《天朝田亩制度》		
1855		五	5月 北伐军在山东冯官屯全军覆灭 7月 捻军在安徽亳州集结 10月 贵州苗族起义		
1856		六	9月 天京事变；北王韦昌辉杀害东王杨秀清 9月 杜文秀率领云南回族穆斯林在大理起义 10月 广州发生亚罗号事件		
1857		七	5月 翼王石达开出走（1863年死于四川） 12月 英法联军攻占广州		印度民族起义（土兵起义）爆发（—1859）

1858		八	5月 英法联军攻占天津郊外大沽炮台 5月 清政府与沙俄签订《中俄瑷珲条约》 6月 清政府与英法俄美四国签订《天津条约》 11月 太平军在安徽三河镇击败湘军	（日）《日美修好通商条约》缔结	印度莫卧儿帝国灭亡
1859		九	4月 洪仁玕到天京，次年公布《资政新篇》 6月 英法美公使赴北京换约，途中被清军击退		
1860		一〇	6月 美国人华尔组建洋枪队（后为常胜军） 8月 太平军第一次进攻上海；曾国藩被任命为两江总督 10月 英法联军攻进北京，烧毁圆明园 10月 清政府与英法俄签订《北京条约》		
1861		一一	1月 清政府设立总理各国事务衙门，天津开港 8月 咸丰帝崩于热河 11月 西太后政变，与东太后开始垂帘听政；同治帝即位		
1862	同治	元	3月 李鸿章率淮军到上海，与常胜军合作 6月 太平军第二次进攻上海 7月 北京设立同文馆		
1863		二	3月 英国军人戈登任常胜军司令官 3月 李鸿章创设上海外国语言文字学馆（广方言馆）		
1864		三	6月 天王洪秀全病逝 7月 湘军攻陷天京，太平天国灭亡。太平军余部与捻军继续抵抗（—1868年左右）		
1865		四	9月 李鸿章在上海建江南机械制造局		

公元	年号	年	中国	日本·朝鲜	世界
1866		五	左宗棠提议建福州船政局		
1867		六		10月（日）大政奉还	
1868		七		1月（日）明治维新	
1870		九	6月 天津教案 11月 天津机器局成立		普法战争爆发（—1871）
1871		一〇	7月 俄国侵占伊犁 9月《中日修好条规》签订		
1872		一一	8月 首批官派赴美留学生赴美 12月 李鸿章在上海设立上海轮船招商局		
1874		一三	2月 王韬在香港创办《循环日报》 5月 日本出兵台湾（12月撤兵）		法国与越南签订《第二次西贡条约》
1875	光绪	元	1月 同治帝驾崩，光绪帝即位 2月 英国探险队员马嘉里在云南被杀 5月 清政府派左宗棠督办新疆军务	9月（日）日本军舰炮轰朝鲜江华岛（江华岛事件）	
1876		二	9月 清政府与英国签署《烟台条约》	2月（日）《日朝修好条规》（《江华条约》）签订）	
1878		四	左宗棠收回伊犁 7月 开平矿务局创立，近代化采煤开始		
1879		五	10月 崇厚与俄国擅订《里瓦几亚条约》，被清政府怒处死刑	6月 日本吞并琉球	
1881		七	2月 曾纪泽在彼得堡与俄国签订《中俄伊犁条约》 4月 东太后殁		
1882		八	7月 朝鲜爆发壬午之乱 8月 清军将朝鲜大院君秘密解往天津；是年，法国占领河内，黑旗军抗法开始		

1883	九	11月 清军与法军在越南发生冲突（中法战争）	
1884	一〇	4月 恭亲王奕䜣失势（甲申易枢） 6月 中法两军在越南谅山再次发生冲突 12月 朝鲜爆发甲申政变，中日两国出兵朝鲜	
1885	一一	6月 中法签订《天津条约》，承认法国在越南主权 10月 设立海军事务衙门；设台湾省	（日）福泽谕吉发表《脱亚论》
1886	一二	7月 中英签订《缅甸条约》，承认英国在缅甸主权	（日）清军水兵与日本人在长崎发生互殴事件，两国国民感情恶化
1888	一四	11月 康有为第一次上书变法自强 12月 北洋舰队成立	
1889	一五	3月 光绪帝亲政	（日）大日本帝国宪法颁布
1890	一六	黄遵宪《日本国志》刊行	
1891	一七	康有为《新学伪经考》出版	
1892	一八	郑观应著《盛世危言》	
1894	二〇	2月 朝鲜全罗道爆发东学起义，甲午农民战争开始 6月 朝鲜国王请清政府出兵镇压 7月 日本海军在丰岛海面突袭中国舰队（中日甲午战争） 8月 中日两国宣战 9月 黄海海战 11月 孙中山在夏威夷成立兴中会	
1895	二一	4月 中日签订停战条约（《马关条约》） 4月 德法俄三国要求日本归还辽东半岛 5月 丘逢甲等在台湾建立台湾民主国，抵抗日本	

1896	二二	4月 清政府开始向日本派遣官费留学生 6月 李鸿章与俄国签订秘密同盟条约，承认东清铁路铺设权（—1897年开工） 8月 黄遵宪、梁启超等在上海发行《时务报》	
1897	二三	11月 梁启超等创立时务学堂 11月 山东大刀会杀死德国人神父（巨野教案）	
1898	二四	3月 德国租借山东胶州湾 3月 俄国租借旅顺、大连 4月 严复《天演论》出版 6月 英国租借九龙半岛新界地区（—1997） 6月 光绪帝发布变法维新上谕 7月 英国租借山东威海卫 7月 清政府创立京师大学堂（北京大学前身） 9月 慈禧太后政变，戊戌变法失败；是年，义和拳在山东冠县袭击教会	（日）东亚同文会成立，提倡“中国保全论”
1899	二五	5月 张謇在江苏南通办大生纱厂开业 8月 朱红灯率领的神拳在山东平原县袭击教会 9月 美国国务卿海约翰提倡中国门户开放 11月 列强要求撤换山东巡抚毓贤（其后任为袁世凯） 12月 义和拳与神拳在山东合并，义和团诞生	10月 南非战争（布尔战争）爆发（—1902）

1900	二六	4月 义和团发展到天津、北京 6月 清政府要求各国撤去公使馆，北京围城战开始；联军占领大沽炮台；清政府向列强宣战 8月 八国联军攻入北京城，慈禧太后出逃 9月 清政府下令镇压义和团		
1901	二七	1月 慈禧太后等下实施新政上谕 7月 清政府改总理衙门为外务部 9月 北京议定书（《辛丑条约》）签订 11月 李鸿章去世；袁世凯任直隶总督大臣兼北洋大臣		
1902	二八	2月 梁启超在横滨创刊《新民丛报》	1月（日）日英同盟签订	
1903	二九	5月 邹容在上海发表《革命军》 6月《苏报》事件发生 11月 黄兴、宋教仁等在湖南创立华兴会		
1904	三〇	2月 日俄战争爆发；清政府发表中立宣言 9月 英国与西藏签订《拉萨条约》 10月 蔡元培等在上海成立光复会	2月（日）日俄战争	
1905	三一	5月 针对美国限制华人移民政策，发生抵制美货运动 8月 孙中山、黄兴等在东京成立中国同盟会 9月 日俄媾和条约在朴茨茅斯签署 11月 日本政府公布取缔清国留学生规则 12月 清朝派五大臣赴列强各国考察，为立宪准备 12月 陈天华在大森海岸投海自杀	9月（日）《朴茨茅斯条约》签订	1月 俄国彼得堡发生“流血星期日”事件

1906	三二	3月 鲁迅从仙台医学校退学；幻灯事件 9月 清政府发布预备立宪诏书 11月 清政府废除六部，实施中央官制改革	11月（日）南满洲铁道株式会社成立	11月 伊朗立宪革命
1907	三三	中国同盟会成员在广东、广西各地发动武装起义 7月 光复会成员秋瑾被捕遇害。		
1908	三四	9月 清政府颁布《钦定宪法大纲》 11月 光绪帝、慈禧太后殁 12月 末代王朝宣统帝溥仪即位		7月 土耳其革命
1909	宣统 元	10月 各省开设咨议局 11月 各省咨议局代表在上海召开大会，要求组建内阁		
1910	二	10月 清政府开设资政院（预备国会）	5月（日）大逆事件 8月（日）吞并韩国	
1911	三	4月 中国同盟会在广州发动黄花岗起义 5月 以摄政王载沣为中心的皇族内阁成立 5月 清政府下令铁路国有；四川等地开展保路运动 10月 新军在武昌起义（辛亥革命开始） 11月 清政府任命袁世凯为内阁总理大臣 12月 外蒙宣布独立		
1912	民国 元	1月 中华民国成立。孙中山就任临时大总统 2月 宣统帝溥仪退位，清朝灭亡 3月 袁世凯作继孙中山之后任临时大总统 3月《中华民国临时约法》公布 8月 中国同盟会改组，成立国民党		

1913	二	1月 参众两院选举在北京举行，国民党成为第一党 3月 宋教仁在上海火车站被暗杀 4月 袁世凯与五国借款团签订2500万英镑的善后大借款协定 7月 反袁二次革命爆发并失败 8月 孙中山等亡命日本 10月 袁世凯正式就任大总统 11月 袁世凯下令解散国民党	2月（日）大正政变，大正民主开始	
1914	三	1月 袁世凯解散国会，撤销国会议员职务 5月《中华民国约法》公布（临时约法废除） 6月 孙中山在东京成立中华革命党 8月 袁世凯发表一战局外中立宣言 11月 日军占领青岛	1月（日）西门子事件	7月 一战爆发
1915	四	1月 日本对袁世凯提出“二十一条”要求 5月 针对日本最后通牒，袁世凯承诺“二十一条” 8月 袁世凯开始宣扬帝制 9月 陈独秀等在上海创刊《青年杂志》（后改名为《新青年》） 10月 英法俄日各国劝告袁世凯推迟帝制活动 12月 参政院推举袁世凯称帝 12月 蔡锷等组织护国军反对帝制（三次革命开始）		

1916	五	3月 袁世凯取消帝制（六月病死） 4月 张作霖取得东北军政大权 12月 蔡元培任北大校长	1月（日）吉野作造主张民本主义	
1917	六	1月 胡适在《新青年》发表《文学改良刍议》（文学革命开始） 1月 日本寺内正毅内阁向段祺瑞政府提供西原借款 7月 张勋复辟 8月 段祺瑞政府决定参战 9月 广东军政府成立（孙中山任大元帅）	11月（日）兰辛石井协定	俄国革命（二月革命、十月革命）爆发
1918	七	5月 鲁迅在《新青年》发表《狂人日记》 5月 北京学生爆发反对《中日军事协定》的游行示威活动 10月 段祺瑞推徐世昌取代冯国璋任大总统	8月（日）西伯利亚出兵；米骚动	1月 美国总统威尔逊提出十四条和平原则 11月 一战结束
1919	八	1月 顾维钧等在巴黎和会上提出归还德国在山东权益的要求 4月 巴黎和会承认日本继承德国在山东权益 5月 北京学生举行要求归还山东的大游行（五四运动开始） 6月 上海工商界罢工 6月 顾维钧等拒绝在《凡尔赛和约》上签字 10月 孙中山改组中华革命党为中国国民党		3月 朝鲜爆发“三一独立运动”；共产国际成立 7月 加拉罕宣言（第一次，第二次在1920年）

1920	九	6月 陈独秀在上海组建社会共产党（上海共产主义小组） 7月 直皖战争爆发 11月 陈独秀发起成立了中国共产党的第一个早期组织		
1921	一〇	1月 林献堂等在台湾发起台湾议会设置请愿运动 5月 广东护法军政府成立 7月 中国共产党第一次全国代表大会在上海召开 10月 台湾文化协会成立 11月 李大钊等在北京创设马克思学说研究会 12月 鲁迅发表连载小说《阿Q正传》 12月 孙中山与马林在桂林会谈		11月 华盛顿会议召开
1922	一一	1月 香港海员罢工 2月 华盛顿会议签署有关中国的《九国公约》 4月 第一次直奉战争开始 6月 陈炯明反叛孙中山；孙中山逃亡上海 8月 中国共产党同意国共合作方针		
1923	一二	1月 孙文越飞宣言 3月 收回旅大（旅顺、大连）运动 10月 共产国际顾问鲍罗廷到广州 11月 中国国民党发表改组宣言	9月（日）关东大地震；谣言造成大批在日朝鲜人和中国人被杀	

1924	一三	1月 中国国民党在广州召开第一次全国代表大会，决定开展国共合作 6月 广州成立黄埔军校 9月 第二次直奉战争爆发 10月 冯玉祥在北京发动政变；末代王朝宣统帝溥仪被逐出紫禁城，随后至天津日租界 11月 孙中山发表《北上宣言》，北上途中在神户演讲《大亚洲主义》	
1925	一四	2月 中国国民党反对段祺瑞善后会议 3月 孙中山在北京病逝 5月 巡捕向上海游行学生开枪（五卅运动） 6月 英法军队在广州向游行队伍开枪，省港罢工开始 7月 中华民国国民政府在广州成立（汪精卫任主席） 8月 廖仲恺遇刺 11月 郭松龄反张作霖（12月战败遇害） 11月 国民党右派在北京西山召开会议（西山会议派）	4月（日）治安维持法公布 5月（日）普通选举法公布
1926	一五	3月“三一八事件”（8月鲁迅携许广平逃离北京） 3月 中山舰事件（蒋介石逮捕共产党员） 7月 广州国民政府开始北伐 10月 北伐军占领武昌	

1927	一六	1月 武汉国民政府成立 3月 北伐军占领南京；南京事件发生 4月 上海发生四一二事变；南京国民政府成立 5月 日本出兵山东（第一次） 7月 中国共产党退出武汉国民政府（第一次国共合作破裂） 10月 秋收起义失败后毛泽东在江西井冈山建立革命根据地	3月（日）金融危机 11月（日）蒋介石、田中义一会谈	
1928	一七	4月 南京国民政府重新开始北伐 4月 台湾共产党在上海成立 5月 济南惨案（第二次出兵山东的日军与北伐军冲突） 6月 皇姑屯事件，张作霖被炸死；国民革命军进入北京城（北伐结束） 7月 美国承认中国关税自主权 10月 蒋介石宣布实施训政 12月 毛泽东等公布井冈山土地法，开展土地革命 12月 张学良易帜与国民政府合流		
1929	一八	1月 蒋介石重组国民革命军（3月蒋桂战争；5月蒋冯战争） 3月 中国国民党第三次全国代表大会		1月 纽约股市大跌，世界金融恐慌

1930	一九	5月 日本承认中国关税自主权 6月 中原大战爆发（—9月） 10月 蒋介石围剿江西共产党根据地（第一次） 10月 台湾发生雾社事件，泰雅族反日起义	1月（日）“金解禁”政策失败（昭和恐慌）	2月 胡志明在香港成立越南共产党 4月 伦敦海军军缩会议
1931	二〇	5月 蒋介石召开国民会议，通过训政时期约法 5月 中国国民党内反蒋派成立广州国民政府 6月 蒋介石对共产党根据地发起第三次围剿 9月 关东军发动柳条湖事件，九一八事变爆发 10月 日军炮轰锦州，国际舆论进一步谴责日本 11月 中华苏维埃共和国在江西瑞金成立		
1932	二一	1月 宁粤合流 1月 一二八事变爆发，鲁迅一家在内山完造处避难；《“满洲国”建国宣言》发表，末代皇帝溥仪执政 4月 李顿调查团开始在“满洲国”的调查 11月 李顿报告书公布	5月（日）五一五事件 9月（日）《日满议定书》签订	
1933	二二	2月 日军进攻热河 5月 塘沽停战协定 10月 蒋介石对江西苏维埃发起第五次围剿 11月 十九路军蔡廷锴等人成立福建人民政府	3月（日）日本退出国联	1月 德国希特勒内阁上台 3月 美国实行罗斯福新政
1934	二三	2月 蒋介石提倡新生活运动 3月“满洲国”实行帝制，溥仪即位 5月 宋庆龄呼吁成立中国民族武装自卫委员会 10月 中国共产党开始长征（—1935年10月）		

1935	二四	1月 中国共产党召开遵义会议 6月《何梅协定》签订 8月 中国共产党发表《八一宣言》 11月 南京国民政府实施币制改革 11月 冀东防共自治委员会在河北成立 12月 北平学生抗日游行（一二九学生运动）		7月 共产国际召开第七次大会，提倡反法西斯统一战线
1936	二五	2月 红军到山西开展抗日活动 5月 全国各界救国联合会成立 10月 鲁迅逝世 11月 抗日七君子事件（全国各界救国联合会沈钧儒等人被捕）	2月（日）二二六事件 11月（日）《日德防共协定》签订	7月 西班牙内乱
1937	二六	7月 卢沟桥事变，中日全面战争开始 8月 战火扩大至上海 9月 第二次国共合作开始 11月 国民政府发表迁都重庆声明 12月 日军占领南京，南京大屠杀		
1938	二七	3月 国民党临时全国代表大会召开，通过抗战建国纲领 5月 日军攻占徐州；毛泽东在延安发表《论持久战》 10月 日军占领武汉	1月（日）近卫文麿首相发表“不以国民政府为对手”声明	

1939	二八	5 月 日军第一次对重庆进行大轰炸 12 月 鹿地亘组织的日本人反战同盟在广西昆仑关开展活动		9 月 德军进攻波兰（第二次世界大战开始）
1940	二九	3 月 汪精卫在南京成立伪国民政府	9 月（日）德意日三国同盟 10 月（日）大政翼赞会成立	
1941	三〇	1 月 国民政府军在安徽省攻击新四军（皖南事变） 12 月 太平洋战争爆发；日军占领香港		
1943	三二	11 月 开罗会议，讨论日本战败后台湾归还中国问题	2 月（日）日军在瓜达尔卡纳尔岛战败	
1944	三三	4 月 日军大陆打通作战 10 月 日本在台湾实施征兵制		
1945	三四	8 月 日本无条件投降；蒋介石通过广播呼吁“不要报复”		
1946	三五	6 月 国共内战爆发		
1947	三六	2 月 台湾发生“二二八事件”		
1948	三七			8 月 大韩民国成立 9 月 朝鲜民主主义人民共和国成立
1949	三八	1 月 人民解放军进入北京城 10 月 中华人民共和国成立 12 月 国民党政府决定迁往台北		
1950				6 月 朝鲜战争爆发（—1953）
1951		9 月 旧金山媾和条约，北京、台北均未受邀参加		

1952	4 月 日华和平条约（台北和约）签订
1972	9 月 中日邦交正常化
1978	8 月 中日和平友好条约签订

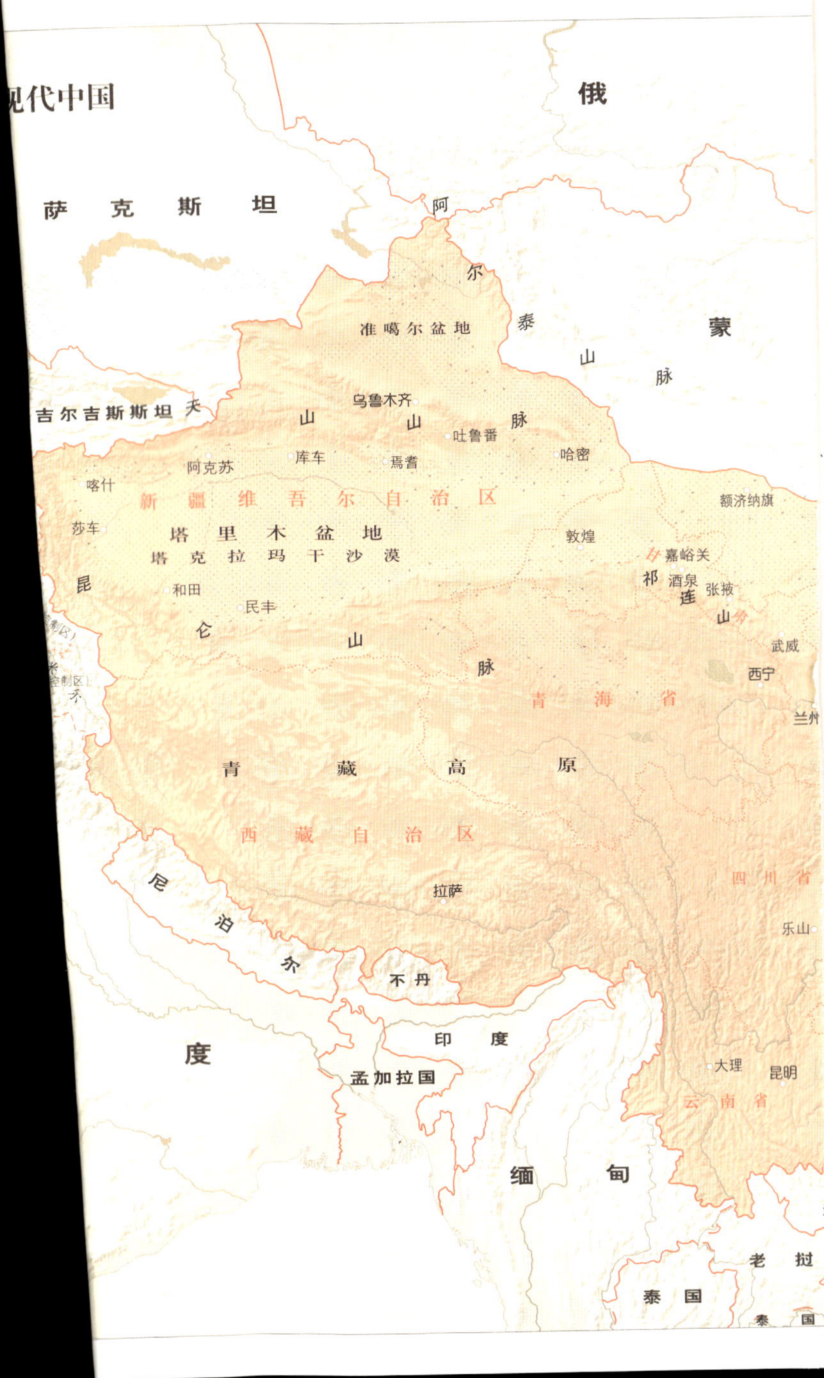

CHUUGOKU NO REKISHI (10) RASUTO ENPERAA TO KINDAI CHUUGOKU
——SHINMATSU CHUUKA MINKOKU

Original Japanese edition published by KODANSHA LTD.
Publication rights for Simplified Chinese character edition arranged with KODANSHA LTD. through KODANSHA BEIJING CULTURE LTD. Beijing, China.

著作权合同登记图字：20-2012-051 号

图书在版编目 (CIP) 数据

末代王朝与近代中国：清末 中华民国 /（日）菊池秀明著；马晓娟译．
—桂林：广西师范大学出版社，2014.1（2021.11 重印）
（中国的历史 10）
ISBN 978-7-5495-3521-7
Ⅰ．①末… Ⅱ．①菊… ②马… Ⅲ．①中国历史－研究－近现代
Ⅳ．①K250.7
中国版本图书馆 CIP 数据核字 (2013) 第 044010 号

广西师范大学出版社出版发行
广西桂林市五里店路 9 号　邮政编码：541004
网址：www.bbtpress.com

出 版 人：黄轩庄
全国新华书店经销
发行热线：010-64284815
山东韵杰文化科技有限公司

开本：787mm×1092mm　1/32
印张：13　字数：174 千字　图片：127 幅
2014 年 1 月第 1 版　2021 年 11 月第 13 次印刷
定价：68.00 元

如发现印装质量问题，影响阅读，请与出版社发行部门联系调换。

哈
乌兹别克斯坦
塔吉克斯坦
塔吉克斯坦
阿富汗
巴基斯坦
印

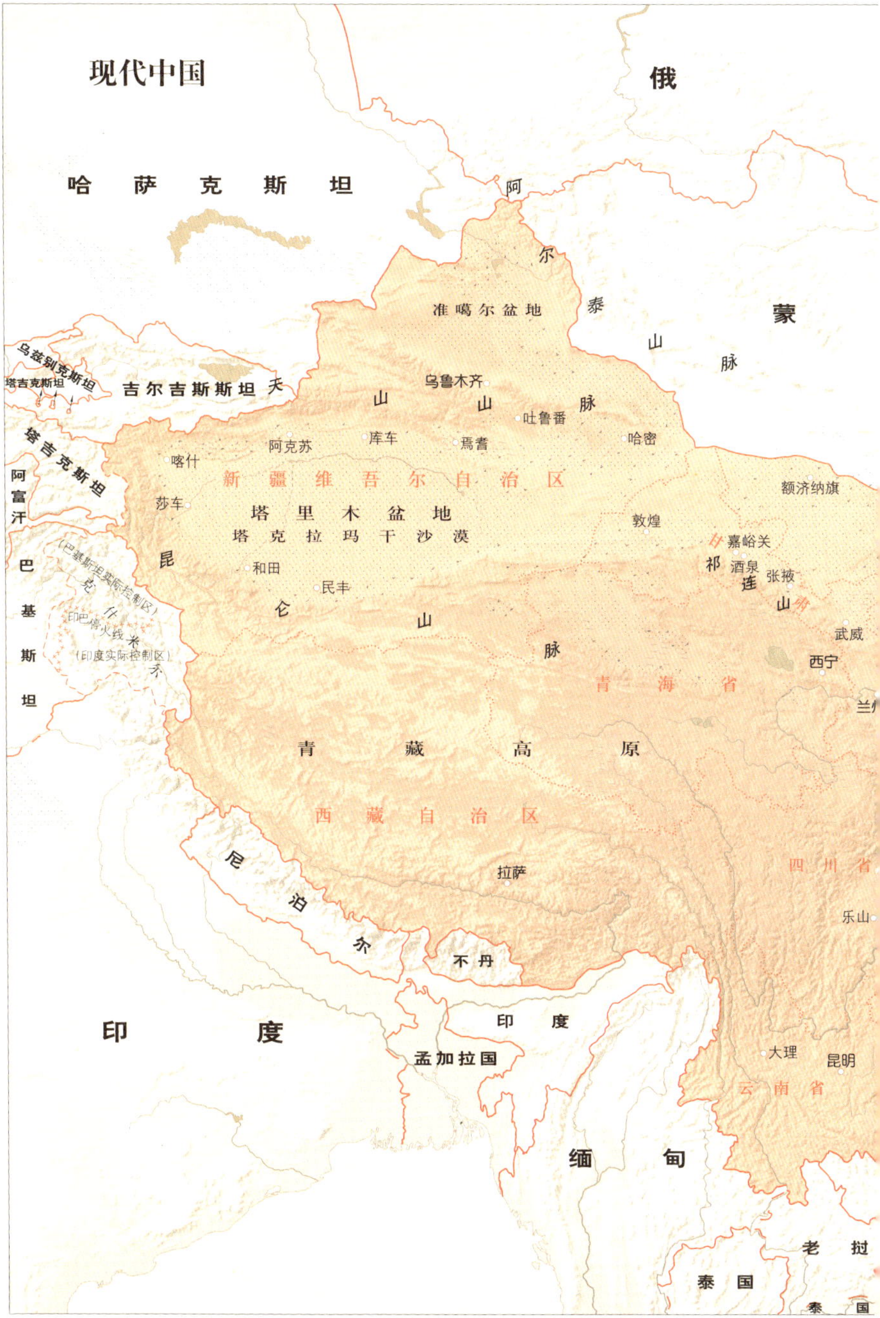
现代中国
俄
哈 萨 克 斯 坦
蒙
阿 尔 泰 山 脉
准噶尔盆地
乌兹别克斯坦
塔吉克斯坦
吉尔吉斯斯坦
天 山 山 脉
乌鲁木齐
吐鲁番
哈密
阿克苏
库车
焉耆
喀什
塔吉克斯坦
阿富汗
新 疆 维 吾 尔 自 治 区
莎车
塔 里 木 盆 地
塔 克 拉 玛 干 沙 漠
额济纳旗
敦煌
嘉峪关
酒泉
张掖
甘肃
祁 连 山
武威
西宁
兰州
巴基斯坦
（巴基斯坦实际控制区）
克 什 米 尔
印巴停火线
（印度实际控制区）
昆 仑 山 脉
和田
民丰
青 海 省
青 藏 高 原
西 藏 自 治 区
拉萨
四 川 省
乐山
尼 泊 尔
不丹
印 度
印 度
孟加拉国
大理
昆明
云 南 省
缅 甸
老 挝
泰 国
泰 国

著作权合同登记图字：20-2012-051 号

图书在版编目 (CIP) 数据

末代王朝与近代中国：清末 中华民国 /（日）菊池秀明著；马晓娟译.
—桂林：广西师范大学出版社，2014.1（2021.11 重印）
（中国的历史 10）
ISBN 978-7-5495-3521-7
Ⅰ.①末… Ⅱ.①菊… ②马… Ⅲ.①中国历史－研究－近现代
Ⅳ.①K250.7

中国版本图书馆 CIP 数据核字 (2013) 第 044010 号

广西师范大学出版社出版发行

广西桂林市五里店路 9 号　邮政编码：541004
网址：www.bbtpress.com

出 版 人：黄轩庄
全国新华书店经销
发行热线：010-64284815
山东韵杰文化科技有限公司

开本：787mm×1092mm　1/32
印张：13　字数：174 千字　图片：127 幅
2014 年 1 月第 1 版　2021 年 11 月第 13 次印刷
定价：68.00 元